Die Stadt
Vom antiken Athen bis zu den Megacitys
Eine Weltgeschichte in Geschichten

Rainer Metzger

Die Stadt
Vom antiken Athen bis zu den Megacitys

———

Eine Weltgeschichte in Geschichten

Mit 70 Abbildungen

Brandstätter ⑬

INHALTSVERZEICHNIS

Stadt ist Stakkato, Stadt ist Stabilität: Im typischen Faible des Futurismus für das Simultane zeigt Paul Citroen in seiner Fotomontage aus den frühen 1920ern „Metropolis" – ein Gemein-wesen, das den Aufeinanderprall liebt, aber auch das Komponierte, das Chaos, in dem eine Ordnung liegt.

Spurensicherungen

Am 9. Oktober 1872 erreichte Phileas Fogg, der sich nach dem Willen seines Erfinders Jules Verne in achtzig Tagen um die Welt aufgemacht hatte, das ägyptische Suez. Seine Ankunft erfolgte so, dass sie „mit der vorgeschriebenen Ankunftszeit verglichen weder einen Gewinn noch Verlust nachwies. Darauf ließ er sich in seiner Cabine ein Frühstück auftragen. Die Stadt zu besehen, fiel ihm nicht ein, denn er gehörte zu der Sorte von Engländern, welche die Länder durch welche sie reisen, von ihren Bedienten besehen lassen."[1] Fogg, ganz Gentleman, ganz distinguierter Brite, verlegte sich beim Besichtigen aufs Delegieren. Man war schließlich Reisender, Passant, ein Vorübergehender, einer, der sich eingerichtet hat in der Distanz. Die Erfahrung, ausgesetzt zu sein, ausgesetzt zu werden in der Körperlichkeit einer Umgebung, überließ der buchstäbliche Tourist gerne anderen.

Ein wenig tut dieses Buch es Fogg gleich. Es setzt zum Kennenlernen gewisser Orte seinerseits Bedienstete ein, auch wenn es Einheimische sind und vor allem keine Lakaien. In zwölf Kapiteln heftet es sich an die Fersen von ausgesuchten Städtern und benutzt sie als Fremdenführer beim Gang durch Situationen quer durch die Jahrhunderte, die Jahrtausende. Hier das Dutzend an Geschichten, Episoden, historischen Momenten mit ihren prominent hervorgehobenen Bewohnern: Sokrates und Athen um 400 vor unserer Zeitrechnung; Horaz und Rom zur Zeit von Kaiser Augustus; Augustinus und die Gottesstädte des Monotheismus der späten Antike; Abélard und Héloise und das Paris des Mittelalters; Albrecht Dürer und die drei Weltstädte Nürnberg, Venedig und Tenochtitlan um 1500; Samuel Pepys und London um 1660; Mozart und Wien um 1800; Édouard Manet und das Paris des Zweiten Kaiserreichs; Jacob Riis und New York vor der Wende zum 20. Jahrhundert; Mascha Kaléko und Berlin in den Jahren um 1930; Lina Bo Bardi, São Paulo und die Verstädterung der Welt in der zweiten Hälfte des 20. Jahrhunderts; schließlich Bodys Isek Kingelez, Kinshasa und das Phänomen der Megastädte in der Gegenwart.

Wer historisch arbeitet, kann nicht umhin, den Zuträgern zu vertrauen, die er engagiert hat. Womöglich lässt sich im Folgenden aus dieser Not eine Tugend machen. Entsprechend möchte dieses Buch Städte beschreiben, indem es das Spannungsverhältnis beschreibt, in dem seine Bewohner, temporär oder dauerhaft, zu ihnen stehen. Es geht um die Selbstbehauptung, und es geht um die spezielle Identität, die daraus entsteht. Städte verkörpern die Maximalisierung des Lebens. Verdichtung und Vermischung machen sie aus. Städte sind ein Aggregatzustand, dessen chemisches Element der Mensch ist, das Zoon politikon, wie Aristoteles es nannte, das Einzelwesen in der Polis. Diesem Aggregatzustand soll das Buch hinterher spüren, in eben der Komplexität, die das Thema verlangt. Die Zustände, die Städte ausmachen, die Umstände, die sich in ihnen ergeben, und die Abstände, die sie erfordern, sollen ermessen werden. Im Zentrum stehen die zentralen Städte: die Kapitalen, die politisch, die Metropolen, die kulturell, und die Global Cities, die ökonomisch ihre Hegemonie erweisen. In den Städten entstehen die Trends, die Moden, die Stile und dadurch die Konzepte von Veränderung. Von vornherein richten sie sich gegen alle Bedürfnisse nach Homogenisierung, Überschaubarkeit und Reduktion. Städte sind vielfältig, vielschichtig, vielförmig. Immer steht das Sowohl-als-auch gegen das Entweder-oder im Vordergrund. Städte sind synonym mit Zivilisation.

Natürlich sind die urbanen Gestalten, die hier aus ihrem Leben erzählen, auf ihre Art geschichtliche oder zeitgeschichtliche Gassenhauer. Sie müssen es sein, sonst wären schlechterdings keine Dokumente überliefert, die befragt werden können in Hinblick auf die großen und kleinen Dinge, die sich mit ihren Gewährsfiguren ereigneten. Die Hinterlassenschaften, das Werk, die Daten und Taten, die sich mit diesen Protagonisten verbinden, sprechen für sich. Aber sie sprechen auch für die spezielle zeitliche und räumliche Konstellation, sodass sich das Besondere und das Allgemeine aufeinander beziehen lassen und dieser Bezug dann auch evident erscheint. Elias Canetti hat eine solche Konstellation auf den Begriff „Glanzzeit" gebracht: „Was ist eine Glanzzeit? Eine Zeit vieler großer Namen, in nächster Nähe voneinander, und zwar so, daß ein Name den anderen nicht erstickt, obwohl sie einander bekämpfen. Wichtig daran ist die ständige Berührung, die Stöße, die das Glänzende sich gefallen läßt, ohne zu erlöschen. Ein Mangel an Empfindlichkeit, wenn es um diese Stöße geht, eine Art Verlangen nach ihnen, die Lust, sich ihnen auszusetzen."[2] Canetti hat das Berlin der Weimarer Republik im Auge, 1928 war er für einige Monate von Wien aus hier zu Besuch, und natürlich werden die späten Zwanzigerjahre, in denen sich die Reichshauptstadt zur Metropole der Moderne schlechthin aufschwingt, auch in diesem Buch ihr Kapitel bekommen. Doch Canettis Sätze gelten generell.

Städte verkörpern die Maximalisierung des Lebens. Verdichtung und Vermischung machen sie aus.

Eine Glanzzeit ist ganz buchstäblich eine Stoßzeit. Sich ihr auszusetzen hat etwas mit Körperlichkeit zu tun, man spürt sie, denn es werden Spuren gelegt, man ist von ihr geprägt, denn Prägung entsteht durch Druck auf eine Oberfläche. Insofern sind die Gewährsleute nicht nur Augenzeugen. Ihre Auseinandersetzung mit sich und ihrer Umgebung vollzieht sich, wie ein Zeitgenosse und Bekannter von Canetti, Walter Benjamin, es nannte, nach Maßgabe des „Taktilen". Es forciert eine spezielle Art der Wahrnehmung, sagt Benjamin: „Taktile Rezeption erfolgt nicht sowohl auf dem Wege der Aufmerksamkeit als auf dem der Gewohnheit."[3] An der Architektur ist sie geschult, doch mehr und mehr überträgt sie sich auf alle Lebensbereiche. Taktilität erfordert Aneignung durch Berühren, jedenfalls ist eine physische Komponente im Spiel, ein Element der Leibhaftigkeit.

Die Dinge, die an den Schauplätzen, die dieses Buch Revue passieren lassen wird, vorkommen, sind damit immer auch Indizien. Die Schauplätze werden Tatorte, wenn auch nicht für Verbrechen, so doch für ein konkretes Handanlegen, das Menschen ihrer Umgebung zuteilwerden lassen, und dafür von dieser Umgebung etwas zurückbekommen. Stadt und Städter arbeiten sich aneinander ab, und am Ende,

das sollen die geschilderten Szenerien mit ihren prominent gewordenen Figuren zeigen, sieht man es beiden an. Und bei aller historischen
Bedingtheit lassen sich aus diesen Szenerien allgemeine Gültigkeiten
herauslesen: Immer wieder, über die Epochen und über die Zivilisatio-
nen hinweg, begegnen der Stadt ähnliche Fragen, Probleme der
Urbanistik, der Hygiene, des Umgehens mit Katastrophen und des
Umgehens miteinander; und immer wieder entwickeln ihre Bewohner
typische Mentalitäten, sie verhalten sich eher distanziert als aufgeregt,
eher indifferent als darauf erpicht, den anderen zu kontrollieren, eher
blasiert als zugänglich, eher ironisch als empört. Den Flaneur gibt es
schon bei Horaz, und die Leichtlebigkeit der Roaring Twenties ist auch
in der Umgebung von Sokrates dingfest zu machen.

Es gibt jedenfalls eine exemplarische Form von Teilnahme an der
Stadt, ein Nonplusultra: Sie ist körperlich. Es gibt auch eine exemplarische Form von Anteilnahme an all den Situationen, die dieses Buch
ausbreitet: Sie ist geistig, und Phileas Fogg wäre dafür der Patron.
Während seiner Reise um die Welt, das war gleich offensichtlich,
würde er seine Gewohnheit, die Dinge eher mit dem inneren als dem
äußeren Auge zu betrachten, beibehalten. Als sein Schiff, die Mongolia,
von Suez aus in See stach, blieb er ungerührt: „Es kümmerte ihn wenig,
dies an Erinnerungen so reiche Rothe Meer, diesen Schauplatz der
ersten historischen Scenen des Menschengeschlechts, zu betrachten.
Es lag ihm nichts daran, die merkwürdigen Städte zu erkennen, womit
beide Gestade zahlreich besetzt sind, und deren malerische Silhouet-
ten manchmal am Horizont gezeichnet waren ... Was trieb also dieses
in der Mongolia eingekerkerte Original? Erstlich hielt er täglich seine
vier Mahlzeiten, ohne daß eine so merkwürdig organisirte Maschine
jemals durch Schwanken oder Stampfen konnte in Unordnung
gebracht werden. Nachher spielte er Whist.“⁴ Fogg spielte Karten.
Dieses Buch hat einen alternativen Vorschlag: Lesen.

SOKRATES IM ATHEN DER ANTIKE

Ironie und Urbanität

„Glaubst du, daß die Schönheit nur im Menschen vorhanden ist oder auch in etwas anderem?", fragt Sokrates den Kritobulos, der für diesmal seinen Gesprächspartner abgibt. Doch, meint dieser, das gibt es auch bei Tieren oder sogar bei Gegenständen, und zwar dann, wenn sie ihren Zweck erfüllen. Damit ist der Stier schon bei den Hörnern gepackt, und die Unterhaltung gerät auf ihr eigentliches Feld. „Weißt du auch, wofür wir Augen brauchen?", hakt Sokrates nach. „Offenbar zum Sehen", sagt Kritobulos. „Dann dürften meine Augen schöner sein als deine. – Inwiefern? – Weil deine Augen nur in gerade Richtung sehen können, meine aber auch das Seitliche, da sie vorstehen." Kritobulos gibt sich geschlagen. Die frühe Form-follows-function-Ästhetik, die Sokrates da aufgebaut hat, macht aus den Glupschaugen, mit denen er geschlagen ist, Modelle an Wohlgestalt. Damit will Sokrates es allerdings noch nicht bewenden lassen. Auch seine Stülpnase wird ausgiebig in ihrer Schönheit gewürdigt, da sie nicht nur nach unten, sondern auch nach vorne riechen könne. Sokrates' Mund mit den dicken Lippen sei zudem besser fürs Küssen geeignet, und insgesamt wäre sein Körper, der in seiner Gedrungenheit und dem Ansatz eines Bauches demjenigen eines Satyrs ähnlich sehe, ein Beleg für seine – zumindest annähernde – Göttlichkeit: „Hältst du nicht auch das für einen Beweis", wendet sich Sokrates nochmal an Kritobulos, „daß ich schöner bin als du, daß auch die Najaden, obwohl sie Göttinnen sind, die Silenen zur Welt bringen, die eher mir als dir ähnlich sind?"[1]

Herrlich hat Sokrates in die Gedanken seines Gegenübers einen Knoten gewunden. Der Meister dieser Rede selbst hat nichts Geschriebenes hinterlassen. Sein Metier war die Mündlichkeit. Das gerade macht Sokrates zum Prototypen eines Städters. Mehr noch: Er ist der Archetyp des Städters, der Erste, dem dieses Prädikat verliehen werden kann. Entsprechend ist damit die Geschichte mit der Schönheit noch nicht zu Ende. Die beiden Herren standen nämlich nicht nur auf der Bühne, um zu debattieren, sondern auch, um sich taxieren zu lassen. Jungen und Mädchen, eine Art Publikum, stimmten ab, und so kam, gleichsam objektiv, doch noch zustande, was allen evident, aber dank Sokrates' Fähigkeit, einem die Worte im Mund umzudrehen, für den Moment in Vergessenheit geraten war. Kritobulos setzte sich bei diesem Wettbewerb schließlich durch, es war eine Auseinandersetzung ganz nach dem Geschmack der Griechen, die den Wettstreit, das vitale Vis-à-vis von Kontrahenten liebten: nichts ohne Wettbewerb, kein

Sokrates selbst hat nichts Geschriebenes hinterlassen. Sein Metier war die Mündlichkeit. Das gerade macht ihn zum Prototypen eines Städters. Mehr noch: Er ist der Archetyp des Städters, der erste, dem dieses Prädikat verliehen werden kann.

Theater ohne Konkurrenz der Dramatiker, keine Spiele, bevorzugt in Olympia, ohne Sieger, und auch der Krieg, den sie in den Schlachtreihen der Phalanx führten, hatte seine sportive Seite – man prallte aufeinander, verkeilte sich ineinander und einigte sich schließlich miteinander, dass derjenige gewonnen hatte, der die Stellung hielt in Kämpfen, die oftmals nur wenige Stunden dauerten.

Sokrates war nicht der Schönste, äußerlich, und die Statuen, die von ihm erhalten sind, sprechen davon eine deutliche Sprache. Was er mit Kritobulos verhandelt hat, die hervortretenden Augen, die nach oben gezogene Nase, die die Griechen »sime« nennen, die dicken Lippen und insgesamt die Ähnlichkeit mit Satyrn, Silenen und sonstigen Gott-Natur-Mischwesen aus dem Gefolge des Dionysos, zeigen auch die Porträtstelen. Man teilt sie in zwei Typen, knapp vierzig davon lassen sich aufzählen, und wohl allesamt sind sie postum: Als Steinbildwerke sind sie ohnedies römische Kopien, die Griechen arbeiteten meist in jener Bronze, die sich in späterer Zeit so leicht für Kanonen verwenden ließ; postum sind sie auch deswegen, weil sie für eine Art Rehabilitierung stehen, für eine nachträgliche, aus einem deutlich schlechten Gewissen resultierende Hommage an den Denker und Paradebewohner der Stadt, den die Athener im Jahr 399 in den Tod getrieben haben. So jedenfalls berichtet es Diogenes Laertios in seinen Mitteilungen über Leben und Werk der alten Philosophen, die noch viel später, im 3. Jahrhundert unserer Zeitrechnung, verfasst worden sind. Auch die Episode, die vom Schönheitswettbewerb zwischen Sokrates und Kritobulos erzählt, ist nach dem Tod ihres Helden geschrieben worden.

Sie stammt von Xenophon, aus einer Schrift mit dem Titel „Symposion", für den auch ein anderer Autor in Zusammenhang mit Sokrates Verwendung finden wird, und sie kann immerhin für sich in Anspruch nehmen, dass sie von einem Bekannten des Beschriebenen erzählt wird. Xenophon war Athener, gut eine Generation jünger als Sokrates, und tat sich hervor mit Erinnerungen speziell an seine Heimatstadt, die er im Exil verfasste. Auf Raffaels groß angelegter Revue der antiken Athleten des Denkens, ehrfürchtig „Die Schule von Athen" genannt, entstanden 1512, beheimatet im Vatikan, ist Sokrates mit den charakteristischen Ausstattungsstücken seines Äußeren zu sehen, im Profil, damit die Nase gut zur Geltung kommt, und er unterhält sich Finger und damit Argumente zählend mit Xenophon. Im Mittelpunkt der monumentalen Komposition, weltberühmt, die beiden Meisterdenker des Zeitalters schlechthin: Platon und Aristoteles. Beide haben sie von Sokrates berichtet. Aristoteles indes ist fast ein Jahrhundert jünger, und auch Platon, Fokus allen philosophischen Bemühens, zu dem die Nachfolger dann nur noch Fußnoten setzen konnten, verfasste einen Großteil der Texte – die sich bis auf die eine Ausnahme des spätesten, wahrscheinlich unfertigen, allesamt um Sokrates ranken – nach dessen Tod; immerhin hatte er seinen Meister im Jahre 408 noch kennenlernen können. Einzig die vierte seriösere Quelle, die Komödie „Die Wolken" des Aristophanes, schöpft aus dem Vollen unmittelbarer Zeitgenossenschaft.

Sokrates war Athener, durch und durch. Geboren ist er um 470 – das lässt sich Platons „Apologie des Sokrates" entnehmen, einer von vier Schriften, die seine Inhaftierung und Hinrichtung schildern. Er

Eines der berühmtesten Werke eines der berühmtesten Maler der Kunstgeschichte: Raffaels „Schule von Athen", inszeniert für die sogenannten „Stanzen" des Vatikan, zeigt eine Ideal- versammlung antiker Philosophen – Geistesgrößen über ein knappes Jahrtausend hinweg; der Glatzkopf im Profil und grünen Gewand ist, unverkennbar, Sokrates.

stammte aus einfachem Haus, sein Vater war Steinmetz, und dieses Handwerk hat der Sohn übernommen, wenn auch, in der zweiten Hälfte seines Lebens jedenfalls, nicht mehr ausgeübt. Der Stoff zum Formen waren ihm dann die Menschen selbst, die Passanten, die Stadtbewohner, auf deren Beeinflussbarkeit und daraus resultierend auf deren Einsicht er unverdrossen setzte. Diogenes Laertios zitiert diesbezüglich ein Spottgedicht eines gewissen Timon von Phleius: »Steinmetz war er sodann und weltverbessernder Schwätzer, Zauber- fürst der Hellenen, spitzfindiger Rede Erfinder, Naserümpfer, Rhetoren- verspotter, halbattischer Heuchler."[2] Die Erwartungen, die er an seine – und hier passt das heutzutage inflationär gebrauchte Wort – Mitbür- ger hatte, erfüllte er selbst. Er verstand sich als gesellschaftlich zuständig, als Koautor eines Gemeinwesens, das sich in der Zuträger- schaft aller jeweils ad hoc, jeweils neu und jeweils in der unmittelba- ren Aktion und Reaktion auf das, was gerade aktuell war, ständig konstruierte.

Athen und das Experiment Demokratie

In Athen ist die Demokratie entwickelt worden, und das in aller Radikalität. Die Erfahrung, die in den ersten Jahren nach der Französischen Revolution überall gemacht wurde, eine Erfahrung, die politisch erst gemeistert werden musste und die darin bestand, dass mit einfachen Mehrheiten permanent der soeben erst errungene Status quo aus den Angeln gehoben werden konnte, sie hatte ihren Präzedenzfall in Athen. Was in dieser frühen Gesellschaft waltete, war das unermüdliche Experiment, und ein Großteil derer, die als Bürger galten – den historischen Umständen gemäß nur Männer, nur Freie und nur im Territorium Geborene –, war verstrickt in dieses Experiment: als Träger von Ämtern, als Träger von Waffen, als Träger von Verantwortung. So entstand in der Stadt, deren repräsentative Sphäre den Namen Polis trug, jener Kompetenzbereich, den man seither Politik nennt.

Athen wird sich in den aufregenden, emphatischen, weltbewegenden Jahrzehnten, die Sokrates erlebte, dann gehörig verzetteln. In seiner Jugend wurde er Zeuge des Aufstiegs der Stadt: Aus der Isonomie, der Gleichheit vor dem Gesetz, war eine veritable Volksherrschaft geworden, als Perikles den Areopag entmachtete, den Ältestenrat, der hieratisch-hierarchisch auf dem Berg saß, nach dem er benannt war. Vorher schon, noch unter Themistokles, hatte eine soziale Revolution stattgefunden: Die Theten, die Bürger, die zu arm waren, um sich unter Waffen stellen zu können, wurden dadurch zu vollwertigen Soldaten, dass man sie als Ruderer einsetzte. Damit hatten sie rang-, wenn auch nicht einkommensmäßig zu den Hopliten, den Kämpfern in der Phalanx, aufgeschlossen. Die Glanzzeit Athens setzte ein, das Goldene Zeitalter, benannt nach Perikles, dem Primus inter Pares, der es als Gleicherer unter Gleichen vermochte, sein ureigenes Aristokratentum auf das Gemeinwohl hin zu vermitteln.

Die athenische Demokratie hat ein notorisch gewordenes Mittel ersonnen, um Figuren wie Perikles die Karriere schwerzumachen: das

Scherbengericht. Perikles überlebte es, anders als seine Vorgänger Themistokles, die überragende Figur im Krieg gegen die Perser, der Athens Aufstieg forcierte, und Kimon, der Stratege des von Athen dominierten attischen Seebundes. Der Ostrakismos, dieser »vorbeugende zehnjährige Zwangsurlaub von der Politik«, wie der Althistoriker Christian Meier es nennt[3], wurde per Abstimmung jenen verordnet, denen man die Gefahr einer Usurpation anzumerken meinte. Mindestens 6.000 Athener mussten anwesend sein, um in Urnen Scherben zu werfen, auf denen sie einen Namen notiert hatten – was nicht zuletzt auch den Grad der Alphabetisierung angibt. Der Inhaber des Namens, der am häufigsten zu lesen war, wurde ostrakisiert, außerhalb der Grenzen der Stadt geschickt, wo er, unter Beibehaltung allen Vermögens und aller sonstigen Zeichen von Ehrhaftigkeit, für eine Dekade von politischer Betätigung ausgeschlossen blieb. Der Ostrakismos war eine Maßnahme der Sozialhygiene, radikaldemokratisch und wie bei derlei plebiszitären Akten üblich in steter Gefährdung, Rattenfängereien und süßen, das heißt finanziellen Verführungen zu erliegen.

Sokrates scheint ihn zu verteidigen, in der typischen Gewundenheit und Doppeldeutigkeit seiner Sätze, die ihn zum Initiator der Ironie machen: »Weiter auch wegen des Kimon«, so wendet er sich in Platons Dialog »Gorgias« an seinen Gastgeber Kallikles, »sage mir doch, haben nicht eben die, deren Bestes er besorgte, ihn aus der Stadt verwiesen, um nur zehn Jahre lang seine Stimme gar nicht zu hören? Und haben sie nicht dem Themistokles dasselbe getan und noch obendrein gänzlich verbannt?«[4] Vox populi vox Dei – Volkes Stimme ist Gottes Stimme, so liest es sich, ist die Devise des Sokrates. Zieht man die Umstände heran, unter denen er seinen von den Athenern verfügten Tod akzeptierte, bestand darin wohl tatsächlich seine politische Moral: Als Demokrat gab er dem Volk und seinen Mehrheitsbeschlüssen recht.

Sokrates erlebte dann auch der Abstieg der Stadt, als sie sich im Imperialismus verfing und die Nachbarn, die sie unterworfen hatte, schamlos ausbeutete. Gegen Sparta, das als Militärdiktatur in streng gegliederter Organisation einer eigentümlichen Form von Unveränderlichkeit verhaftet war und damit in allen Belangen das Gegenteil des eigenen Selbstverständnisses verkörperte, brach man 431 den Peloponnesischen Krieg vom Zaun. Die Begleiterscheinungen stellten sich bald ein, Epidemien, Hunger, Flüchtlingswellen, und Athen wurde zurückgestuft von der Groß- zur Mittelmacht. Die Episoden, in denen Sokrates als Sprachjongleur und Denkakrobat ganz bei sich ist, spielen letztlich in dieser Zeit. Hier wird er auch erstmals aktenkundig, als Teilnehmer von athenischen Feldzügen, die den Orten Potidaia (432/429), Amphipolis (422) und Delion (421) galten. Tapfer soll er gewesen sein, doch das war bei einem Mann seiner Abstammung, sei es im Nahkampf oder in der Legende, nicht anders zu erwarten. Er war Athener, durch und durch.

»In diesem Mann kamen«, so Christian Meier in seiner Gesamtdarstellung Athens in der Antike über Sokrates, »die Anstöße des Athens des fünften Jahrhunderts zu ihrer letzten Konsequenz. Die Schnelligkeit der Veränderung dieser Stadt, die Weise, wie sie in raschester Folge immer neuen Erfahrungen und vor allem auch: Entscheidungsnotwendigkeiten ausgesetzt war, die Vielfalt der Gesichtspunkte, die sich da plötzlich auftaten und nicht nur das Handeln und Entscheiden, sondern besonders auch das Denken schwierig machten. Mithin die Erschütterung des ganzen Grundes, auf dem man bisher gelebt hatte.«[5] Die Anstöße des Athen des 5. Jahrhunderts: Es ist atemberaubend, was in dieser erstaunlich geringen Zeit gleichsam vom Himmel gefallen kam, Dinge, die nicht nur neu waren, sondern bleibend, gültig auf eine Art, dass es keines großen, künstlichen, ins Kanonische verpackten Klassizismus bedarf, um die Qualitäten zu würdigen. Als da sind: eine Architektur in Gestalt vor allem des Parthenon, des zentralen Tempels der Stadt, der zum Vorbild wurde für Hunderte von Parlamenten, Rathäusern, Kirchen, Repräsentationsbauten über die Welt verteilt; ein Theater, Komödien und vor allem die Tragödien der großen drei, Aischylos, Sophokles, Euripides, nach wie vor und mehr denn je Bewährungsproben für alle Ehrgeizigen unter den Regisseuren; eine Idee von Geschichtsschreibung, inauguriert von Herodot, weiterge-

Am Gründungsort der Demokratie artikuliert sich bis heute Volkes Meinung und ufert, wie früher, bisweilen auch aus: Demonstration im Sommer 2011 auf dem Syntagma-Platz, an dem das Parlament des modernen Griechenland liegt.

führt von Thukydides, die früheste überhaupt, der man glaubt, was sie schildert; ein Menschenbild, das auf Ab-Bildung setzt, auf Nachahmung, und das im Gegenzug Techniken und Virtuositäten entwickelt, diesem Prinzip der Mimesis in den Darstellungen auch zu entsprechen; eine Philosophie, verkörpert von Sokrates, in die Fasson gebracht von Platon, differenziert in vielerlei Schulen – die Stoiker, die Skeptiker, die Peripatetiker –, an deren Methoden man sich bis heute orientiert; schließlich, alles überwölbend, die Grundlage für den Innovationsschub, die Demokratie.

Einmal geht Sokrates mit seinem Freund und Förderer Phaidros am Ufer des Ilissos, eines Baches, der an Athen entlang fließt, spazieren. Es hat die beiden tatsächlich nach außerhalb der Stadt verschlagen, was Platon, dessen nach Phaidros benannter Dialog die Szene schildert, die

Gelegenheit gibt, eine der frühesten Landschaftsdarstellungen der Literatur einzuflechten. Letztlich aber befinden sich die beiden doch nicht auf dem Land, denn Sokrates ist ein notorischer Städter, der die Urbanität, die mit ihm denn auch beginnt, in der Seele trägt. Die zentrale Passage liest sich so: „Phaidros: In der Tat, wie du auch sagst, einem Fremden gleichst du, der sich herumführen läßt, und nicht einem Einheimischen. So wenig wanderst du aus der Stadt über die Grenze, noch auch selbst zum Tore scheinst du mir herauszugehen. – Sokrates: Dies verzeihe mir schon, o Bester. Ich bin eben lernbegierig, und Felder und Bäume wollen mich nichts lehren, wohl aber die Menschen in der Stadt."[6] Die Menschen in der Stadt, in griechischen Worten „astei anthropoi": Auf sie hat Sokrates es abgesehen, und natürlich ist er dadurch immer auch ein Fremdling, denn sie verkörpern das Unvorhergesehene, das Neue, das Vorübergehende, das nicht Fixierte. An ihnen übt er sich. Deshalb ist es kein Widerspruch, wenn in einem anderen der platonischen Dialoge, im „Theaitetos", Sokrates als der Ortloseste überhaupt, als „atopatos" bezeichnet wird; wobei der Superlativ von „atopos", dem Begriff für die Nicht-Sesshaftigkeit, verwendet wird. Sokrates ist ortlos, weil er sich durch die Straßen bewegt, und er ist ortlos, weil er keine fixen Ideen von sich und der Welt hat, sondern allem mit seinem notorischen Drängen nach Nicht-Wissen begegnet.

Natürlich stellt sich die Frage, für wie verlässlich der Gewährsmann Platon, auf den derlei Beschreibungen zurückgehen, gelten darf: Platon, der Dogmatiker, der Verfechter der immer schon gegebenen Ideen, der kristalline Denker, der unaufhörlich von Sokrates' Bemühen um Durchlässigkeit Bericht erstattet. Die Interpretationen haben sich darauf eingespielt, die frühen Schriften, in denen der Umgang mit dem Lehrer eine Art Authentizität beanspruchen darf, als Quellen zu nehmen, während dann die späteren, nach Sokrates' Tod entstandenen, mehr und mehr den ureigenen Platonismus ihres Verfassers verkörpern. Auch Sokrates wird darin irgendwann zum Prinzipienreiter. Immerhin gibt es noch andere Gewährsleute, und zumindest die

Situationen, in denen Sokrates sich als beispielgebender Städter bewährt, laufen durchaus parallel. Das Stück „Die Wolken" des Komödiendichters Aristophanes setzt Sokrates in den Mittelpunkt der Handlung, es wurde 423 aufgeführt und schildert mithin eine Figur aus dem unmittelbaren Leben; angeblich hat die Hauptperson der Vorstellung auch beigewohnt und ist mitten im Stück aufgestanden, um die Bühnen- mit der aktuellen Gestalt vergleichbar zu machen.

Sokrates: der erste Flaneur?

Gehandelt wird in „Die Wolken", für das sein Dichter den dritten Preis bei den Dionysien, den Wettspielen zu Ehren des Gottes der Orgien und Mysterien, errang, von dem Großbauern Strepsides. Er hat einen Sohn, der, wie gern einmal bei komischen Konstellationen, zu nichts zu gebrauchen ist, und schickt ihn nun zu Sokrates, damit der ihn zu einem Menschen forme. Wie üblich im antiken Theater, hebt ein Chor die Handlung eine Reflexionsebene höher, und so wendet er sich an Sokrates: „Weil du stolz in den Gassen herumflanierst / und die Augen rundum lässest schweifen / Stets barfuß und ohne Empfindlichkeit / und im Glauben an uns voller Dünkel".[7] Einfach im Habit, anspruchsvoll im Habitus, so geht Sokrates durch die Stadt. Er flaniert, sagt die im 20. Jahrhundert entstandene Übersetzung und verwendet ein Wort, das natürlich einen Anachronismus darstellt, auch wenn es die Haltung des zielgerichtet ziellosen Präsentseins über die Zeiten hinweg auf den Punkt bringt. Das griechische Wort dafür, „brenthuomai", lässt Despektierlichkeit anklingen, das Stück, das es anführt, ist immerhin eine Komödie: Sokrates, so besagt das Wort, trägt den Kopf ein wenig hoch, wenn er umhergeht; Blasiertheit, Selbstbewusstsein bis an die Grenze zum Schnöseligen gehörten schon damals zur urbanen Kondition.

Die scheinbare Gleichgültigkeit ist aber offenbar eine Gleich-Gültigkeit. So hat sich die einschlägige Geschichte mit Simon dem Schuster überliefert, wobei den Gewährsmann dafür allerdings der römische, also mehr als ein halbes Jahrtausend später aktive Autor Aelian abgibt.

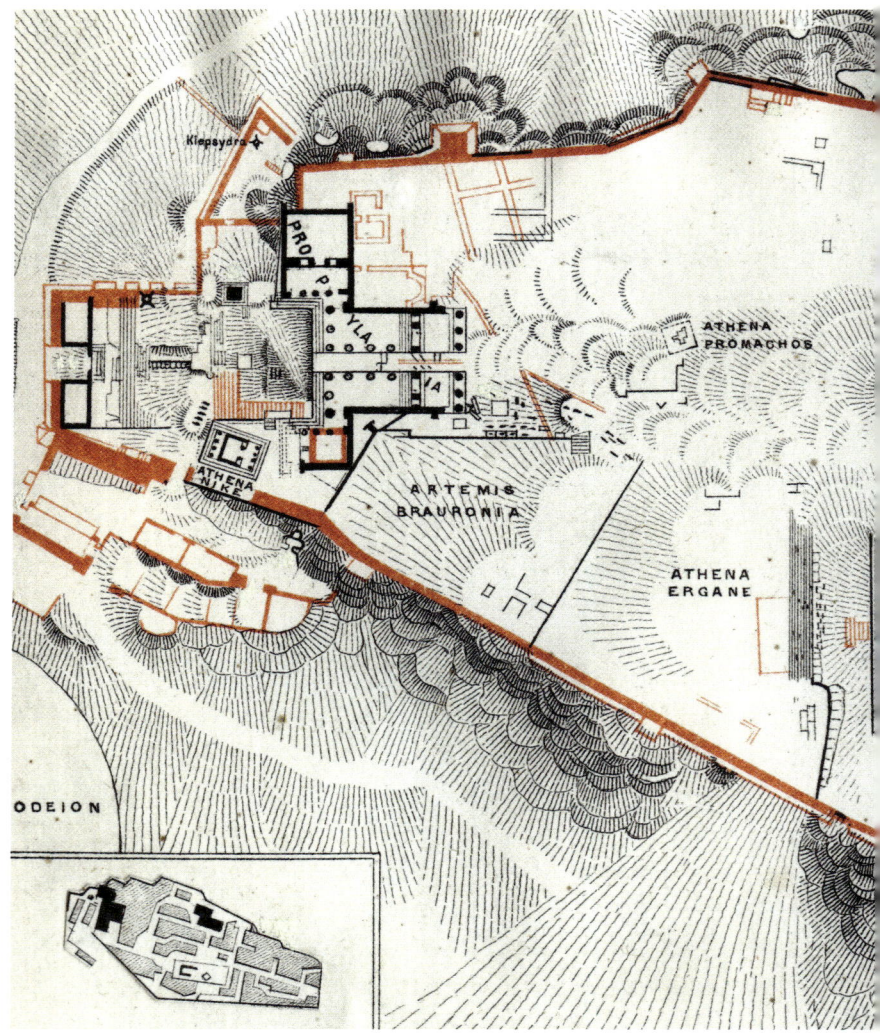

Plan der Akropolis aus dem 19. Jahrhundert: Vermerkt sind vor allem die diversen Kultorte der Stadtgöttin Athene, darunter der alles überragende Parthenon; das Erechtheion ist der Ort der „Athena Polias", die „Athena Promachos" war ein fast zehn Meter hohes Standbild; der Eingang befindet sich ganz links unter der Eintragung „Propylaia".

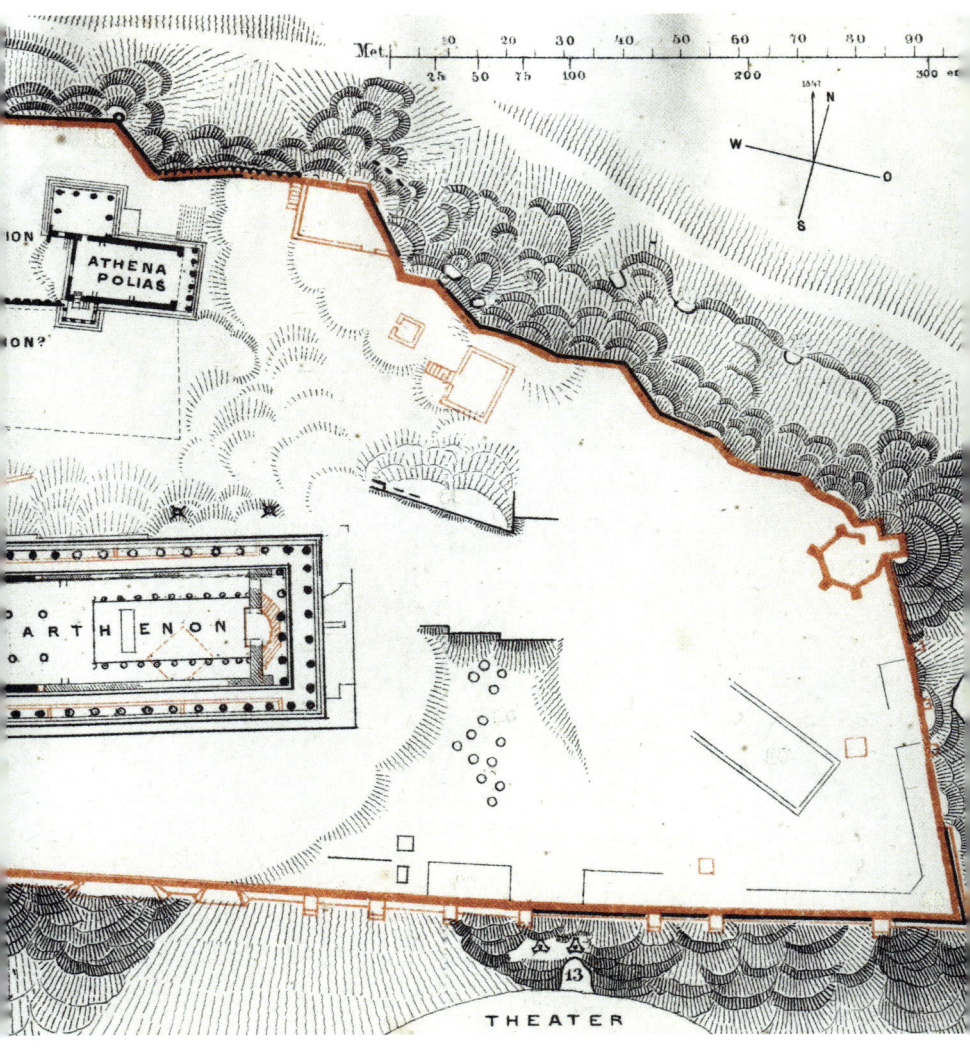

Met.

N
1847
W   O
S

ION
ATHENA
POLIAS

ION?

ARTHENON

13

THEATER

Sokrates, so will es die Episode, war mit seinem Schüler und Schützling Alkibiades, einem notorischen Vertreter einer städtischen Jeunesse dorée, unterwegs zu seinem Freund, dem Schuster. Das vornehme Söhnchen rümpft die Nase, was Sokrates Gelegenheit gibt, seine ureigene Überzeugung von Gleichheit zu formulieren: „Verachtest du diesen Schuhmacher hier? ... Das ganze Volk von Athen ist solch ein Volk. Wenn du diesen einen verachtest, dann verachtest du sie alle."[8]

Sokrates hat sich von Leuten wie Alkibiades auch aushalten lassen. Sein Beruf war das öffentliche in Gespräche Verwickeln, eine notwendig auf Kontroverse angelegte Tätigkeit, und da bedurfte es zur Organisation der Ressourcen durchaus gewisser Förderer. Auch hier verkörpert Sokrates' städtische Identität ein Moment des Zeitlosen: Im nächsten Kapitel wird dann ein Förderer aufscheinen, dessen Name Pars pro Toto für den Zuständigkeitsbereich insgesamt steht, Maecenas, der exemplarische Mäzen. Kallias heißt nun einer von Sokrates' Finanziers. Wie üblich in diesem Metier, hatte er sich um eine ganze Reihe von notleidenden freischwebenden Existenzen zu kümmern, Athen quoll über von ihnen, die den Sammelnamen Sophisten bekamen. Kallias' Pförtner jedenfalls, so wird berichtet, war unfreundlich zu Sokrates, zu viele seiner Sorte hatten schon ans Tor geklopft. Die Kehrseite, wie sollte es anders sein, tut sich gleich mit auf.

„Die Häuser pflegten zur Straße hin keine Front zu haben", beschreibt Christian Meier ein beispielhaftes der ungefähr 6.000 Häuser Athens, „es konnten freilich Läden und Werkstätten in ihre Mauern eingelassen (oder ihnen vorgelagert) sein. Sie öffneten sich auf einen Hof, an dem neben Vorratskammer, Küche, oft auch Stallung und/oder Werkstatt ... der Männerraum lag, der zugleich für die Mahlzeiten dienen mochte. Auf dem Hof stand der Altar für die Opfer der Familie. Frauenraum und Schlafzimmer waren wohl zumeist in einem zweiten Stockwerk untergebracht. Kaum viel Platz war für Sklaven vorgesehen. Die Häuser standen dicht nebeneinander, wenn sie nicht sogar gemeinsame Wände hatten. In der Mehrzahl werden sie recht klein gewesen sein."[9] So hat man sich also vorzustellen, wie Sokrates untergebracht war, wenn er denn, was bestenfalls zum Schlafen geschah, zu Hause war: daheim bei Xanthippe, seiner Frau, mit der sich ein legendär zänkisches Wesen verbindet, was indes weniger ihrem Charakter als der allgemeinen Frauenfeindlichkeit der Geschichtsschreibung geschuldet sein dürfte. Bei Aristophanes zündet Strepsiades das Haus des Denkers an – aus Rache, dass der Sohn nicht reüssierte; historisch ist dieser Bühnen-Zwischenfall nicht. Der athenischen Demokratie entsprechend „können die Größenunterschiede zwischen den Häusern nicht sehr bedeutend gewesen sein. Kaum anzunehmen, daß die Adeligen und Reichen den eigenen Rang und Anspruch durch besonders prächtige, großartige Gebäude hätten demonstrieren können."[10]

Das Haus von Simon dem Schuster hat man angeblich identifiziert, an der südwestlichen Ecke der Agora. Das Haus von Kallias lag „im vornehmen Stadtteil Mellite, westlich der Agora".[11] Agora: Für heutige Begriffe ist es der Marktplatz der Stadt, dort, wo das geschäftige Treiben schon aus wirtschaftlichen Gründen ganz bei sich war. Die Agora war umgeben von Kolonnaden, hinter die man sich bei schlechtem Wetter oder bei Bedürfnis nach Schatten flüchten konnte, sie markierten die Stoen, die Wandelhallen, nach deren Angebot, sich im Gespräch leichtfüßig zu ergehen, eine philosophische Schule in der Nachfolge des Sokrates benannt ist. Die Agora war der Mittelpunkt der Handels-, man könnte sagen: der Bürgerstadt Athen, sie lag in der Ebene, und von hier aus ließ und lässt es sich bis heute hochblicken zur Akropolis. Diese burgartige Anlage formulierte die Antithese und verkörperte den Ort der repräsentativen Handlungen, jener Haupt- und Staatsaktionen, in denen die Stadt ihre Sympathien mit den Göttern, aber auch ihre Antipathien mit all denen inszenierte, denen die athenische Hegemonie nicht passte. Agora und Akropolis bilden die urbanistische Achse, als Zentren von Ökonomie hier und Politik dort. Damit liefern sie das Vorbild für eine polare Struktur, wie sie sich etwa zwischen Dom und Piazza della Signoria in Florenz oder, ganz vortrefflich, zwischen City of London und City of Westminster wiederholt.

Es gehört zur Selbst-Deklarierung der Stadt, aus der eine Selbst-Werdung entsteht, die in dieser Rasanz bis dato undenkbar war, dass bestimmte Aktualitäten mythisch verankert werden. Im Jahr 442 war die „Antigone" des Sophokles aufgeführt worden. Die Tragödie leistet die Vermittlung von konkreter Daseinsbehauptung in eine Sphäre hinein, die vom Willen der Götter und vom Eigensinn des Menschen, von Hybris und Nemesis, von Aufbegehren, von Reue und von Rache abgezirkelt ist. In der „Antigone" kommt zum ersten Mal das Wort „autonomos" vor, in jenem Sinn von Eigengesetzlichkeit und Selbstermächtigung, wie es heute gebraucht wird: „Als Einzige der Sterblichen", ruft der Chor der Heldin zu, „gehst du in den Hades hinab."[12] Antigones Brüder, Söhne des Ödipus, dürfen auf Geheiß des neuen Königs von Theben nicht bestattet werden, sie setzt sich darüber hinweg, autonom, selbstverantwortlich, auch um den Preis der Unterwelt. Gegen tyrannische Verfügung wird das Beharren auf Recht und Moral gesetzt: Athen arbeitet sich damit auch an der eigenen autokratischen Vergangenheit ab.

An zentraler Stelle in Sophokles' Stück steht, nicht weniger revolutionär, ein Loblied auf menschlichen Erfindergeist: auf seine Fähigkeiten, sich die Natur untertan zu machen und Befangenheiten in Meisterschaft umzumünzen. Der Chor zählt einige der technischen Leistungen auf, Ackerbau, Zähmung der Tiere, Fischfang, und landet schließlich bei einer speziellen Virtuosität: Friedrich Hölderlin übersetzt es mit „städtebeherrschendem Stolz", Wolfgang Schadewaldt mit „städteordnendem Sinn", in der Schulausgabe heißt es „staatsordnende Satzungen". Im Original steht: „astynomous orgas". Das Wort für Stadt ist „asty", so wie es bei Sokrates' Eloge auf die Stadtmenschen, die ihn mehr lehren als Flusswanderungen, geheißen hatte „astei anthropoi". Asty ist die Stadt der, so könnte man sagen, normalen Bürger gegenüber jener der Amtsträger, die Stadt des täglichen Treibens gegenüber

jener der zeremoniellen Verfügungen, die Stadt der Menschen gegenüber der Polis der repräsentativen Verpflichtungen. Asty ist die Stadt
des Sokrates, auch wenn Athen in seinem Anspruch auf generelle
Zuständigkeit natürlich beides beansprucht. Aus der Polis hat sich der
Begriff für die Organisation kollektiven Zusammenlebens entwickelt,
Polis ist der Begriff fürs Ganze der Bürgerschaft. Asty allerdings ist die
im Athen der Antike übliche Bezeichnung für die allgemein zugängli-
chen Areale täglicher Beschäftigtheit, für den Ort der Urbanität, für die
Straßen und Plätze und den Zusammenhang, den sie stiften. Noch
heute heißt die griechische Polizei Elliniki Astynomia.

Jedes Jahr, in jedem vierten noch in hervorgehobener, umfangreicherer
Weise, feierten die Athener ihr Stadt- und Staatsfest. Höhepunkt der
Panathenäen war eine Prozession, bei der die Bewohner durch ihre
Stadt zogen und dabei Punkte absolvierten, die an Zerstörungen
gemahnten und dadurch dem umso schöneren und neueren Wiederaufbau huldigten. Die Athener betrieben Selbstvergewisserung, wie
herrlich weit sie es gebracht hatten: Bei aller Rasanz der Veränderung
sollte für den zeremoniellen Augenblick der Anker in die Tradition
geworfen werden. Der Zug begann am westlichen Stadttor, überquerte
die Agora, machte am Prytaneion, dem Sitz der Institution, die man
Stadtrat nennen könnte, und Ort des Heiligen Herdes, einen Knick, um
sich dann den Hügel zur Akropolis hinaufzuarbeiten. Ziel war das
Erechtheion, jene spät erst, um 406, vollendete Kultstätte, die das
angeblich vom Himmel gefallene Urbild der Stadtgöttin Athene
beherbergte. Kurz davor hatte der Zug den Parthenon passiert, den
alles überragenden Signaturbau, dorischer Tempel par excellence, der
Jungfrau, als die man Athene verstand, geweiht. Der Parthenon
beherbergte zugleich die Geldbestände des attisch-delischen Bundes,
die sich Athen, man kann das so sagen, unter den Nagel gerissen hatte.

Der Panathenäen-Zug passierte den Parthenon und sah dabei sich
selbst. Er ging die Figuren des berühmten 160 Meter langen und knapp
einen Meter hohen Frieses entlang, die im Relief vorführen, wie

Athener sich zum Panathenäen-Zug fügen. Bild und Realität bestätigen einander gegenseitig ihre Triftigkeit, und bedenkt man, dass Bau und Dekoration wiederum zur Gänze athenischer Produktion entstammen, dann ist der Effekt einer Selbst-Bespiegelung, die im geschlossenen Zirkel der Selbst-Vergewisserung passiert, perfekt: „Hersteller und Betrachter waren hier in einem bisher ungekannten Maß ein und dieselben: die freien Bürger Athens."[13] Und sie waren auch die Teilnehmer der Prozession. Die athenische Demokratie schließt sich in sich selbst ein und feiert ihr Funktionieren.

Nichts als Ironie und nichts als Spiel sein ganzes Leben lang

Man kann verstehen, dass eine nonchalante Gestalt wie Sokrates sich weigerte, an den Schrauben eines solchen kollektiven Narzissmus mitzudrehen. Meinungsfreiheit, Bürgerbeteiligung, unmittelbares Engagement konnten leicht in jene Mechanismen der Disziplinierung und Sozialkontrolle umschlagen, die autoritär werden, wenn sich der allgemeine Wille allzu selbstsicher fühlt. Sokrates ist diesem Mechanismus dann ja auch zum Opfer gefallen. In einem komplizierten Prozess, der mit den Problemen im Gefolge des Peloponnesischen Krieges zu tun hat, mit einer kurzzeitigen Diktatur, unter deren Rädelsführern Schüler und Verehrer von ihm ihr Unwesen trieben, und mit einer gewissen Halsstarrigkeit seinerseits hat sich Sokrates in die Todesstrafe manövrieren lassen. Er hätte deutlicher auf seine Unschuld hinarbeiten können, er hätte fliehen können, doch er akzeptierte letztlich ein öffentliches Bild von sich, das ihn per Mehrheitsbeschluss als gottlos und jugendgefährdend darstellte. „Wenn Sokrates es vorzieht, im Gefängnis zu bleiben und den Tod auf sich zu nehmen, so hat das seinen Grund in politischer Verbindlichkeit. Sokrates hat vor Gericht erklärt, nicht ins Exil zu wollen, was die Gesetze ihm nachdrücklich in Erinnerung rufen. Damit hat er sich ihnen noch einmal verpflichtet, und die Flucht wäre endgültig der Bruch mit Gewohnheit und Übereinkunft (‚syntheke' und ‚homologia') – ein Bruch also mit jenen beiden Bindungen, durch die Sokrates überhaupt erst zum Bürger geworden ist."[14]

Sokrates hat in steter Beharrlichkeit versucht, die Athener Souveränitäten zu unterwandern; darin liegt sein Vermächtnis, das Erbe seiner ureigenen Urbanität. Berühmt ist sein Bekenntnis zum Nicht-Wissen. Etwas weniger an Überzeugtheit, im Mittelpunkt des Universums zu stehen, hätte er seinen Landsleuten allzu gern auferlegt. Deshalb sein unermüdliches, das Störrische bisweilen überschreitende Fragen, das Verstricken der Gesprächspartner in Problematiken, die dadurch oftmals überhaupt erst entstanden. Sokrates hat das Ad-hoc der Aktualisierung, die Programm war im Athener Stadtstaat, selbst über

Sokrates hat in steter Beharrlichkeit versucht, die Athener Souveränitäten zu unterwandern; darin liegt sein Vermächtnis, das Erbe seiner ureigenen Urbanität. Berühmt ist sein Bekenntnis zum Nicht-Wissen. Etwas weniger an Überzeugtheit, im Mittelpunkt des Universums zu stehen, hätte er seinen Landsleuten allzu gern auferlegt.

die Maßen beherzigt. Seine Sprache war und blieb mündlich. Er steht genau an der Schwelle zur Literarisierung, und noch sein großer Laudator Platon musste mit einer gehörigen Menge an Schriften, die sich um Sokrates rankten, der Fiktion stattgeben, er halte Dialoge und damit wiederum aus den konkreten Umständen heraus entwickelte Kurzzeitsensationen fest.

Platons berühmteste Hommage an Sokrates ist die Lobrede, die er in seinem „Gastmahl", dem „Symposion", dem Alkibiades in den Mund legt. Gesetzte Herren, in ihrer Mitte Sokrates, unterhalten sich gerade über die Liebe, den Eros (den auch Diotima verkörpert, als Frau eine Ausnahmeerscheinung unter den platonischen Figuren, natürlich nicht anwesend, aber über eine eingestreute Erzählung präsent). Da platzt der reiche Schönling samt Gefolge herein, nicht mehr ganz nüchtern, und überzieht die Atmosphäre mit jener sexuell aufgeladenen Libertinage, von der gerade räsoniert worden war. Alkibiades versucht Sokrates um den Finger zu wickeln, die seinerzeit allgegenwärtige Päderastie liefert ihm dabei willkommenes Vokabular. Erotik ist seinerseits ein Thema, das zur Stadt und ihren Bewohnern gehört; es ausgerechnet an Sokrates zu exemplifizieren, wäre indes dann doch zu viel der Zuständigkeit. Es soll um eine andere Passage gehen, die eine andere zwischenmenschliche Qualität beschreibt, die, wie es aussieht, mit Sokrates gerade entstanden ist: Ironie. Diese Ironie lässt Platon seinen Alkibiades folgendermaßen auf den Punkt bringen: „Er hält vielmehr alle diese Dinge für nichts wert und uns für nichts und verstellt sich nur gegen die Menschen und treibt Scherz mit ihnen sein Leben lang."[15] „Eiron" taucht als Charaktertiskum des Sokrates erstmals in „Die Wolken" auf, doch im Zusammenhang der Komödie bedeutet es so viel wie Heuchler. Platon macht daraus ein „eironikos", und sein Held wird zum – wieder einmal – Präzedenzfall des Ironikers. Ironie entsteht über Doppeldeutigkeit, sie ist eine Sache der Adressierung, der Unmittelbarkeit, des aus der Situation gewachsenen Auftritts. Ironie zieht im konkreten Einzelfall einen doppelten Boden ein, dabei gibt sie jedem die Freiheit, sie in ihrer Bodenlosigkeit nicht einmal zur Kenntnis zu nehmen. Jean-Jacques Rousseau, der Chefideologe der modernen Humorlosigkeit, hätte sich ein orthografisches Hilfsmittel gewünscht, ein „Ironiezeichen", wie er es nannte, das ihm das Verständnis erleichtern würde. Doch es hilft nichts, Ironie bedarf der Bereitschaft, der Fähigkeit, der Disposition des Gegenübers.

Gottfried Martin, der Sokrates eine kurze, erhellende Biografie gewidmet hat, schlägt vor, die oben zitierte Stelle, in der Alkibiades davon spricht, wie einer sich „verstellt gegen die Menschen und treibt Scherz mit ihnen", anders zu übersetzen. Martins Alternativvorschlag, der auch näher am Original wäre: „Er meint vielmehr, daß alle diese Dinge nichts wert sind und daß auch wir alle nichts sind – das sage ich euch ganz klar. Nichts als Ironie und nichts als Spiel sein ganzes Leben lang gegen alle Menschen, so lebt er dahin."[16] Es war immerhin Friedrich Schleiermacher, der hier verbessert wurde, der Berliner Theologe der Zeit um 1800, dem das Deutsche die erste gültige Platon-Übersetzung verdankt. Schleiermacher hat sich um das Wort „Ironie" gedrückt, das doch eine zentrale Qualität des städtischen Charakters umschreibt. Schleiermacher war führender Vertreter der Frühromantik, und er lebte zeitweise mit deren wichtigstem Theoretiker zusammen. Dieser, Friedrich Schlegel, brachte es dann auch auf den Punkt – in einem seiner „Fragmente" genannten Aphorismen, die nicht von ungefähr in einer Zeitschrift publiziert wurden, die den Titel „Athenäum" trug. In diesem, dem 431. Athenäums-Fragment steht nun der entscheidende Satz: „Schaffe dir Ironie und bilde dich zur Urbanität."[17] Schlegel hat ihn bei Sokrates gelernt.

HORAZ UND ROM ZUR ZEIT DES AUGUSTUS

Zufällig, und das aus Gewohnheit

Gleich mitten hinein ins Geschehen, heißt die Empfehlung, die der Dichter bereithält. Wie Homer, der Herold des Trojanischen Krieges, auch nicht „ab ovo" erzählte, also vom Ei her, aus dem dessen treibende Kraft Helena dem Mythos nach schlüpfte, so solle man doch ebenfalls „in medias res" gehen. Horaz ist diese Wortfügung zu verdanken, und es ist wirklich nicht seine einzige, die übers Lateinische polyglott geworden ist. „Sapere aude" heißt es bei ihm, in einer Sentenz, die durch Immanuel Kants Bestimmung dessen, was Aufklärung sei, berühmt werden wird: Habe Mut, dich deines eigenen Verstandes zu bedienen! Die Wahrheit mit einem Lächeln vorzubringen, schlägt er vor und, als Wahlspruch besonders geeignet: „Carpe diem." Horaz ist der Klassiker schlechthin der humanistischen Bildung, lebensnäher als sein Kollege, Freund und Mitstreiter Vergil, der Jugend ein gediegeneres Vorbild als die Erotomanen Ovid oder Properz. Carpe diem: Horaz hätte selber den Tag gern genutzt, ungestört, konzentriert, auf seine Lebensaufgabe der Literatur bezogen. Er hat sie souverän gemeistert, doch sein Werk durchzieht dabei ein performativer Widerspruch: Wortreich, virtuos, in unermüdlicher Emphase des Sprachjongleurs beklagt er sich darüber, dass er nicht zum Dichten kommt. Er kommt nicht dazu, weil er gestört wird, durcheinandergebracht von jener Substanz, die zugleich sein Elixier ist: die große Stadt, das Zentrum der Ökumene, Rom.

„Graecia capta ferum victorem cepit et artes / intulit agresti Latio": Noch so ein Satz, in den Hexameter gefügt, die Kurzfassung der römischen Geschichte in Bezug auf die griechische. Das gefangene Griechenland, so lässt er sich übertragen, nahm den wilden Sieger gefangen und trug die Künste ins ländliche Latium. Tatsächlich wären die Sitten des Parvenüs, der sich zum Beherrscher der Welt aufschwang, Barbarei geblieben, hätten sie sich nicht umfassend üben können bei den Begründern der klassischen Bildung. Wie jeder Imperialismus sammelte auch der römische ein, was er nur brauchen konnte, eignete sich an, riss sich unter den Nagel und deklarierte die erbeuteten Schätze als die eigenen. Horaz lieferte dazu dann immerhin die Herkunftsbezeichnung. Er wusste, wovon er sprach: Geboren im Jahr 65 vor unserer Zeitrechnung, hatte er in seiner Jugend, mit gerade zwanzig, in Athen an keiner geringeren Ausbildungsstätte als der Platonischen Akademie studiert. Dabei war er mit Brutus in Verbindung gekommen, Attentäter auf Julius Cäsar, Gegner der Alleinherrschaft, der damals noch um die Zukunft der Republik kämpfte. Brutus verlor, und Horaz hatte fortan einen schwarzen Fleck in seiner

Wortreich, virtuos, in unermüdlicher Emphase des Sprachjongleurs beklagt Horaz sich darüber, dass er nicht zum Dichten kommt. Er kommt nicht dazu, weil er gestört wird, durcheinandergebracht von jener Substanz, die zugleich sein Elixier ist: die große Stadt, das Zentrum der Ökumene, Rom.

Biografie: Er hatte Partei ergriffen für die unterlegene Seite. Der gelinde Opportunismus, der sein Leben und Dichten begleitet, hat darin wohl seine Ursache. Der Gewinner hieß Augustus, er wird all das durchsetzen, was Brutus verhindern wollte, und am Ende steht er als Kaiser da; ein Verfasser von Lobliedern wie Horaz gehört in diesem Sinn zu Augustus' Siegesbeute.

Rom und Athen. Sie hatten gemeinsame Götter, der Blick von oben war der gleiche. Grob gesagt lassen sich auch ihre Begriffe davon, was eine Stadt ausmacht, parallel verstehen: Asty ist die Urbs, Polis die Civitas. Die Römer indes, fundamentaler und unzivilisierter wie sie waren, gaben ihrem Gemeinwesen einen deutlicher religiösen Einschlag: Ihre Kapitale war gekennzeichnet vom Pomerium, einer Sphäre der Gültigkeit des Göttlichen, abgezirkelt vom mythischen Gründer Romulus, der sie mit dem Pflug markiert hatte. Die Furche war die zukünftige Mauer, und wo ein Tor vorgesehen war, wurde das Ackergerät hochgehoben; Porta ist das lateinische Wort dafür, von portare, tragen: So einfach ist das, wenn die Hoffnung einen leitet. Das Pomerium war geheiligt, deswegen waren Waffenträger daraus verbannt – jedenfalls bis zur späteren Kaiserzeit, als allein die Prätorianer als Leibgarde die Ordnung verbürgen und die entmilitarisierte Zone gehörig stören. Rom war insgesamt hierarchischer als Athen. Dass sich irgendwann ein Princeps, ein Alleinherrscher mit allen Signaturen göttlicher Begnadung, durchsetzen würde, war abzusehen.

Reichtum wurde ganz schamlos zur Schau gestellt, vor allem auch die Bebauung brachte ihn zum Ausdruck. Es gab die Domus, die Einzelhäuser, den athenischen durchaus ähnlich, wenngleich in ihren Dimensionen von bisweilen absurder Übertriebenheit; wie gigantische Raumschiffe waren sie in bis dato dicht besiedelten Gebieten gelandet, allein aus dem Grund, weil ihre Besitzer es sich leisten konnten, Grund und Boden zu kaufen, zu planieren und mit einem Konglomeratbau aus vielerlei Trakten samt ausgedehnten Gartenarealen zu bestücken. Für den Rest der Bevölkerung existierten die Mietshäuser, die berüchtigten Insulae, Spekulationsobjekte, bis zu sechs Stockwerke hoch, baufällig, weil schnell und billig hochgezogen, übervölkert, weil es andere Möglichkeiten in der chronisch engen Stadt nicht gab. In Athen mit seinem Credo der Gleichheit wären sie unmöglich gewesen. Die Domus waren abgeschottet, sie funktionierten nach innen, zu den Höfen von Atrium und Peristyl, ihre Bewohner konnten sich Exklusivität leisten, und es gab definierte Sphären des Privaten und des Offiziellen, Bereiche, die von den Klienten betreten wurden und Geschäftsverkehr erlaubten, solche, in die Gäste zu umfangreicheren Veranstaltungen kamen, und Rückzugsorte für die speziellen Intimitäten. Die Insulae dagegen öffneten sich zur Stadt hin, sie hatten Fenster nach außen, in denen selten Glas verarbeitet war, Geschäfte säumten die Erdgeschosse, und auch Ver- und vor allem Entsorgung funktionierten buchstäblich in aller Öffentlichkeit. Oftmals ist in Hinblick auf die Insulae von Slums die Rede: Was hier herrschte – prekäre hygienische Verhältnisse, hohe, allzu hohe Dichte an Bewohnern –, macht das starke, moralisch und sozial besetzte Wort plausibel.

Denn das ist natürlich der augenfälligste Unterschied Roms zu Athen: Die Kapitale des Imperiums war mindestens zehnmal größer als die Hegemonialmacht in der Agäis zu ihren besten Zeiten. Rom hatte, so bringt es Frank Kolb, der Biograf der Stadt in ihrer antiken Zeit, nach penibler Zählung auf den Begriff, eine Million Einwohner. Angesichts der relativ geringen Größe des Stadtgebiets und seiner Lage zwischen den sprichwörtlich sieben Hügeln (nach der obligatorischen Auflistung durch den spätrepublikanischen Enzyklopädisten Varro heißen sie Kapitol, Aventin, Caelius, Esquilin, Palatin, Viminal sowie Quirinal[1]), angesichts vor allem auch der ausgedehnten, in privatem Besitz oder in öffentlicher Verfügung stehenden Tabuzonen, beschränkt sich das Wohnareal in Rom auf ca. 900 Hektar; man müsste also mit einer Bevölkerungsdichte von 110.000 Menschen auf den Quadratkilometer rechnen: »Das würde«, sagt Frank Kolb, »pro Kopf eine verfügbare Grundfläche von 6 – 9 qm bedeuten und wäre im Vergleich zu den Großstädten industrialisierter Länder eine überaus hohe Bevölkerungsdichte, aber eine immer noch weit niedrigere als in bestimmten Quartieren des heutigen Kairo mit etwa 300.000 Einwohnern pro qkm.«[2]

Aquädukte, Straßen und Kanäle: Innenansichten einer antiken Großstadt

Das Rom der Zeitenwende war bis ins 18. Jahrhundert hinein die größte jemals existierende Stadt. Die Straßen waren eng und voll, und obwohl der Fahrverkehr auf die Stunden der Nacht eingeschränkt war, ergaben sich vielerlei Widernisse. Die vielleicht eindrücklichste Beschreibung stammt von Juvenal, Satiriker der Zeit um 90 n. u. Z., doch darf man annehmen, dass die Zustände hundert Jahre früher nicht anders waren; als Innenansicht einer Großstadt sind sie ohnedies zeitlos: »Das ist die Hauptursache des Übels: Wagen biegen in scharfer Wendung um die Straßenecken, die Treiber schimpfen laut, wenn ihre Herde nicht weiter kann ... Mit Schlamm beschmutzt sind meine Beine, bald bekomme ich Fußtritte von allen Seiten, und der Nagel eines Soldatenstiefels bleibt mir in der Zehe stecken.« Besonders apart auch die Schilderung eines nächtlichen Heimwegs die Fassadenzeile der Insulae entlang: »Soviele Gefahren bedrohen dich, wie beleuchtete Fenster offenstehen, unter denen du vorbeigehst. Begnüge dich also mit der kläglichen Hoffnung, daß man wenigstens nur den Inhalt flacher Becken auf dich ausleert.«[3]

Mit der Generosität des Griechen, der einen neuen Herrn in Gestalt des Princeps gefunden hat, hebt Dionysios von Halikarnassos drei Dinge hervor, die er für die bedeutendsten Leistungen der Römer hält: Aquädukte, gepflasterte Straßen und die Abwasserkanäle. Nicht überall

Das Rom der Zeitenwende war bis ins 18. Jahrhundert hinein die größte jemals existierende Stadt.

also muss es zum Himmel und vom Himmel her so gestunken haben, wie Juvenal es schildert; und die Wasserleitungen haben das ihrige zur Bevölkerungsentwicklung der Metropole beigetragen. Nirgends sonst auf der Welt war frisches Wasser so wohlfeil wie in Rom, nirgendwo sonst waren die hygienischen Verhältnisse zumindest auf diesem Strang der Versorgungskette so gut wie hier. Was lange Zeit auf der Strecke geblieben war, betraf die Ästhetik. Bei aller sehr früh in Gang gesetzten Infrastruktur – die Cloaca Maxima, die Terminus gewordene Hauptentlastungsrinne, existierte spätestens seit dem 4. Jahrhundert v. u. Z. – war die Urbanistik im Sinne einer Stadtbaukunst vernachlässigt worden. Das sollte sich nach bahnbrechenden Aktivitäten Cäsars mit dessen Adoptivsohn, Nachfolger und Fokus aller monarchischen Bemühungen ändern: mit Oktavian, der nach Durchsetzung seiner hegemonialen Bestrebungen den hagiografischen Beinamen Augustus verliehen bekam. Rom wurde eine Stadt aus Marmor.

Marmor markiert seinerseits eine bedeutende Differenz zu den Griechen. Im Marmor ist Massivität verkörpert, und das Durch-und-durch einer monolithischen Festigkeit entspricht, die Schrankwand aus Eiche bezeugt es bis heute, einem eher unterentwickelten Geschmack. Griechische Plastiken etwa waren großteils aus Bronze. Die Römer haben sie nicht nur kopiert, sondern die Nachmacherei vollzog sich auch noch in Stein. Der ist natürlich schwerer, die meisten der grazilen Posen und Posituren der Vorbilder waren in Marmor unmöglich. Dafür zahlten die Römer den Preis aufdringlicher Materialverbindungen: Zwischen zum Beispiel Hüfte und Arm zieht sich eine steinerne Brücke, die allein der Statik geschuldet ist, da sonst das Körperglied schlechterdings abfallen würde. Man machte sich dabei keine Mühe, die Stege irgendwie zu kaschieren, sie in Haltung, Ponderation, Darbietung der Figuren einzubauen – sie sind einfach da, und sie sind aus Marmor. Mit einer solchen Wucht wurde nun auch die Architektur überzogen.

Cassius Dio, Historiker und Senator, stellt sich 200 Jahre später vor, wie Augustus von einem seiner engsten Freunde und Berater vorgeschlagen wird: »Schmücke diese unsere Hauptstadt mit aller Pracht und schaff ihr Glanz mit Festlichkeiten jeglicher Art! Denn es ist wohl angezeigt, daß wir, die Herren über zahlreiche Völker, alle Menschen in allen Dingen übertreffen, und Prunk solcher Art trägt auch dazu bei, unsere Bundesgenossen mit Ehrfurcht, unsere Feinde aber mit Schrecken zu erfüllen.«[4] Rom soll repräsentativ werden, aus politischem Kalkül, zum Eindruckschinden und auch zur Demonstration dessen, was man sich selber schuldig ist. Dios Dialog ist fiktiv, doch der Ratgeber ist eine ganz reale Figur, Stichwortgeber für eine spezielle Aktivität, die man nicht zuletzt dank Horaz genuin mit ihm verbindet. Maecenas ist der Name desjenigen, der Augustus auf den Gedanken brachte, Rom, die Kapitale des Reiches, zu seiner ureigenen Hauptstadt zu machen.

Augustus alias Oktavian, nach Cäsars Ermordung zunächst einer von dreien im Triumvirat, dann Triumphator, der die vorangegangene Aushöhlung der republikanischen Tugenden und Tendenzen tatkräftig weiterbetrieb, alles unter dem Deckmantel einer Wiederherstellung der Res Publica; der als Primus inter Pares auftrat, sich vom Primus zum Princeps weiterentwickelte und in geschickter Camouflage letztlich als Monarch endete. Dieser überaus raffinierte Organisator und Manipulator des Senats und des Volkes von Rom hatte die besten Handlanger. Agrippa vor allem, der dem Princeps die Schlachten schlug und dessen Name bis heute am Portikus des Pantheon zu lesen ist, dessen Vorgängerbau er in Auftrag gegeben und damit die Vorstadt der alten Urbs, das sogenannte Marsfeld, zum Erschließungsgebiet des Prinzipats erklärt hatte; oder eben Maecenas, Vertrauter Oktavians von Anfang an, der seinerseits klug genug war, eigene politische Ambitionen hintanzustellen und sich mit Einfluss und vor allem Geld dafür schadlos zu halten. So konnte er den Dichterkreis finanzieren, der ihn zum Präzedenzfall eines Mäzens machte. Durch Maecenas standen die Heroen der Lyrik und der Epik – Vergil, Horaz, Properz und ein heute weniger bekannter Exponent namens Lucius Varius Rufus – im Bannkreis des Kaisers.

Horaz selbst versucht, sich nichts davon anmerken zu lassen. Jedenfalls zwei Zeilen lang, und so beginnt einer der schönsten Texte, in denen sich einer seinen Reim auf die Stadt zu machen sucht, folgendermaßen: „Ibam forte via sacra sicut meus est mos / nescio quid meditans nugarum totus in illis." Als Weltweisen, als vates, hat Horaz sich gern stilisiert, doch hier ist der Seher vor allem ein Geher: „Ibam", ich ging, setzt die Satire ein. Horaz erzählt von sich selbst, er war „forte" unterwegs, zufällig, ganz so wie es seine Gewohnheit, „mos", darstellt. Das Zufällige einer Gewohnheit wird beim Gang durch die Stadt manifest: In wunderbarer Paradoxie lässt er sich kalkuliert treiben, er ist Flaneur, er schweift umher, und wie es für seinesgleichen gehört, wird das interesselose Interesse auf der Hauptachse gepflegt, im Zentrum des städtischen Geschehens, auf der Via Sacra. Er weiß nicht, welchen Gedanken er nachhing, aber jedenfalls war er, oder tat so, ganz in Beschlag genommen von ihnen. Natürlich wird die Umgebung beobachtet, doch das muss die ja nicht mitbekommen, Teilnahme und Teilnahmslosigkeit fügen sich zur perfekten Balance, denn schließlich sind Indifferenz, Beiläufigkeit, Blasiertheit Ingredienzien einer ästhetischen Haltung. Ganz cool, möchte man sagen, schlendert da einer durch die Stadt, und wie vom Himmel gefallen befindet er sich dabei ausgerechnet an einem Ort, wo er auch gesehen wird.

Doch leider pflegen die Zufälligkeiten einer Gewohnheit auch andere. Und so folgt die dritte Zeile: »Accurrit quidam notus mihi nomine tantum«. Irgendeiner kommt also daher, Horaz kennt ihn zwar, doch den Namen verschweigt er – was er beileibe nicht immer tut. Es entspinnt sich ein Dialog, der Quidam ist natürlich eine rechte Nervensäge, und Horaz zollt seiner Bekanntheit und seiner Stellung Tribut. Die Nonchalance eines sich Treibenlassens in städtischer Anonymität hält nur einen glücklichen Anfangssatz lang. Dann widerfährt dem Berichterstatter, was jedem anständigen Dandy durch die Zeiten passiert ist: Das Schaustück, die Preziose und Zimelie, als die er sich selbstverständlich selber sieht, wird auch von den anderen erkannt, allerdings nicht, um es zu bewundern, sondern um es sich zu welchem Zweck auch immer anzulegen. Und so wird Horaz nicht weniger als angehauen. Er soll diesem Irgendwer Entree verschaffen in den Dichterzirkel, dem er stadtbekannterweise angehört. Besonders ärgert es den Dichter, dass sein Visavis glaubt, die Mitgliedschaft im Maecenas-Kreis beruhe allein auf Beziehungen; in Sachen Masse und Geschwindigkeit des Verseschmiedens, Biegsamkeit der Satzglieder und Schönheit des Gesangs könne er, der Jemand, jedenfalls mithalten. Vorbei ist es mit der Flanerie, Horaz sträubt und windet sich, versucht erst motorisch und dann argumentativ den Verfolger abzuschütteln und endet, das ist schließlich der beabsichtigte Effekt der Satire, bei einem Loblied auf Delikatesse, Ungezwungenheit und Selbstgenügsamkeit im Umfeld des Maecenas; auf Qualitäten also, die dem aufregend-aufgeregten Treiben in der Urbanität geradewegs entgegengesetzt sind.

Das erste Buch der Satiren ist im Jahre 35 v. u. Z. erschienen. Die Entwicklungen, die Rom in die Kaiserzeit führen werden, sind noch in der Schwebe, und Horaz hat sich eine Stellung bei Maecenas erworben, die augenscheinlich gefestigt werden soll durch die locker-lässige Beharrlichkeit seiner Gedichte. Horaz ist eine Art Höfling, bevor dieser Hof noch etabliert war. Oktavian/Augustus bezieht bald auf dem Palatin ein Haus, aus der Ortsbezeichnung Palatium wird sich in Folge die Typenbezeichnung Palast entwickeln, doch richtig imperial geht es nicht zu in diesen Liegenschaften. Imperialität ist eher im Haus des Maecenas auf dem Esquilin zu bemerken, umgeben ist es von Gärten, die neu angelegt wurden, bestückt mit Villen, unter denen eine von Horaz bewohnt wird. Es sei ihm erlaubt worden, schreibt er, in der Sauberkeit des Esquilin zu wohnen und sich auf sonnigen Dämmen zu ergehen. Für Maecenas war Horaz als, wie er es nennt, „Convictor" beschäftigt, er war zuständig für Unterhaltung aller Art, für die leichte Muse eher als die profunde, und durfte sich nicht zu schade sein für Fragen etwa nach der Uhrzeit: „Hora quota est?" Im Mittelpunkt stand zweifellos Verfassen und Vortragen, und sein Œuvre zumindest dieser früheren Jahre bei Maecenas ist geprägt von einer gewissen Luftigkeit und Nonchalance. Er ist der leichtlebige Städter. Fürs Sublime sind die Kollegen Vergil, mit seiner „Aeneis" der Epiker des Staates schlechthin, und Varius mit seinen Lehrgedichten zuständig, die ihn auch bei ihrem Förderer empfohlen und ihm dadurch vor dem nachmaligen Kaiser seine Stellung verschafft hatten.

Römische Straßenszenen: sehen und gesehen werden

Aufgehoben in der Gegenwelt eines solchen ästhetischen Zirkels lässt es sich dann umso leichter herabsteigen in die Senke des Forums und so tun, als habe man mit sich und seinen Gedanken genug. Schauplatz des Szenarios ist die Via Sacra, die von Osten, der Seite des Esquilin, kommend auf das Forum zuführte. Es war eine zeremonielle Strecke, sacer eben, heilig, und sie war uralt, nur zwei Wege trugen die Bezeichnung Via, was zum einen auf eine Nutzung außerhalb der ursprünglichen Siedlungsfläche, aber auch darauf deutet, dass der Weg als Straße erschlossen war. Das Forum begann zu Zeiten des Horaz jene Gestalt anzunehmen, die man von einem

Platz erwartet: die einer geschlossenen Anlage mit vielerlei das
Geviert säumenden Bauten, die alle Funktionen bereithielten, die
eine Weltstadt brauchte. Hier befanden sich Tempel für alle Fragen
ans Kultische; hier standen die Curia, das Gebäude des ehrwürdigen
Senats, und die Rostra, die Rednerbühne fürs republikanische
Bewusstsein; hier befanden sich die Basilica Aemilia und die
Basilica Iulia und damit zwei Paradebeispiele für eine speziell
stadtrömische Architektur, Hallen für alles Mögliche, was sich in der
Stadt ergab, für Handel und Wandel und Gerichtsbarkeit; eine
Eigenschaft vor allem hatten diese Basiliken aufzuweisen, die sie als
urbane Bauten prädestinierte: Groß mussten sie sein. Augustus wird
am Forum den ersten Triumphbogen in Stein errichten, es gab auch
Geschäfte, die Tabernae, die angesichts der Aufladung mit Großartigkeit allerdings peu à peu verschwinden werden. Das Forum war,
bevor das Colosseum alles in seinen Bann ziehen wird, auch Ort für
Spiele, für Auftritte von Gladiatoren und wilden Tieren, entsprechend kragten Balkone hervor, die man während der Spektakel
mieten konnte. Alles in allem war es ein Forum der Vielfalt, wie sie
städtische Plätze insgesamt auszeichnet, die idealerweise zu divers
und diffus sind, dass man sie reglementieren könnte.

Der Komödiendichter Plautus machte schon um 190 v. u. Z. das
Publikum auf dem Forum dingfest: Es treiben ihr Wesen „Meineidi-
ge", „Lügner und Prahler", „reiche verheiratete Verschwender", „reife
Buhlknaben", aber auch „tüchtige und reiche Bürger" und „ganz in
der Mitte des Platzes bloße Großtuer".[5] Als Komödiendichter wusste
Plautus die Dinge in seine freche Fasson zu bringen, doch er wird
schon das Rechte getroffen haben. Cato der Ältere, der berühmte
Eiferer und Geiferer in Sachen altrömische Tugend, forderte jedenfalls spezielle Pflastersteine fürs Forum, und zwar solche, die nach
oben hin angespitzt sind, damit man sie sich in die Sohle ramme,
stünde man unnütz herum. Ovid wiederum, seinerseits berühmt als
Herold der Zustände unter Augustus, empfahl das Forum in seinem
Traktat zur Liebeskunst, der „Ars amatoria", anderer Attraktionen

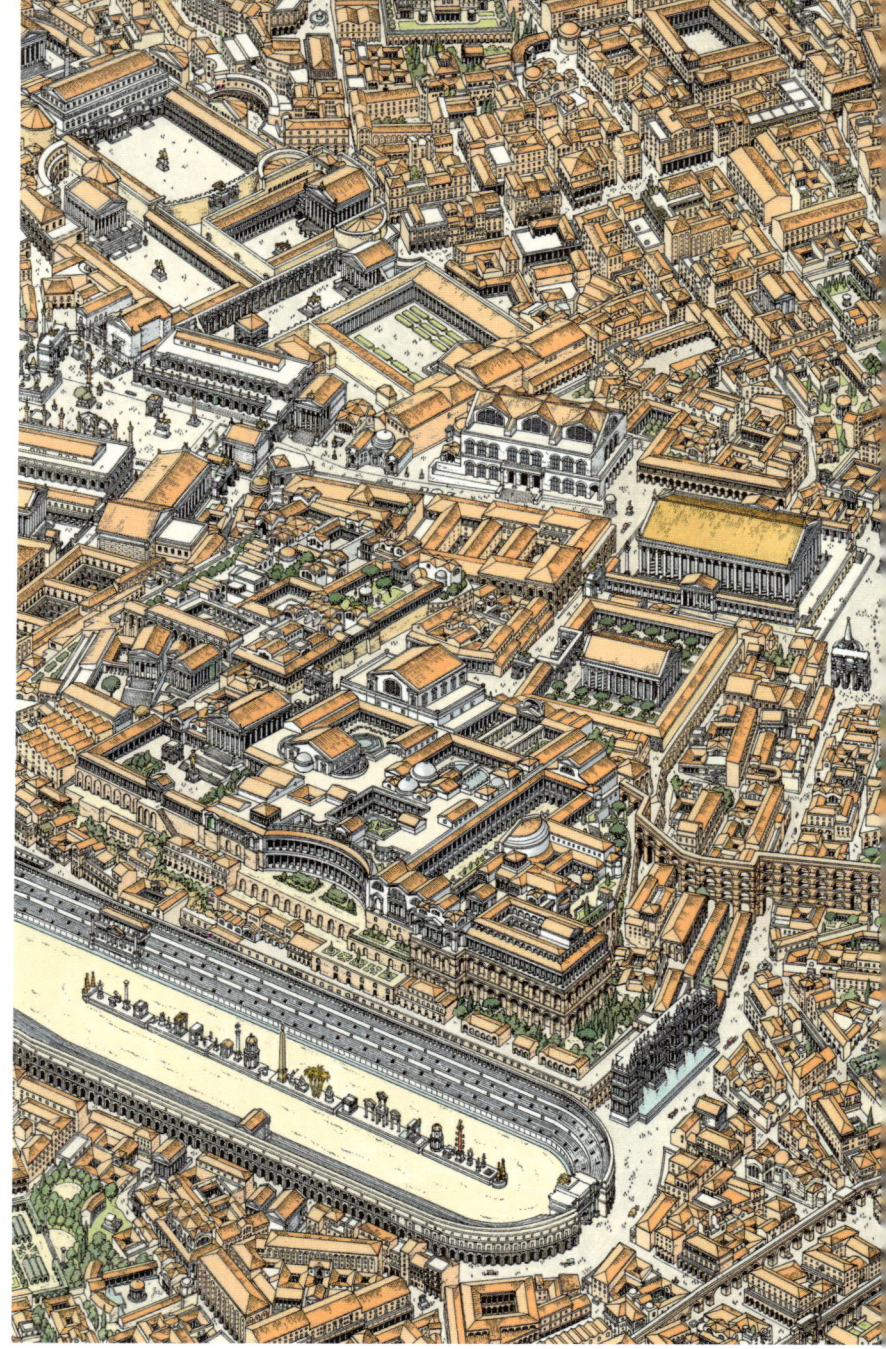

Das Rom der Antike, wie der Comic-Zeichner Gilles Chaillet es minutiös und seriös rekon-
struierte: Das Weltstadtleben spielt sich bei Chaillet im frühen 4. Jahrhundert, zur Zeit des
Kaisers Konstantin, ab, deswegen sind zentral das im Jahre 80 eröffnete Kolosseum sowie die

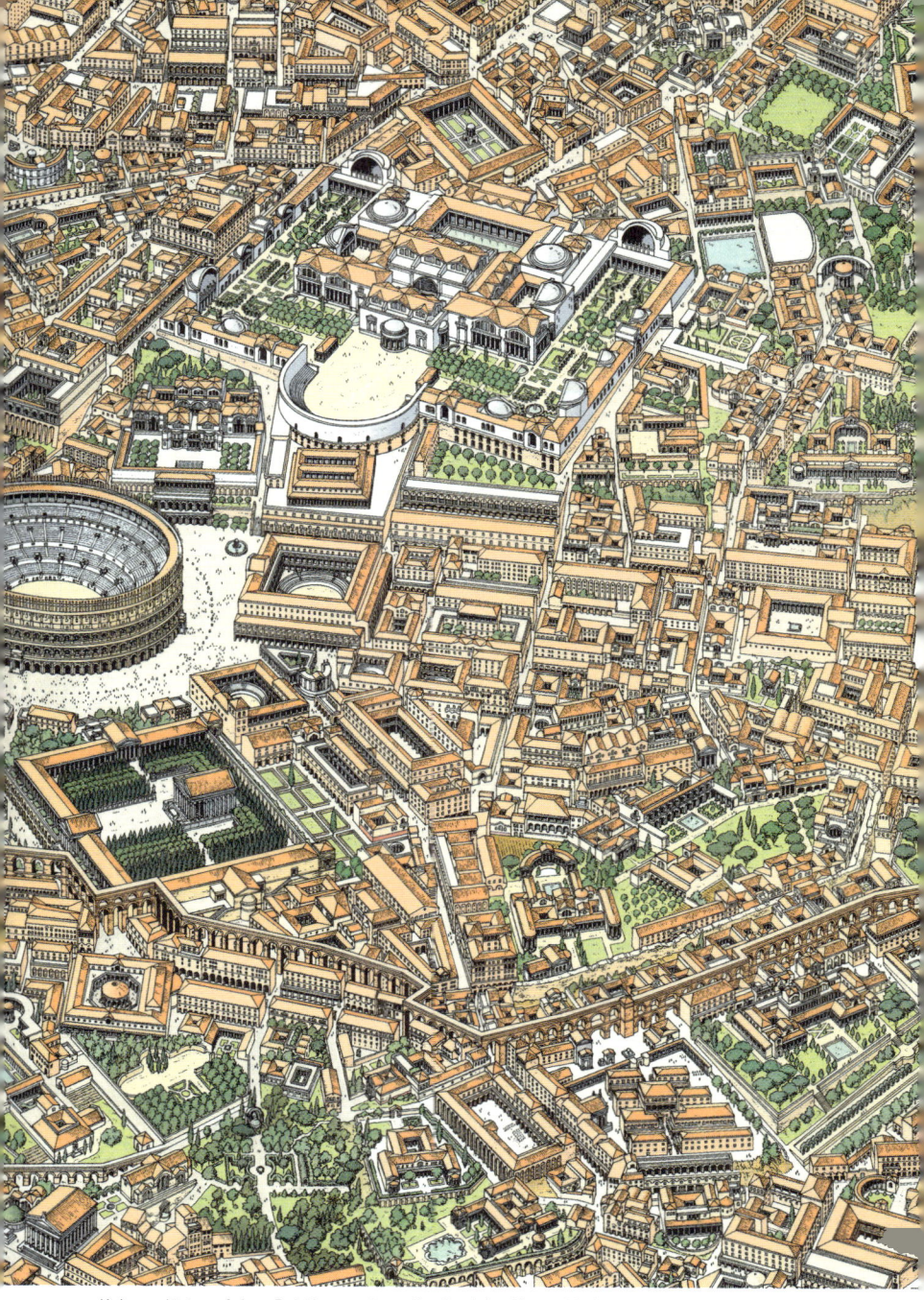

Kaiserpaläste auf dem Palatin zu sehen; das Oval des Circus Maximus und die Via Sacra, wie sie links oben eine Schneise durch das urbane Gefüge bricht, stehen für das Vermächtnis der Zeit des Augustus.

wegen: „Formosas puellas" ließen sich hier ansprechen, hübsche Mädchen, denn die Stadt habe alles, was es je auf der Welt gegeben hat. Was zu tun ist, um am richtigen Ort an die Mädchen zu geraten, empfiehlt Ovid ebenfalls: „Tu modo lentus spatiare."[6] Man soll auf lässige Art herumgehen. „Spatiari" ist das Wort dafür, Horaz hat es genauso bei der Beschreibung seines Lustwandelns in den Esquilinischen Gärten verwendet, das deutsche „spazieren" leitet sich natürlich davon ab. So ist das Bewegungsmotiv ausgelotet, dessen der Städter bedarf: den Raum, „spatium", füllen, aber sich dabei bloß nichts anmerken lassen.

Ovid gehörte als große Ausnahme unter den literarischen Berühmtheiten nicht zum Maecenas-Kreis, er war bei der Konkurrenz untergekommen, bei Messalla Corvinus; später wird er seiner Respektlosigkeiten wegen von Augustus in die Verbannung geschickt werden, ans Schwarze Meer, wo er in seinen „Tristia", den Elegien aus der Traurigkeit, herzergreifend über den Verlust aller Annehmlichkeiten klagt, die eine Großstadt bietet. Währenddessen klagt Horaz über den Verlust der Annehmlichkeiten des Landlebens. Maecenas hat ihm einen Bauernhof in den Sabiner Bergen zukommen lassen, auf den er sich sehnt, wenn ihm die Belange und Bedürfnisse, mit denen er von seinen Gönnern und Klienten überzogen wird, über den Kopf wachsen. Im Jahre 30 erscheint der zweite Band seiner Satiren, darin gibt es eine der berühmtesten Passagen zum einschlägigen Thema: die Fabel von der Stadt- und der Landmaus. Wer kennt sie nicht? Rusticus mus, die Landmaus, bekommt Besuch von der urbanus mus, lange schon legt sie Vorräte beiseite, dass sie die verwöhnte Freundin gebührend bewirten kann. Die Mahlzeit aus Dinkel und Spreu fällt indes nicht sehr üppig aus, und so revanchiert sich die Stadtmaus mit einer Gegeneinladung. Ein Schlaraffenland tut sich auf, Vorratskammern quellen über, doch nicht lange, dann gellt das Gekläff von Hunden durch die Gänge. Die Landmaus erschrickt sich zu Tode und verabschiedet sich umgehend. Dieses Leben in Überfluss an Nahrung wie an Gefahr ist nichts für sie.

Ein Plädoyer natürlich für die vita contemplativa, das Dasein in der Beschaulichkeit, wie Horaz es formuliert. Er wäre nicht Exponent städtischer Zivilisation, wüsste er nicht um das Konstruierte einer solchen Nostalgie, und so lässt er seinen Leibsklaven Davus spotten: Wenn du in Rom bist, wünschst du dich aufs Land; als Landbewohner dagegen hebst du Rom in den Himmel. Horaz' Vision vom Glück ist in der Deutlichkeit der Alternativen befeuert von der Tatsache, dass sich Stadt und Land nicht mehr so deutlich unterscheiden lassen. Längst war die Weltstadt von jenen Wucherungen in die Umgebung befallen, die man heute Urban Sprawl nennt. „Dem Betrachter", so Dionysios aus Halikarnassos, „bietet sich der Eindruck einer sich ins Unendliche ausdehnenden Stadt dar"; es sei unmöglich zu bestimmen, „wohin Rom sich noch als Stadt erstreckt und von wo an es aufhört, eine Stadt zu sein".[7] Unter Augustus gibt es eine umfassende Verwaltungsreform für Rom, ein Präfekt wird eingesetzt, und das Stadtgebiet wird in vierzehn Regionen unterteilt, die indes nicht mit den tatsächlichen Grenzen der Besiedlung übereinstimmen. Man behilft sich mit der Formel von der „Continentia", der zusammenhängenden Bebauung. Plinius der Ältere, aktiv in der frühen Kaiserzeit, gibt ein Maß dafür an: Durchschnittlich 2,8 Kilometer misst der Radius des Stadtkreises, gedacht vom „goldenen Meilenstein" aus, der sich im absoluten Zentrum auf dem Forum Romanum befindet. Urbs und Suburbium fließen ineinander, und so treibt die Vision, die klare Konturen setzt, im Nebulösen.

Dabei hätte Horaz auch nichts gegen das Glück in der Stadt. Wohin immer ich Lust habe, dahin gehe ich, verheißt dieses Glück, und zwar allein. Sogar an den einschlägigsten aller Orte: Oft auf dem Forum bleibe ich bei den Wahrsagern stehen, und von dort dann nach Hause. Doch nichts wird es mit dieser vor Augen gestellten Fantasie, und das Lamento wird im Lauf seines Lebens immer heftiger. Die Verpflichtungen nehmen überhand, sie finden ihren Höhepunkt im sogenannten „Carmen Saeculare", dem Jahrhundertlied, in dem Horaz seinen Hymnus auf den Imperator anstimmt. Im Jahre 17 v. u. Z. wird es schließlich vorgetragen, Vergil war tot, und so darf der Kollege den Cantus Firmus komponieren. Ort der Erstaufführung ist der Apollotempel auf dem Palatin, Bestandteil des Hauses des Augustus und der einzige Trakt, in dem das Bedürfnis nach Protz und Prunk drastische Urstände feierte. Der Oberste des Staates stellt sich in die Umgebung des Sonnengottes, und seine Divinisierung wird auch nicht auf sich warten lassen. Horaz verfasst dazu gewissermaßen die Liturgie.

Horaz: Dichter und Denker von städtischer Intellektualität

Gegen Ende seines Lebens, er stirbt im Jahre 8 v. u. Z., schreibt Horaz an seinen Episteln weiter, den Briefen, die weit ausholen an Philosophie und Weltklugheit. Der letzte, Nummer II,3, ist als „Ars Poetica" in die Theorie der Literatur eingegangen, hier findet sich die Stelle, die den Rat erteilt, man solle doch gleich „in medias res" gehen. Der Brief davor fasst resümierend des Dichters Unbehagen an der Urbanität zusammen, um sie doch noch einmal zu beschwören. Hier heißt es, zitiert in der Übersetzung von Christoph Martin Wieland, die dem Shakespear'schen Blankvers folgt: „Der wohnt zu äußerst auf dem Aventin / der auf dem Quirinal und beide müssen / besucht sein – wie du siehst, ein hübscher Zwischenraum! / Noch möcht es gehn, wenn nur die Straßen freier / und nicht für Denker so gefährlich wären".[8] Rom, so steht es im Raum, ist ein gefährliches Pflaster, und das gerade für die Dichter und Denker einer städtischen Intellektualität. Horaz hat auf Exklusivität gesetzt, doch was er sich für den Elfenbeinturm seines Kreises ausdenkt, handelt immer auch vom freien Flottieren in einer öffentlichen Sphäre, die unbeherrschbar und unübersehbar bleibt. Natürlich weidet er sich an seiner Blasiertheit, doch die Autorität, die ihm seine Unnahbarkeit gestattet, möchte er doch vor Publikum bestätigt wissen.

Und so listet er die Namen derjenigen auf, deren Urteil ihm etwas bedeutet, selbstverständlich kommen Maecenas, Vergil und Varius vor, auch Messalla, der Förderer des Konkurrenzkreises. Und schließlich

Pollio: Asinius Pollio hat im Jahr 39 v. u. Z. Roms erste öffentliche Büchersammlung, mit griechischen und lateinischen Werken, errichtet. Auf dem Marsfeld, im Neubaugebiet Richtung Nordwesten, ließ Augustus dann eine weitere Bibliothek bauen; deren Leiter wurde ein gewisser Maecenas Melissus, ein ehemaliger Sklave, der als Freigelassener den Namen seines Herrn weiter trug. Der Kreis, so stellt es sich auch architektonisch dar, war auf Bildung erpicht, und bei aller Autonomie seiner ästhetischen Programme sollte etwas davon nach außen gehen. Die Bibliothek formuliert ein solches Credo. Dass Augustus dies gelegen kam, steht außer Zweifel, war er doch Populist und auf die Akklamation durch die einfachen Leute angewiesen. Und wenn es nur als Geraune daherkam: Was hinter den Kulissen der Esquilinischen Gärten und ihren Künstlervillen passierte, war relevant. Bisweilen trat es dann auch nach außen in Erscheinung, als Edition, als Auftritt, als staatstragende Deklamation.

»Atemberaubend viel«, sagt Frank Kolb über das archäologische Wissen zur Stadt, »ist im Grunde erhalten, so daß man das antike Rom mit unseren heutigen Kenntnissen weitgehend wiederaufbauen könnte.«[9] Der französische Illustrator und Comic-Autor Gilles Chaillet hat sich im Jahr 2004 einen Traum erfüllt und das »Rome des Césars«, so der Originaltitel seines Buches, zeichnerisch wiederauferstehen lassen. Akribisch sind die Orte der urbanen Identität aufgelistet, die Gärten, Plätze, Thermen, Foren, die Sphären von Vermischung und Verdichtung in ihrer Abwechslung mit locker gefügten Arealen der Exklusivität. Das Rom der Antike ließe sich wiederaufbauen, in Bildern jedenfalls, die einen überbordenden Bestand an Erinnerungen dokumentieren. Man müsse sich vorstellen, schreibt Sigmund Freud in einer wunderbaren Passage seiner Zivilisationstheorie »Das Unbehagen in der Kultur«, wie es wäre, wenn eine Stadt wie Rom funktionierte wie die menschliche Psyche: Nichts wäre verloren, alles sedimentiert, vorhanden in den Tiefen des archivalischen Vermögens. Dokumente aus Roms Frühgeschichte, aus seiner Klassik zur Zeit des Augustus, aus der Phase des Niedergangs in der Völkerwanderung, aus dem langsamen Wiedererstarken im Mittelalter, aus der neuen Glanzzeit in Renaissance und Barock, aus der Re-Etablierung als Hauptstadt Italiens sowie aus dem Planierwahn der Moderne wären aufeinander getürmt, simultan vorharden als Monument überhaupt aller Monumentalität. Rom ist in der Tat die Metropole der Vertikalen, wenn man sie als Folge historischer Schichten versteht; die erste liegt zuunterst, und wer eine frühchristliche Kirche besucht, muss sich bisweilen zehn Meter unter Straßenniveau begeben. Und Rom ist die Metropole der Horizontalen, wenn man sie ebenso als Folge historischer Schichten versteht. Keine der Geschichten, die in diesen Schichten stecken, ist gänzlich verloren. Viele sind von höchster Vitalität. Von Horaz lässt sich eine geradezu aktuelle loslösen.

AUGUSTINUS UND DER FANATISMUS
DER SPÄTANTIKE

Die Stadt und ihr Jenseits

Rund hundert Besucher der heiligen, der hochgebauten Stadt werden jährlich mit einem Krankheitsbild in die Klinik eingeliefert, das man Jerusalem-Syndrom nennt. Es befällt vor allem Touristen, deswegen sollten Fremdenführer, so heißt es in einem Ratgeber, speziell auf folgende Anzeichen achten: „1. Erregung, 2. Abspaltung von der Gruppe, 3. Obsessives Baden; zwanghaftes Schneiden von Finger- und Fußnägeln, 4. Anfertigen eines ausnahmslos weißen togaähnlichen Gewandes, oft mit Hilfe von Hotelbettwäsche, 5. Der Drang, Bibelverse herauszuschreien oder laut zu singen, 6. Gang an eine der heiligen Stätten Jerusalems, 7. Predigen an einer heiligen Stätte".[1] Dass Reisende in einen pathologischen Zustand geraten, wird durchaus öfter diagnostiziert. Berühmt ist das Stendhal-Syndrom, benannt nach dem Literaten des 19. Jahrhunderts, dessen sich im Anblick des künstlerischen Erbes der Stadt Florenz Gefühle der Beklemmung, der Erschöpfung und der Minderwertigkeit bemächtigten; oder auch das Paris-Syndrom, das vor allem japanische Besucher an den Tag legen, wenn sie sich unfähig fühlen, das ausufernde Besichtigungsprogramm zu meistern, und ihrerseits der Lethargie verfallen.

Das Jerusalem-Syndrom äußert sich weniger in Niedergeschlagenheit als in jubilatorischer Selbstermächtigung; man fühlt die Berufung zum Propheten in sich aufsteigen, die seherische Erwartung steigert sich bis zum Wahn, doch nach einigen Tagen legt sich die Überidentifikation meistens wieder. Man war buchstäblich zum Fanatiker geworden, zum Eingeweihten in ein Fanum, zum Initiierten in eine Sphäre der Heiligkeit. Das Profane einer sich im Alltag und seinen Problemen und Geschäftigkeiten verausgabenden Stadt sollte überstiegen werden, transzendiert, denn die Schwelle zum Göttlichen erschien für den Moment der Emphase niedrig genug. Dank der medizinischen Hilfe des Shaul Mental Health Centre, das auf das Syndrom spezialisiert ist, hat es mit dem Erleuchtetsein bald wieder ein Ende. Das Erweckungserlebnis wird Episode bleiben.

Der Augenblickszustand vor allem unterscheidet den Fanatismus gewisser Besucher im Jerusalem der Moderne von jenem, der in diesem

Auch eine Klagemauer: 2002 wurde mit dem Bau einer Sperranlage begonnen, die das Staats-
gebiet Israels von den Territorien unter Verwaltung der Palästinenser trennt; hier ein Abschnitt
in Jerusalem, gesehen vom ehrwürdigen Ölberg aus.

Kapitel beschrieben wird. Er hat eine gesamte Epoche geprägt. Die
Spätantike steht unter dem Bann einer neuen, bald weltumspannen-
den Überzeugung. Der Eingottglaube, der Monotheismus, ist monoma-
nisch, monolithisch, monopolistisch. Er ist, gemessen an der Vielgöt-
terwelt, die es vorher gab, auch monoton. Er ist rigoros, intolerant,
rechthaberisch. Und weil sich die Welt nicht unbedingt fügen will in
die Konstruktion einer Einheit, bedarf es bei aller Fixierung auf den
einen unumstößlichen Gott eines Gegenübers, das für die Unzuläng-
lichkeiten zuständig ist: das Böse, das Schmutzige, man könnte auch
sagen: das Reale. Das gilt gerade auch für die Stadt: Hier stehen sich
eine irdische Version und eine himmlische gegenüber, eine konkrete
und eine ideale oder, in den Begriffen ihres einflussreichsten Program-
matikers Augustinus: eine Civitas Terrena und eine Civitas Dei.

Dass die Welt in zwei Hälften zerfällt, ist keine Erfindung des Monotheismus, dass zwei Städte in herzlicher Konkurrenz einander gegen-
überstehen, ebenso wenig. Doch jetzt, in den Jahrhunderten, da das
Imperium Romanum in Agonie gerät und sich mit dem Zerfall kon-

frontiert sieht, wird die Vorstellung von Dualismus zu einem wirk-
mächtigen Konzept. Die Welt wird immer diffiziler. Gerade die
Einheitslehre des Monotheismus scheint die Antwort auf die neue
Komplexität liefern zu können: wenigstens, indem sie eine Polarität
aufspannt. Und gegenüber der singulären Formel einer Stadt im
Jenseits bringen sich diverse Gemeinwesen in Position, die die
Hegemonie im Diesseits beanspruchen: Rom ist nur noch eine davon,
Konstantinopel, Alexandria, Antiochia, Karthago, Mailand, Ravenna
sind andere.

**Die Stadt ist für Augustinus, der bei aller intellek-
tuellen Weltläufigkeit habitueller Provinzler war,
eher Metapher als Produkt von Urbanität, ist eher
literarischer Topos als konkreter Ort. Doch als
Schauplatz erbitterter Streitigkeiten zwischen dem
Irdischen und dem Himmlischen gibt es die Stadt
in dieser aufgerührten Zeit nicht minder.**

Und natürlich Jerusalem. Anhand dieser Metropole des Monotheismus
schlechthin, die alle drei großen Religionen, die den einen Gott
verehren, in ihrem Fokus haben, wird speziell die Idee einer göttlichen
und einer irdischen Variante von Stadt durchexerziert. Sie findet sich
beispielhaft in der Bibel des Christentums, im Neuen Testament, und
dabei in dessen Epilog, der Apokalypse des Johannes. Hier heißt es,
zitiert nach der Einheitsübersetzung: »Da entrückte er (ein Engel, Anm.
R.M.) mich in der Verzückung auf einen großen, hohen Berg und zeigte
mir die heilige Stadt Jerusalem, wie sie von Gott her aus dem Himmel
herabkam, erfüllt von der Herrlichkeit Gottes. Sie glänzte wie ein
kostbarer Edelstein, wie ein kristallklarer Jaspis.«

Jerusalem heißt im griechischen Original des Neuen Testaments
Hierosolyma, und es steckt »hieros« im Wort, heilig. Allein vom Begriff

her fügt sich der Autor der Apokalypse in die Tautologie: Das heilige Jerusalem ist heilig. Sein Text stellt sich insgesamt als geheime Offenbarung dar, die diejenigen angeht, die es sowieso wissen. In einer solchen Zirkularität liegt, so könnte man sagen, ohnehin der Schlüssel zu der Vorstellung, alles ließe sich auf ein Einziges beziehen. Zwölf Tore jedenfalls hat die himmlische Anlage, deren drei jeweils in eine der Himmelsrichtungen weisen. Damit ist auch eine Vorgabe gemacht für die zahlreich kommenden Versuche, die Beschreibung Jerusalems in ein konkretes Werk zu setzen und ihr, zumindest mittels allegorischer Interpretation, ein Antlitz in der Realität zu verschaffen. Damit ist auch ein Modell geformt, an dem sich die Visionen, die sich nun vielfältig ergeben, orientieren können. Jerusalem ist die erträumte, die geschaute, die fantasierte, die geoffenbarte Stadt.

Die heilige Stadt als Fluchtpunkt diesseitiger wie jenseitiger Hoffnungen

Sie ist es in aller Plastizität als Hoffnungsort, wie in jenem Spruch, den sich das Judentum beim Seder-Essen, am Vorabend des Passahfests, vorsagt: „Nächstes Jahr in Jerusalem". Die Erinnerung an die Vertreibung, an die Diaspora nach der Zerstörung des Tempels im Jahre 70 durch den späteren Kaiser Titus, klingt an – wie die jüdische Tradition und ihre spezielle Weisheit der Religionsausübung Jerusalem insgesamt als Memorialstätte inszenieren. Auch der Islam hat Jerusalem zu einem seiner Hauptorte: Der Prophet Mohammed, so weiß es die Überlieferung, wird vom Erzengel Gabriel in ein „fernstes Heiligtum" entrückt, wo er seinen „Vätern" begegnet, Adam und Abraham, sowie seinen „Brüdern" Moses, Joseph und Jesus; als Höhepunkt der visionären Szenerie unternimmt der Prophet eine Himmelfahrt. Die Verwandtschaft der drei Religionen wird allein durch die genannten Namen offensichtlich. Entsprechend entstand auch die Überzeugung, die nicht identifizierte Weihestätte, an die Mohammed getragen worden war, befinde sich auf dem Tempelberg. Der Felsendom, 692 fertiggestellt, markiert die Stelle bis heute.

Rom war, nach der undenkbaren Zeit von fast 800 Jahren, 410 von feindlichen Horden überfallen und erobert worden. Die Goten unter Alarich mordeten, plünderten, vergewaltigten und zogen nach einigen Tagen, als gewissermaßen nichts mehr zu holen war, wieder ab. So liest sich die Sparversion der unerhörten Ereignisse, doch derart einfach war es, wie immer bei historischen Dingen, nicht. Zum einen war Alarich seit langem römischer Heerführer und stand in Diensten jenes Imperiums, zu dessen Niedergang er damit beitrug. Zum anderen waren die Soldaten und ihr Feldherr nicht einfach Barbaren, sondern zum Großteil Vertreter jener Glaubensrichtung, die seit einem Jahrhundert offiziell anerkannt und gefördert und seit 380 Staatsreligion war: Sie waren Christen, auch wenn sie einer Strömung angehörten, die im Rahmen einer Unmenge an Streitereien, Spitzfindigkeiten und veritablen Glaubenskriegen bald als Häresie verdammt werden wird; sie waren sogenannte Arianer. Und schließlich ist die Bezeichnung ihrer ethnischen Zugehörigkeit erst in der Diskussion der damaligen Ereignisse entstanden; sie waren also nicht als Goten gelandet, sondern wurden es in den Versuchen, ihren Kampf um Rom zu verstehen und historisch einzuordnen.

Dennoch, die Gräuel waren passiert. Wie konnte es dazu kommen, so lautete die händeringende Frage gerade unter den Frommen. Seit dem Edikt des Kaisers Theodosius, mit dem das christliche Glaubensbekenntnis für alle Bürger des Reiches als verbindlich, aber nicht als bindend vorgeschrieben wurde, war Rom katholisch. Sollte dies dem Gott nach ihrer Fasson missfallen haben? Warum hatte er die Stadt nicht beschützt? Wofür wollte er Rache, gerade jetzt, da die Urbs sich zu ihm bekannte? Die Frage war, auf einen konkreten Umstand bezogen, die allgemeine, sie war die einschlägige, mit der sich das Christentum, das eine Religion der Liebe in Aussicht stellte, von jeher konfrontiert sah: Warum lässt der Herr das Böse zu, und warum, legt man seine Allmacht zugrunde, hat er es sogar bewirkt? Es ist die Frage nach der Theodizee, der Gerechtigkeit Gottes, sie nagt an den Seelen bis heute. Für damals wurde sie in einem Opus magnum beantwortet, einem Mammutwerk, das in deutscher Übersetzung, als Taschenbuch ediert, mehr als 1.300 Seiten umfasst und mit der gesamten Bildung aufwartet, die die späte Antike abrufen konnte, um eine monumentale Erklärung zu liefern.

Aurelius Augustinus, der Verfasser, saß fernab des Geschehens an der nordafrikanischen Küste, wo er sich als Bischof eines unbedeutenden Fleckens namens Hippo Regius unermüdlich zu Wort meldete. Seine Nachrichten aus der Provinz gewannen Autorität in der von Glaubensdiskussionen aufgewühlten Kirche: Die Tatsache, dass sie eine Institution, eine machtvolle Agentin in allen Belangen gerade auch der Politik geworden war, musste sie erst mit ihrer Programmatik in Einklang bringen. Augustinus wurde einer der gewaltigsten Wortführer, nicht zuletzt mit diesem auf 22 Bücher angeschwollenen Werk, das „De Civitate Dei" heißt. „Vom Gottesstaat" ist der landläufige Titel auf Deutsch; das englische „The City of God", das französische „La Cité de Dieu" sind da präziser, denn es geht um die „Civitas", griechisch „Polis", das soziale Wesen, das weniger mit „Staat" und schon überhaupt nichts mit der sich daran anschließenden „Nation" zu tun hat, sondern eine Bürgerschaft meint, die sich zu einer gemeinsamen, gemeinschaftlichen Verbundenheit mit ihresgleichen bekennt. Augustinus redet von einer Gottesstadt, und ihr steht, im Sinne des altbekannten Dualismus, eine irdische Stadt gegenüber. Augustinus bringt es auf den Punkt (die deutsche Übersetzung verwendet auf die übliche Weise das Wort „Staat", es ist im Folgenden durch „Stadt" ersetzt): „Demnach wurden die zwei Städte durch zweierlei Liebe begründet, die irdische durch Selbstliebe, die sich zur Gottesverachtung steigert, die himmlische durch Gottesliebe, die sich bis zur Selbstverachtung erhebt. Jene rühmt sich ihrer selbst, diese ‚rühmt sich des Herrn'. Denn jene sucht Ruhm von Menschen, diese findet ihren höchsten Ruhm in Gott, dem Zeugen des Gewissens. Jene erhebt in Selbstruhm ihr Haupt, diese spricht zu Gott: ‚Du bist mein Ruhm und hebst mein Haupt empor.' In jener werden Fürsten und unterworfene Völker durch Herrschsucht beherrscht, in dieser leisten

Vorgesetzte und Untergebene einander in Fürsorge liebevollen Dienst."[2]

Gerade die letzte der zitierten Gegenüberstellungen legt das Augenmerk auf die eine Stadt, deretwegen das Ganze inszeniert wurde. „Fürsten" (im Original „Principes" in der seit Augustus eingeführten Bezeichnung für Kaiser) und „Völker" unterliegen hier auf ihre Weise der Herrschsucht, der „Libido dominandi": Natürlich ist dabei Rom angesprochen, die Stadt, die sich zur Domina der Welt aufgeworfen hat. Das Pendant dazu, das in einem besseren Anderswo beheimatet ist, lässt sich weniger leicht auf den Stadt-Begriff bringen: Die „Civitas Dei" ist nicht auf das Jenseits verwiesen, das Gemeinwesen, das hier skizziert wird, umfasst alle, die sich Gott nach katholischer Vorstellung verpflichtet wissen, es gibt sie in Städten, in Gemeinden, als Eremiten und als klösterliche Zönobiten sowie als „Vorgesetzte und Untergebene", wie Augustinus unumwunden der gesellschaftlichen Hierarchie stattgibt. Allesamt sind sie Bestandteil der Kirche, der wahren Union, die sich am besten lokalisieren lässt durch einen Blick in die Seele. Dieser idealen Civitas können keine „Barbaren" etwas anhaben.

Denn natürlich haben die Horden gewütet. In einer ziemlich gewagten Volte kann Augustinus jedoch nicht umhin, ihnen „Milde" zuzugestehen. Für ein heutiges Verständnis redet er sich um Kopf und Kragen, wenn er zwar „Verwüstung, Mord, Raub, Brand und sonstige Übeltaten" feststellt, aber zugleich würdigt, dass die „barbarische Rohheit sich so milde erwies, daß man weiträumige Kirchen zu Sammelplätzen und Zufluchtsstätten für das Volk auswählte, wo niemand getötet, von wo niemand fortgeschleppt wurde, wohin viele von mitleidigen Feinden in Sicherheit gebracht wurden". Ein solches Davonkommen, das ist des Autors ganze Überzeugung, „ist dem Namen Christi und dem christlichen Zeitalter zuzuschreiben".[3] Mitleidige Feinde: Was muss er sich mehr als tausend Seiten der Erklärung und Einbettung ins Heilsgeschehen abringen, wenn alles überhaupt nicht so schlimm war? Der Kirchenvater betreibt hier seinen ureigenen performativen Wider-

Eine „Mappa Mundi", eine Weltkarte in mittelalterlicher Perspektive, die den Ort der Erscheinung des Messias, Jerusalem, obligatorisch in ihren Mittelpunkt rückt: hier, in einem alten Foto, denn das Werk ist im Zweiten Weltkrieg verbrannt, die sogenannte „Ebstorfer Weltkarte", mit über dreieinhalb Meter Durchmesser die größte, von der man bis heute weiß.

spruch. Doch der Spagat ergibt sich aus der Notwendigkeit, zwei Welten zu überbrücken: Augustinus will die Gläubigen in ihrem konkreten Dasein im Hier und Jetzt, als Mitglieder der christlichen Gemeinden und Zeitgenossen ihrer Epoche, bei Laune halten; dabei darf die Ausrichtung auf die Erlösung, auf das Jenseits einer spirituellen Existenz nicht aus dem Auge verloren werden. Und umgekehrt genauso. Ein Leben in der Herrlichkeit und ein Leben in der Gegenwärtigkeit müssen zueinander vermittelt werden. Ein solcher Spreizschritt ist typisch für die Kirche insgesamt.

Der Religionsstifter, der Messias, Heiland und Christus, der in der historischen Figur Jesus von Nazareth erkannt wird, war wohl eine charismatische Gestalt, aber auch eine anti-urbane. »Im Frühjahr 30«, so fasst es Werner Dahlheim in seiner Epochenübersicht über »Die Welt zur Zeit Jesu« zusammen, »kam der Tag, an dem es Jesus mit seinen Jüngern zur Pilgerfahrt nach Jerusalem zog, nur drei Tagesreisen von Galiläa entfernt. An diesem Tag betrat der Mann, der selbst die Städte am See Genezareth gemieden hatte, eine fremde Welt.«[4] Und dort, so lässt sich rekonstruieren, erlitt der Meister, dessen Worte sich in die Seelen seiner Gefolgschaft gegraben haben, einen ziemlich sang- und klanglosen Tod; er wurde hingerichtet, und das Aufsehen, das er an einem mit 100.000 Pilgern überfüllten Ort erregt hatte, hielt sich deutlich in Grenzen. Die Anhänger, die von seiner Göttlichkeit überzeugt waren, sahen sich gefordert, Erklärungen zu finden für das skandalöse Verschwinden: Er sei nicht tot, sondern in den Himmel gefahren; und er käme zurück, als der Verheißene, der Gericht halten würde. Jesus wurde zu jenem als Mensch gestorbenen Gott, der im Zentrum des christlichen Mysteriums steht. Und er wurde umgeben von Parusie-Erwartung, die sich nährte von der Überzeugung seiner Wiederkunft. Die indes stellte sich nicht ein, länger, als ein Jünger-Leben währte, zog sie sich hin. Texte mussten die persönlichen Schilderungen ersetzen, und es musste allenthalben Bericht erstattet werden, denn die gewissermaßen authentische Erfahrung eines über die Welt kommenden Erlösers ließ und ließ auf sich warten. Anders als das von der Exklusivität eines auserwählten Volkes überzeugte Judentum, aber genauso wie der Islam ist das Christentum missionarisch. Der Erfolg, den die beiden Monotheismen, der eine ab der ersten, der andere ab der zweiten Hälfte des Jahrtausends, dabei erzielten, spricht für sich.

Die Missionsreisen des Apostels Paulus brachen dem Christentum die Bahn. Vor allem trugen sie es in die Städte und schufen der Religion ihre Verankerung, indem sie ihr Orte gaben, sich zu entwickeln. Paulus besuchte den Osten des Reiches, kam nach Athen, Thessaloniki, Ephesos und Antiochia, die „drittgrößte Stadt des Imperiums"[5], in die viele der Jerusalemer Gefolgschaft des Nazareners gezogen waren. Paulus' zusammen mit Petrus eingegangener Märtyrertod in Rom ist legendär, doch die Fixierung auf die Metropole zeigt schon die Tendenz des neuen Glaubens: Gemeinden zu gründen, die sich rekrutierten aus der breiten Bevölkerung der Städte. Die Kirche, die sich daraus ergab und die nichts anderes ist als die Institutionalisierung des Glaubens, ist ein urbanes Phänomen. Sie widerspricht damit der Mentalität der fernen Figur, auf die sie sich beruft. Doch womöglich wären auch die Kompromisse, die die Kirche bald einging und durch die sie überhaupt erst zu dieser machtvollen Körperschaft wurde, nicht unbedingt im Sinne des Religionsgründers gewesen: die Koalitionen mit den alten Autoritäten, die strengen Hierarchien innerhalb der eigenen Organisation und schließlich die Gesamtzuständigkeit für die Bedürfnisse eines ganzen Imperiums nach göttlicher Sinngebung.

Die Stadt als idealer Nährboden für eine neue Pressure-Group: die katholische Kirche

Die Kirche trägt nach außen, dass das Christentum sich politisiert hat, sich angepasst hat an ein Leben in der Polis. In der Stadt gab es Kommunikationswege, hier gab es genügend Menschen, hier ließ es sich versammeln. Die Versammlung, die sich vom Alltag exponiert fühlte, stellte die Kadertruppe der Kirche, griechisch „Ekklesia", wörtlich „die Herausgerufene". Erlösung und Ekklesia waren synonym, gerade darin treten Betriebsgeheimnis wie Alleinstellungsmerkmal der neuen Glaubensrichtung, die eine Pressure-Group werden wird, hervor. Persönliche Erwartung und institutionelle Absicherung – man könnte sagen, eine solche Verbindung funktioniert bis heute. Entsprechend galt bald: „Extra ecclesiam salus non est", es gibt kein Heil außerhalb der Kirche. Diese Verfügung stammt von Kyprian, Bischof des 3. Jahrhunderts und einer der Hauptvertreter der Patristik, die die kanonische Lehre auf den Weg brachte. Kyprian wirkte in Karthago, auch Tertullian kam von dort, beide schrieben nicht auf Griechisch, sondern auf Lateinisch und brachten die neuen Wahrheiten dem Westen des Reiches näher.

Augustinus konnte darauf aufbauen. Geboren ist er 354 in der Nähe Karthagos, in Thagaste, heute Souk Ahras an der Grenze von Algerien und Tunesien. Sein Weg zum wahren Glauben war legendär steinig, in seinen Bekenntnissen, den um 397/98 entstandenen „Confessiones", hat er seine Skrupel, Rückschläge und letztlichen Triumphe wortreich nachvollzogen, in einer ein literarisches Genre begründenden Mischung aus Autobiografie und Gebet, Reportage und Klage, aus Vision und Supervision. Als er seinen Rechenschaftsbericht zusammenstellte, war Augustinus Inhaber eines Episkopats, er war, könnte man formulieren, ein Multifunktionär, und das durchaus contre coeur. Eigentlich hatte er, ganz ohne Ämter, nur Antworten auf seine dringlichsten Fragen haben wollen, und es sind jene, die sich auch den Menschen stellten, die die Umtriebe in Rom durch Alarich und seine Schergen in Aufruhr versetzt hatten: Fragen nach Gut und Böse, nach der Gerechtigkeit und der Freiheit.

Augustinus suchte Antworten zunächst als Anhänger der Lehren des Manichäismus, und die dort vertretene Überzeugung von einer unaufhörlichen und unaufhebbaren Konfrontation zweier antagonistischer Prinzipien wird sich noch in seinem Buch von der Civitas Dei spiegeln. Er suchte Antworten zunächst in Karthago, wo er als Rhetoriklehrer arbeitete; er suchte sie in Rom, weil er dort, wie er in der Zerknirschtheit des allzu spät Bekehrten die Schuld bei sich sucht, „bessere Einnahmen und erhöhtes Ansehen in Aussicht" hatte[6]; schließlich suchte er sie in Mailand, wohin ihn eine Professur gelockt hatte. Er suchte sie als Philosoph und Redner, aber nicht als Theologe und Prediger. Die Städte, die er dabei absolvierte, waren mit die wichtigsten des Westens, das Imperium war aus verwaltungstechnischen Gründen mittlerweile geteilt, und Mailand, Mediolanum, war jedenfalls zwischenzeitlich dessen Kapitale. In Mailand wirkte Ambrosius, seinerseits nachmaliger Kirchenvater, doch Augustinus hatte, in Verblendung, in der er nach wie vor lebte, keinen Kontakt zu ihm.

Immerhin sollte es hier zum Sinneswandel kommen – keine Initiation ohne Erweckungserlebnis. „Tolle lege" – „Nimm und lies", hatte er es eines Tages in unruhiger Suche nach der Wahrheit rufen gehört; er fasste es als Aufforderung, nahm das nächstbeste Buch, es waren die

Die Kirche trägt nach außen, dass das Christentum sich politisiert hat, sich angepasst hat an ein Leben in der Polis. In der Stadt gab es Kommunikationswege, hier gab es genügend Menschen, hier ließ es sich versammeln. Die Versammlung, die sich vom Alltag exponiert fühlte, stellte die Kadertruppe der Kirche, griechisch „Ekklesia", wörtlich „die Herausgerufene". Erlösung und Ekklesia waren synonym, gerade darin treten Betriebsgeheimnis wie Alleinstellungsmerkmal der neuen Glaubensrichtung, die eine Pressure-Group werden wird, hervor.

Briefe des Paulus, und die Zeile, auf die sein Auge fiel, wurde ihm, wie er es nennt, zum „Orakel". Er las daraus die Weisung, fortan zölibatär zu leben; damit, so lässt er durchscheinen, war der Weg gebahnt zu einem heiligmäßigen und mit der Kanonisierung dann entsprechend gewürdigten Leben. 387 unterzieht er sich der damals üblichen Erwachsenentaufe, 391 wird er Priester, 396 Bischof. Hippo Regius unweit seines Geburtsortes ist fortan seine Wirkungsstätte. Man darf sagen, dass er gut vernetzt war. Den Sturm derer, die seither Goten heißen, konnte er in seiner nordafrikanischen Enklave so frohgemut überstehen, dass er ihn zum Anlass einer enzyklopädischen Darstellung der Welt im Ringen zwischen Göttlichkeit und Satanei nahm.

Einem weiteren Sturm, ausgelöst von Völkerschaften aus Nord- und Osteuropa, die sich in bis heute bekannter Hoffnung ein besseres Dasein in einer reicheren Welt versprachen und ins Imperium einfielen, wird Augustinus dann selbst erliegen. Im Jahr 430 wüten die Vandalen, von Spanien über die Straße von Gibraltar kommend, die Küste entlang. In den Wirren der Belagerung seiner Stadt segnet Augustinus am 28. August 430 das Zeitliche.

Man darf sagen, dass Augustinus gut vernetzt war. Den Sturm derer, die seither Goten heißen, konnte er in seiner nordafrikanischen Enklave so frohgemut überstehen, dass er ihn zum Anlass einer enzyklopädischen Darstellung der Welt im Ringen zwischen Göttlichkeit und Satanei nahm.

Bis zum Schluss war er unbeugsam und auch unbarmherzig geblieben und hatte sich in die Gegner auf seine Art verbissen. Doch bei aller Orthodoxie zeichnet es sein Denken aus, dass es den Kompromiss sucht mit den Befangenheiten und Befindlichkeiten der kleinen Leute. Auf Augustinus geht das Konzept der Erbsünde zurück; es lebt vom Wissen, dass da eine prinzipielle Deckungslücke existiert zwischen Einsatz und Amortisierung, zwischen dem, was man lebt, und dem, was für die Einlösung erforderlich ist. Er schlug sich mit den sogenannten Donatisten, die rigoros eine Christlichkeit einforderten, das keine Zugeständnisse an die Wirrnisse der Wirklichkeit macht; wer in den Jahrzehnten der Christenverfolgung klein beigegeben und um des Weiterlebens willen an den Ritualen des Polytheismus teilgenommen hatte, sollte, so lautete die dogmatische Überzeugung der Anhänger des Donatus, ausgeschlossen sein – und es auch jetzt, da das Christentum wohlfeil zu haben war, bleiben. Augustinus dagegen, Eiferer von

Geplant war die Hagia Sophia als das perfekte Gotteshaus aus dem Geist christlicher Spiritualität; in nur fünf Jahren 532 bis 537 erbaut, zahlt das Gebäude den Preis für seine Fragilität und
Durchsichtigkeit: Immer schon war es einsturzgefährdet, weswegen ein Apparat an Stützkon-
struktionen nötig wurde, der der Erscheinung etwas Bunkerhaftes verleiht.

höchsten Graden, eiferte für eine sanftere Methode: Das Tor zum
Paradies durfte keiner Seele verschlossen sein, denn die Erlösung gab
es nur von Gott. Augustinus hatte sich schon in seinen selbstquäleri-
schen Bekenntnissen als Kenner der menschlichen Kreatur erwiesen.
Die Einsicht in die Untiefen dessen, was später Psyche heißen wird,
lässt ihn Hinfälligkeiten tolerieren. Aus diesem forcierten Verständnis
für das Unzulängliche heraus mag es auch erklärbar sein, wie er die
Ereignisse des Jahres 410 auf seine Weise schönredete. Die Civitas
Terrena ist ohnedies heillos; den Eintritt in die Civitas Dei zu erlangen
muss striktestes Vorrecht aller Christenmenschen bleiben dürfen.

Konstantinopel ist das Neue Rom und Zentrum humorloser theologischer Streitereien

Die Stadt ist für Augustinus, der bei aller intellektuellen Weltläufigkeit habitueller Provinzler war, eher Metapher als Produkt von Urbanität, ist eher literarischer Topos als konkreter Ort. Doch als Schauplatz erbitterter Streitigkeiten zwischen dem Irdischen und dem Himmlischen gibt es die Stadt in dieser aufgerührten Zeit nicht minder. Berühmt ist die Beschreibung, die der Bischof Gregor von Nyssa von den Zuständen im Konstantinopel des Jahres 383 gegeben hat, als sich offenbar an jeder Ecke die theologischen Haarspaltereien ineinander verstrickten: »Gehe ich in einen Laden und frage, wie viel ich zu zahlen habe, dann bekomme ich zur Antwort einen philosophischen Vortrag über den gezeugten oder nicht gezeugten Sohn des Vaters. Erkundige ich mich in einer Bäckerei nach dem Brotpreis, so antwortet mir der Bäcker: Der Vater ist ohne Zweifel größer als der Sohn. Und frage ich in den Thermen, ob ich ein Bad bekommen kann, dann versucht mir der Bademeister zu beweisen, dass der Sohn ohne Zweifel aus dem Nichts hervorgegangen sei.«[7]

Am Ende sieht es so aus, als scheine gar ein wenig Ironie durch, wenn Gregor die Spitzfindigkeiten um die Natur der Trinität, um die Gottähnlichkeit oder Gottgleichheit des Sohnes mit dem Vater, um das göttliche Wesen und den göttlichen Logos auf die Straßen der nach Osten verlagerten Hauptstadt trägt. Konstantinopel war das Neue Rom, und von hier gingen nun in forcierter Humorlosigkeit die theologischen Streitereien, die auch politische waren, in die Welt. Kaiser Konstantin hatte hier 330 seine Kapitale eingeweiht, benannt nach sich selbst. Er war es, der das Christentum buchstäblich hoffähig gemacht hatte. In Konstantinopel, errichtet auf den spärlichen Fundamenten eines griechischen Byzantion, wird das bis heute bleibendste Denkmal einer christlichen Architektur zu stehen kommen: Die Hagia Sophia stellt, anders als die konstantinischen Basiliken in Rom, die ganz funktionale Versammlungshallen für möglichst viele sind, christliche Spiritualität vor Augen, sie ist hochgetürmt und fragil, perforiert und ungreifbar, immateriell und von penibler Durchdachtheit, ein Prisma für das himmliche Licht. Die Hagia Sophia, im 6. Jahrhundert errichtet, im 15. zur Moschee, im 20. zum Museum gemacht, bündelt den Zusammenhang der Monotheismen: katholische Religion, Orthodoxie, Islam und auf seine Art auch ein Glaube, Ästhetizismus der Moderne. Wie innig es Theologie und Politik miteinander halten, erkennt man speziell an einem hundertjährigen Krieg, der in Konstantinopel spielt: Der Bilderstreit, der Ikonoklasmus, wird das Abendland dann auch von der Spätantike ins Mittelalter geleiten.

Kein Fanatismus ohne seine Konkurrenz, und so ist noch auf Alexandria zu verweisen. Die Gründung Alexanders des Großen im westlichen Nildelta war die nach Rom zweitgrößte Stadt der Antike, sie war die Metropole des Geistes, und hier gab es die mit Abstand berühmteste Bibliothek. Hier auch ist am deutlichsten greifbar, wie christliche Intoleranz wüten konnte. Das konnte gegen die Glaubensbrüder gehen, die nur noch im Tunnelblick auf die Rivalität wahrgenommen wurden: »Wenn ein Patriarch von Konstantinopel«, schreibt Manfred Clauss in seiner Biografie der antiken Weltstadt, »mit prononcierten Ansichten an die Öffentlichkeit trat, konnte man sicher sein, daß sein Kollege in Alexandria dagegenhielt.«[8] Noch eklatanter musste sich christliche Intoleranz auf jenes Erbe auswirken, das aus der antiken Bildung erwuchs. Das Serapeion, Heiligtum der ägyptischen Gottheit Serapis und Ort der zweitgrößten Bücherbestände der Zeit, wurde 391 von den Fanatikern im Herrn dem Erdboden gleichgemacht. Und das Museion, die Initialzündung für ein Haus des universalen Wissens, in dem die legendäre Bibliothek beheimatet war, erlitt schwere Schaden: Welcher der vielen Brände und welche der Barbareien, die man dem Haus angedeihen ließ, es letztlich zerstörten, ist unklar: Zur Auswahl stehen Daten von Julius Cäsar im Jahr 48 v. u. Z. bis zu den Arabern, die 642 die Stadt übernahmen. Dazwischen positionieren sich allerlei christliche Fundamentalisten.

Kosmopolitismus und Monotheismus brauchten Jahrhunderte, um einander zu justieren. Im Alexandria der Spätantike war es noch nicht so weit, und so ist hier die Geschichte der Hypatia anzumerken, einer der wenigen Frauenfiguren der Epoche, die außerhalb der üblichen Rollenzuteilungen auf sich aufmerksam machten. Geboren um 370, war sie eine Intellektuelle, Philosophin am Museion, Vertreterin des Platonismus und Galionsfigur der Weisheit der Alten. In den allfälligen Streitigkeiten, in die der Patriarch, der als Bischof herausgehobene Kirchenvorstand von Alexandria, verstrickt war, ließ sich Hypatia perfekt als eine Art Sündenbock vereinnahmen: Sie wurde um das Jahr 415 ermordet. »Mit Hypatia«, schreibt Manfred Clauss, »fassen wir eine jener Ausnahmeerscheinungen, die in allen Jahrhunderten den Ruf der Stadt Alexandria in die Welt getragen haben. Nach ihrem Tod wurde die Gestalt der Hypatia, wie dies vielfach zu beobachten ist, von jenen christlichen Kreisen umgedeutet, die für ihn verantwortlich waren. Viele ihrer Züge – Schönheit, vorzügliche wissenschaftliche Bildung, namentlich auf den Gebieten der Rhetorik, Philosophie, Mathematik und Astronomie, und die Betonung der jungfräulichen Reinheit – finden sich bei der Heiligen Katharina von Alexandria.«[9] Als wäre es eine Wiedergutmachung, wurde Hypatia offenbar in den Heiligenhimmel aufgenommen, filetiert als ferner Reflex, anonymisiert zur Allegorie christlicher Tugendhaftigkeit. Die ergiebigste Quelle über sie ist ein byzantinisches Lexikon aus dem 10. Jahrhundert. Wüsste man mehr über sie, hätte dieses Kapitel sich sie als Begleiterin genommen; dass sie dabei eine urbanere Gestalt abgäbe als Augustinus, steht außer Zweifel.

Im Jahr 357 hatte Kaiser Constantius II. Rom bereist. Mittlerweile war ein solcher Besuch bemerkenswert, denn der Imperator war aus seiner Residenzstadt Konstantinopel gekommen; er blieb auch nur etwa einen Monat. Dabei absolvierte er eine Art Touristenprogramm. Die Urbs war aufgeputzt worden, etliche Monumente, die mit dem Zerfall gekämpft hatten, waren extra restauriert worden, wobei man das Augenmerk speziell auf die Fassaden legte: Wie es dahinter weiterging, blieb angesichts des Kulissenzaubers, dem man zum Beispiel den

Alexandria als Bedeutungsträger auf einer Karte des 17. Jahrhunderts: Ein Gefüge an Türmen, die Stadt bedeuten, von blauen Linien angereichert, die das Nildelta bedeuten, in der Nähe einer roten Fläche, die das Rote Meer bedeutet, neben einer Palme, die Wüste bedeutet; über der fernen Markierung flattert eine Fahne mit dem Halbmond, der Islam bedeutet.

ehrwürdigen Saturn-Tempel auf dem Forum unterwarf, außerhalb der Perspektive. Rom war zum Monument seiner selbst geworden, zum Museum, das angesichts seiner immer noch vorhandenen Größe und seiner noch vorhandeneren Vergangenheit etwas Monströses angenommen hatte. Dass sich Alarichs Truppen vergleichsweise ungestört in dieser Freilichtbühne aufhalten konnten, hatte etwas mit dem Desinteresse an der Stadt zu tun, mit einem durchaus demonstrativen Geht-mich-nichts-an, mit dem die neuen Zentren Trier, Ravenna und vor allem Konstantinopel herüber- und zugleich wegsahen. So war es also einer eigenen geschichtsschreiberischen Darstellung wert, wenn ein Kaiser sich in Rom aufhielt.

Ammianus Marcellinus, „der zuverlässigste Historiker des 4. Jahrhunderts"[10], hat diese Aufgabe übernommen. Er lässt die Monumente Revue passieren, die der Kaiser besichtigte, den Tempel auf dem Kapitol, die Thermen, den „gewaltigen Bau des Amphitheaters" namens Kolosseum usw., die Aufzählung zieht sich hin und endet dann folgendermaßen: „sowie andere Zierden der Ewigen Stadt".[11] Die Ewige Stadt, „Urbs aeterna": Hier ist der Begriff gefallen, mit dem sich Rom in Folge zu identifizieren haben wird. Die Stadt besitzt zwar keine rechte Aktualität, aber dafür einen reichlichen Vorrat an Ewigkeit. Ammian hat das Diktum nicht erfunden, es stammt, soweit zu übersehen, aus der Augusteischen Epoche und findet sich bei dem Elegiker Tibull. Jetzt indes trifft es den Geist der Zeit. Prudentius, ein christlicher Autor der Jahre um 400, wird es weitertragen in seinen Märtyrergeschichten und ihm eine heilsgeschichtliche Dimension verleihen: Das Prädikat „aeterna" kommt der Stadt zu durch die Ewigkeit, die sie als Ort heiliger Passionen annimmt. Rom, so lässt sich schließen, ist nicht mehr ganz von dieser Welt. Die Civitas Terrena schlechthin ist ins Jenseits befördert – und für die Zeitgenossen auch ins Jenseits gerettet.

ABÉLARD UND HÉLOISE IM PARIS
DES 12. JAHRHUNDERTS

Ein monströses
Spektakel

„Fliehet aus Babylons Kreis, fliehet und rettet Eure Seelen"[1]: Bernhard
von Clairvaux – der grimmigste Asket des Mittelalters, in seiner
Fähigkeit, den Menschen mit der ewigen Verdammnis zu kommen, ein
würdiger Nachfolger des Augustinus, Aushängeschild des Zisterzienser-
ordens, Kreuzzugsprediger und Inquisitor, noch bevor es damit losging
– hat sich mit diesen Sätzen an seine Zeitgenossen gewandt. Namentlich das Milieu der Professoren und Studenten, die sich anschickten,
aus Paris das Zentrum schlechthin scholastischer Gelehrsamkeit zu
machen, hatte Bernhard im Auge. Paris, das war Babylon, und das
wiederum war – wie ein anderer grimmiger Asket, der Evangelist
Johannes, es in der biblischen Apokalypse immer schon gewusst hatte
– die Hure. In der Tat waren die Genüsse, denen man sich speziell am
linken Ufer der Seine hingeben konnte, nicht ausschließlich geistig.
Paris entwickelte, was in der frivolen Süße der Revolutionszeit dann
Libertinage heißen wird, Freizügigkeit und Laisser-faire, die sich nicht
nur sexuell, sondern erotisch, nicht nur körperlich, sondern künstlerisch verstanden. Bernhard hatte allen Grund aufzubegehren: Denn es
waren Theologen wie er, Kirchenleute, die sich zu Intellektuellen
aufwarfen und in ihrer Freischwebendheit der Stadt einen Nimbus
verliehen, der wenig mit Heiligkeit zu tun hatte, ihr aber dafür bis
heute einen gewissen Glanz verleiht.

Wie alle Kämpfer im Herrn hatte Bernhard seine ganz irdischen Gegenspieler, die er unerschrocken, unermüdlich, unerbittlich herausforderte.
Es sind bekannte Figuren seiner Zeit, die dank seiner Attacken noch
mehr zu Prominenten wurden: Abt Suger von Saint-Denis, Begründer, so
kann man sagen, der Gotik; die Äbte von Cluny, der Benediktinerstadt im
Burgund, das in Macht und Menschenansammlung ausgedehnteste
Kloster, das jemals existierte; und vor allem Petrus Abaelardus, Philosoph, Sänger von amourösen Liedern, Lehrer und Redner. Anders als die
Genannten ist Abélard bis heute bekannt, denn in seiner Biografie
verdichtet sich, was allen zu Herzen geht: eine erst verbotene, dann
dramatisch gesteigerte, in der Katastrophe endende und nachträglich in
ergreifenden Texten verherrlichte Liebe, eine, die nur kurze Zeit gelebt

wurde und ein Leben lang nachhallte: eine romantische Liebe. Abélard und Héloise. Banal gesagt: Ein Professor hat etwas mit einer Studentin. Neuartig ist, dass Frauen sich nach vielen Jahrhunderten wieder zur Bildung emanzipieren, sowie Abélards Status einer Massenattraktion. Jacques Le Goff macht ihn in seiner Studie »Die Intellektuellen im Mittelalter« ganz allein für den Aufstieg von Paris zur Metropole der Bildung verantwortlich und bringt es auf den Punkt: Abélard war »der erste große moderne Intellektuelle, der erste *Professor*«.[2]

In seiner Biografie verdichtet sich, was allen zu Herzen geht: eine erst verbotene, dann dramatisch gesteigerte, in der Katastrophe endende und nachträglich in ergreifenden Texten verherrlichte Liebe, eine, die nur kurze Zeit gelebt wurde und ein Leben lang nachhallte: eine romantische Liebe. Abélard und Héloise. Banal gesagt: Ein Professor hat etwas mit einer Studentin.

Romantische Liebe: Selbstverständlich ist der Begriff ein Anachronismus, natürlich endet die unmögliche Liaison nicht im gemeinsamen Tod, und dem 12. Jahrhundert gemäß ist die Verbindung umrankt von der fraglosen Akzeptanz von Hierarchie, Autorität und Letztgültigkeit; auf Augenhöhe befinden sich die Liebenden niemals zueinander. Und doch ist im Rahmen einer neuen Urbanität, einer Ausdifferenzierung der Milieus und eines komplexer werdenden Zusammenlebens eine Freiheit möglich, die es seit der Antike nicht mehr gegeben hatte. Und die vor allem auch nicht beschrieben wurde: Schriftlichkeit, Literalität, die beiderseitige Verfügung über Wissen, Bildung, Geistigkeit gehören nunmehr dazu: in der Universität, die noch persönliche Einstellung ist und sich bald zur Institution auswachsen wird. Der Ort dafür ist die Rive Gauche, jenes Areal den Hügel von Sainte-Geneviève hoch, das bis dahin aus Weinbergen bestand, aber sich nun langsam mit Häusern anfüllt, in denen Magistri und Studiosi sich gegenseitig befeuern.

In einem Roman, der aus der Romantik stammt, als sie eine Epoche war, in „Notre-Dame de Paris" von 1831, blickt Victor Hugo auf die Stadt, wie er sie sich im späten Mittelalter vorstellt: „Der Boden der Universitätsstadt war hügelig. Im Südwesten hatte er eine große Beule, den Berg der heiligen Genoveva. Aus der Höhe von Notre-Dame gesehen, machten die Häusermassen und die enggewundenen Straßen den merkwürdigen Eindruck, als stürzten sie sich fast senkrecht und in wilder Unordnung die Abhänge dieses Bergs nach dem Seine-Ufer hinunter. Ein Häuserblock schien zu fallen, ein zweiter schien aufwärts zu klettern; es war, als hielte sich einer am anderen. Ein ununterbrochenes Gewimmel unzähliger schwarzer Punkte auf dem Straßenpflaster machte das ganze Bild beweglich. Es war das Volk, wie es dem aus der Höhe niederblickenden Betrachter erschien."[3] Hugo wählt die Perspektive von oben, von der Fassade der titelgebenden Kathedrale aus, „La vue d'en haut" ist das Kapitel überschrieben. Er imaginiert das Paris des 15. Jahrhunderts, die Handlung um Esmeralda, Quasimodo, den Archidiakon Frollo und den vagierenden Dichter Gringoire spielt im Jahr 1482. Was der Autor von oben sieht, ist wiederum ganz die Realität seiner eigenen Zeit, ist die Masse von Volk und Bebauung, die das moderne Paris kennzeichnen. Und doch passt der wichtigste Akteur in Hugos Buch ins 12. Jahrhundert, er kommt vielmehr mitten aus ihm heraus, der Bau der Bischofskirche selbst, mit dem im Jahr 1163 begonnen wurde. Er sitzt auf der Ile de la cité, der Seine-Insel, auf der die wichtigsten Orte der beginnenden Staatlichkeit konzentriert waren, die heutige Conciergerie, der Justizpalast, damals Königssitz, und eben Notre-Dame, die Kathedrale. Am rechten Ufer siedelte die Kaufmannschaft, und links, südlich, die heutige Rue Saint-Jacques entlang, trieb die Universitätsstadt erste Blüten. Dank seiner vermittelnden Insel ist Paris eine der Städte, bei denen es wie in Berlin, Nürnberg oder Rom gelang, den Fluss zu integrieren; andere, London, Köln, Wien, haben demgegenüber eindeutige Präferenzen auf einer Seite.

„Ceci tuera cela", dieses wird jenes töten, ist das Kapitel überschrieben, in dem Hugo eine Art von Theorie ausbreitet, seine Geschichtsphilosophie mit Überlegungen zur Entwicklung der Kultur generell. Mit „dieses" meint er das Buch, „jenes" ist die Architektur, und seiner Überzeugung nach wird das geschriebene Werk das gebaute beerben. Hugo hat das Gutenberg-Zeitalter im Auge, er meint das gedruckte Buch als neuen Agenten der Geschichte, doch letztlich beginnt der Prozess, in dem das Dokument des Textes zum Monument der Zeit wird, schon früher: im Jahrhundert Abélards. Es gab zwar immer noch kein richtiges Papier, Pergament blieb der wichtigste und durchaus kostbare Träger der Schrift. Bücher wurden damals nicht unbedingt billiger, aber jedenfalls wurden sie doch gewöhnlicher, sie wurden kleiner, Illustrationen traten in den Hintergrund, man schrieb dank der Minuskel schneller, verwendete Feder statt Rohr, Kopist wurde zum Beruf, und Paginierung, Rubrizierung, Abkürzungen, Register hielten Einzug. Es entstand eine frühe Form von Buchhandel, die Studenten, die als neue gesellschaftliche Gruppe das Publikum der Texte wurden, arbeiteten auch in der Produktion, auf Honorarbasis als Multiplikatoren. Alles in allem wird in diesem Jahrhundert greifbar, was man einen Literaturbetrieb nennen könnte. Hier nun feierte Petrus Abaelardus Triumphe. Jedenfalls zunächst.

Um 1115 ist Abélard auf seinem Zenith. 1079 in der Nähe von Nantes geboren, absolviert er das Curriculum des damaligen Wissens: Theologische und philosophische Fragen mischen sich dabei im Fokus auf die eine unumstößliche göttliche Wahrheit. Abélard immerhin ist besonders hartnäckig in seinen Fragen, legt sich mit seinen Lehrern an, versteht alles besser und übertrifft sie tatsächlich durch die Anwendung einer Systematik, die die Antike als Dialektik entwickelt hat. „Sic et Non" heißt Abélards diesbezügliche Schrift, zu jedem Ja gibt es ein Nein, und das betrifft auch die heiligen Dinge: Gleich in der ersten der 158 Fragen, aus denen der Text besteht, heißt es, „daß der Glaube auf der menschlichen Verstandestätigkeit aufgebaut sein muß – und das Gegenteil".[4] Ganz am Ende dieses Lebens, als der Kampf und der Gegner geschlagen sind, fasst sein alter Widersacher Bernhard die

Praktiken des Abélard in diesem Satz zusammen: »Von allen Dingen im Himmel und auf der Erde gibt es nur eines, das zu kennen unter seiner Würde wäre: das Wort ‚Ich weiß nicht‘.«[5] Abélard ist ein veritabler Doctor Invincibilis, ein unschlagbarer Geist, und mit dieser Kompetenz hält er nicht hinter den Hügeln der Rive Gauche. Gut ausgesehen haben muss er zudem, und seine Liebeslyrik galt als unwiderstehlich. Die Studenten liefen ihm in Scharen zu.

Wie romantisch ist die Liebe im Mittelalter?

»Es lebte damals in Paris ein junges Mädchen, Heloisa geheißen, die Nichte eines Kanonikers Fulbert«: Ganz unschuldig beginnt das Kapitel, in dem Abélard eine wichtige Facette seiner »Historia Calamitatum« erzählt, seinem um 1135 entstandenen Rückblick auf all die Unglücksfälle, aus denen ihm seine Biografie retrospektiv zu bestehen schien. Unschuldig und hoffnungsvoll, denn Abélard gedenkt bei Héloise das Einschlägige zu vollziehen: »Was einen Mann zur Liebe locken mag, sah ich bei ihr vereint; darum gedachte ich sie in Liebesbande zu verstricken, und am Gelingen zweifelte ich keinen Augenblick; war ich doch hoch berühmt und jugendlich anmutig und brauchte von keiner Frau eine Abweisung zu fürchten, wenn ich sie meiner Liebe würdigte. Auf einen leichten Sieg bei Heloisa durfte ich gerade darum rechnen, weil sie wissenschaftliche Bildung besaß und auch zu schätzen wusste.«[6] Héloise lebte bei ihrem Onkel Fulbert, in einem der Kanonikerhäuschen ganz im Osten der Ile de la cité. Ungefähr vierzig von diesen Wohnstätten muss es für die Domherren gegeben haben, die sich den Platz mit zwei Kirchen teilten; gemeinsam steckten sie den sakralen Bezirk ab, auf dem sich bald der Neubau von Notre-Dame erheben wird. Es war eine Stadt in der Stadt, man genoss Immunität, wahrscheinlich war das Areal auch umfriedet, und Héloise war sicherlich ihrerseits eine Attraktion in der zölibatären Gegenwelt der Kleriker.

Von den »Krankheiten der Hoffart und Sinnlichkeit« versehrt, gedachte Abélard, diese Trouvaille für sich zu sichern, und wie ihm damals alles gelang, so natürlich auch das. Fulbert machte den Bock zum Gärtner, indem er ihn einlud, in sein Haus zu ziehen, um die Nichte zu unterrichten, „wann meine Vorlesungen mir Zeit dazu ließen, bei Tag oder bei Nacht, und hätte ich den Eindruck, sie sei faul, so sollte ich sie ohne Gnade züchtigen" – eine Praxis, die Abélard übrigens in den Zeiten ihrer Innigkeit beibehält, sodass sich den Beschreibungen Situationen von Vergewaltigung entnehmen lassen (etwa im Brief Abélards an Héloise: „Ich ging sogar so weit, Dich durch Drohungen und Schläge des öfteren gefügig zu machen, wenn Du nicht mithalten wolltest, wenn Du Dich zur Wehr setztest, soweit es Deine schwache Kraft zuließ, und wenn Du, das schwache Weib, mich batest, einmal zu verzichten"). Fulbert wurde jedenfalls der „Gelegenheitsmacher für meine Liebe". Héloise war zwanzig, Abélard doppelt so alt, die Situation muss traumhaft gewesen sein, und auch Abélards Erinnerungen sind noch berückt von dem Zauber dieser Zweisamkeit: „Meine Hand hatte oft mehr an ihrem Busen zu suchen als im Buch, und statt in den wissenschaftlichen Texten zu lesen, lasen wir sehnsuchtsvoll eins in des anderen Auge … In unserer Gier genossen wir jede Abstufung des Liebens, wir bereicherten unser Liebesspiel mit allen Reizen, welche die Erfinderlust ersonnen. Wir hatten diese Freuden bis dahin nicht gekostet, und genossen sie nun unersättlich in glühender Hingabe, kein Ekel wandelte uns an." Noch heute möchte man sagen: beneidenswert.

Speziell zugute kommt Abélard seine elaborierte Sprache, die ja nicht nur die Momente des Glücks wieder aufruft, sondern demonstriert, was einer sagt, wenn er mit allen Wassern des Troubadours gewaschen ist. Die Minne stand in hoher Blüte, die Liebe in ihrer höfischen Fasson, die einer Dame galt, die man eher besang als begattete. Abélard war ein berühmter Sänger, und seine spezielle, sozusagen zivilisatorische Leistung bestand darin, die Hohe Schule der Minne von den Burgen, Höfen, Residenzen ins intellektuelle Leben eines neuen, des städtischen Milieus zu verpflanzen. Dass er sie hier ganz körperlich ausleben konnte, kam der Sache nur zugute und entsprach durchaus dem Realismus, wie er eben in Städten blüht.

Die Gotik, die in dieser Zeit an diesem Ort auf den Weg gebracht wird, ist selbst ein ausgeprägtes Symptom dieser neuen Zugewandtheit zur Welt. Was in Saint-Denis, einige Kilometer nördlich von Paris, an der alten Begräbnisstätte der französischen Könige, ins Werk gesetzt wird, ist eine bald epochemachende Konzession an das Bedürfnis zu sehen und nicht mehr nur zu glauben. Die lichthaltige, weite, zwischen Innen und Außen offene Anlage des Chores, wie er ab 1137 dann gebaut wird, gibt auf ihre Weise der Eindrücklichkeit statt, dem Staunen, dem Wunsch, sich überwältigen zu lassen. „Nobile claret opus, sed opus quod nobile claret, clarificat mentes", heißt es in der Inschrift, die Abt Suger, der Bauherr in Saint-Denis, am Portal anbringen lässt: Edel erstrahlt das Werk, und das soll es auch, denn es soll sich der „Mentes" bemächtigen, womit Sinn und Sinnlichkeit, Geist und Gemüt zusammen erfasst sind. Ab 1163 setzen sich die radikalen Innovationen mit Notre-Dame fort. An der Fassade, von der nach den Zerstörungen in der Revolution nur mehr zu erahnen ist, welche Überzeugungskraft sie entfaltete, gab es als Bildwerk die obligatorische Machtdemonstration eines Jüngsten Gerichts. Christus scheidet gnadenlos die Verdammten von den Erlösten. Eine Etage tiefer aber, am sogenannten Trumeau, dem Pfeiler unterhalb des Türsturzes, dort, wo die Gläubigen täglich vorbeigingen, war Christus noch einmal zu sehen, er hatte die Hand erhoben zum Segen, er wurde im Gehen gezeigt, er kam auf einen zu und war ganz Güte und Vertraulichkeit. Man nennt diesen Typus „Beau Dieu", den schönen Gott. In ihm verkörpert sich die Haltung einer neuen Epoche. Christus wurde zum Zeitgenossen, zum Seelsorger, wie er einem nun auch bald auf der Straße begegnen konnte.

Abélard vernachlässigte in der Zwischenzeit seine professoralen, professionellen Pflichten. „Meine Studenten waren traurig und jammerten und klagten laut", erinnert er sich in seiner Historia, „als sie errieten, was mich innerlich so beschäftigte und so ganz aus der Fassung brachte. Welches Spiel wir trieben, war ja klar, um Geheimnis zu bleiben. Fast der einzige Ahnungslose war wohl der Onkel." Doch auch der kam bald hinter die Sache, die sich umso weniger verbergen ließ, als Héloise schwanger wurde: „Der Jammer, als dem Oheim die Augen aufgingen! Und der Jammer bei uns, als der Oheim uns Liebende trennte!" Die Liebe steuert auf einen finalen Moment zu, und wenn im Folgenden die drei Möglichkeiten nacherzählt werden, die sich den Protagonisten nun boten, so liefert keine eine ultimative Wendung im Sinn eines sentimentalen, das Romantische verklärenden Nachvollzugs. Möglichkeit eins kam von Abélard, und sie wurde auf eine Art in die Tat umgesetzt, die Héloise nur kränken konnte: Man heiratete – „nur müsse die Eheschließung geheim bleiben, sonst leide mein guter Ruf". Abélard war immerhin Kleriker, zwar auf unterer Stufe, auf der Ehelosigkeit keine Rolle spielte, doch er war auch Intellektueller, „Clerc", wie die Franzosen sagen, und ein derartiges Engagement schloss die ganze Welt als Gegenüber ein und gerade nicht nur ein Eheweib.

Héloise: die erste streitbare Feministin?

Das war, Möglichkeit zwei, auch die Auffassung Héloises: „Theologie und Philosophie", so zitiert sie Abélard in seiner Historia, „verlangen einen ganzen Menschen." Sie wollte die Sache ausfechten, ganz Kämpferin, ganz Vertreterin avant la lettre der Emanzipation; Régine Pernoud, die den Kalamitäten eine schöne Darstellung gewidmet hat, vergleicht sie sogar mit Simone de Beauvoir, der lebenslangen Gefährtin, aber niemals Ehefrau eines anderen philosophischen Querkopfs, eines indes aus der Moderne, Jean-Paul Sartre. Was aber hatte im 12. Jahrhundert Héloise schon zu sagen, und so setzten sich die Männer durch, Abélard mit der Eheschließung, Fulbert und seine Entourage mit einem speziellen Fait accompli: Möglichkeit drei.

Sie gibt dem Fall seine ureigene Würze. „Heloisas Oheim und seine Sippe konnten es noch immer nicht verwinden, daß ich Schimpf und Schande über ihre Familie gebracht; deshalb machten sie die Eheschließung überall bekannt, obgleich mir die Geheimhaltung zugesichert war." Doch nicht nur das: „Nun nahmen sie an mir eine Rache, so grausam und beschämend, daß die Welt erstarrte; sie schnitten mir von

Eine Karte von Paris aus dem frühen 17. Jahrhundert: Gut zu erkennen die von der Topografie bewirkte Dreiteilung mit der zentralen Ile de la cité, auf der die Königsstadt mit Kathedrale und Palast saß; links davon, nach Norden zu, die Rive Droite, die Kaufmannsstadt; rechts, südlich der Seine, die Stadt der Universität, der Ort, an dem Abélard seine Wirkung entfaltete.

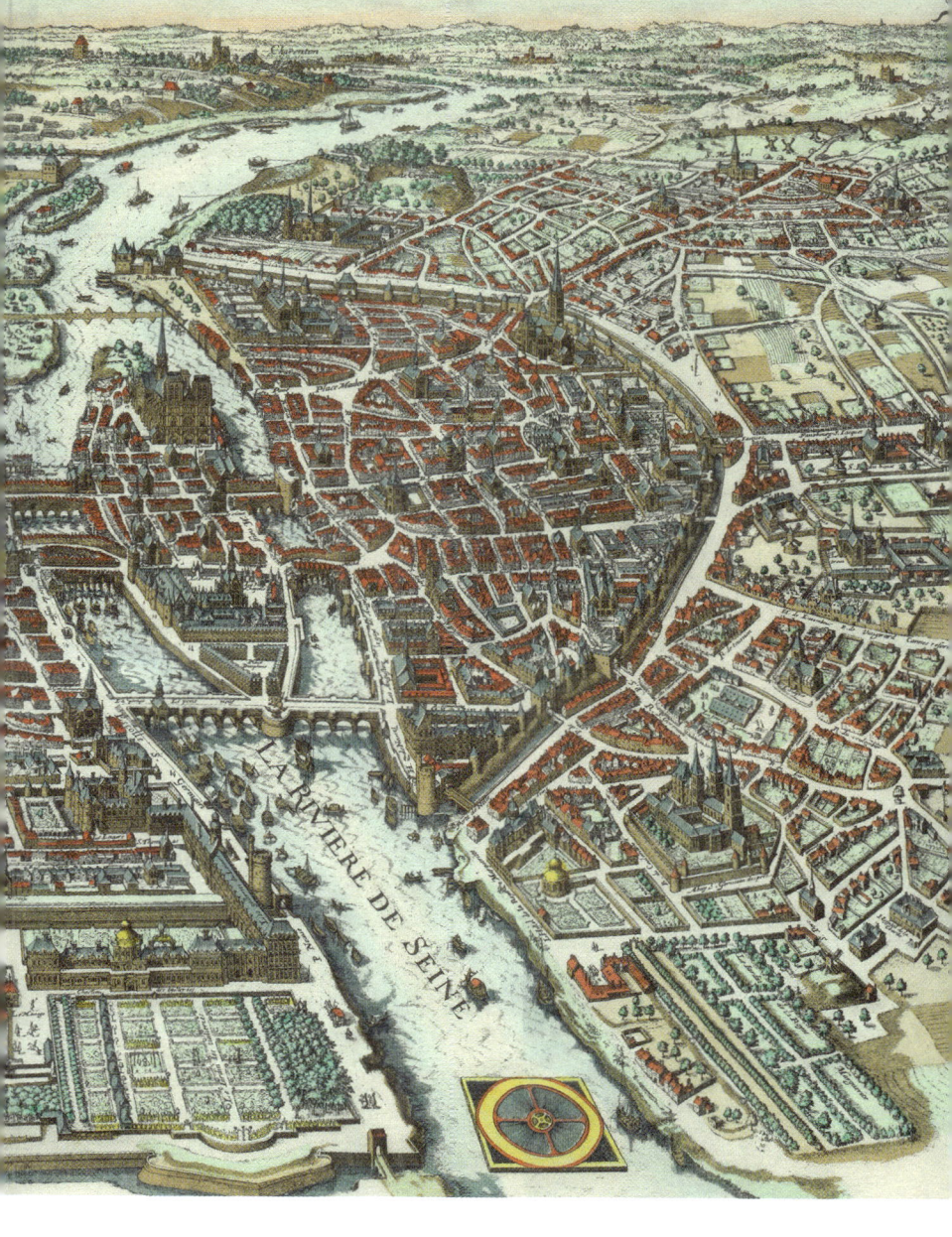

LA RIVIERE DE SEINE

meinem Leib die Organe ab, mit denen ich sie gekränkt hatte." Abélard wird kastriert, während Héloise in einem Versteck bei den Nonnen von Argenteuil die Seine abwärts darbt. Abélards Verhängnis war sogleich zum, wie man heute sagt, talk of the town geworden: »Mit Tagesgrauen drängte sich die ganze Stadt vor meinem Haus, starr vor Staunen und unter lautem Jammern. Wie mich das dumpfe Stimmengewirr quälte und das Zetermordiogeschrei mich geradezu verrückt machte! ... Das Gefühl meiner Schmach und Schande schmerzte mich so, wie es der Wundschmerz nicht tat." Die Prominenz hatte sich gegen ihn gekehrt,

Abélard ist einer Form von Öffentlichkeit ausgesetzt, die sich ganz modern das Maul zerreißt, Mitleid heuchelt, sich vor Vergnügen auf die Schenkel und vor Selbstgerechtigkeit auf die Schulter klopft. Dass derlei nur in einer sich entfaltenden Metropole wie Paris möglich ist, versteht sich von selbst.

und es gab vielerlei Schadenfreude über den unbesiegbaren Doktor, der nun einen sehr irdischen Makel trug. Als Mensch eines sakral überwölbten Zeitalters empfand er die Kastration als durchaus von oben gewollt: »Gottes gerechtes Gericht – ich konnte das nicht verkennen – hatte mich an dem Teil gestraft, mit dem ich gesündigt hatte." Die Historia, in der er dies formuliert, ist ja gerade unter dem Einfluss von Zerknirschtheit, Reue und Bereitschaft zur Buße entstanden. Doch ein wenig ist es wie bei Don Camillo und seinem Gegenspieler Peppone: Abélard sieht ein, was Gott mit ihm an lauterem Dasein vorhat; für den Moment aber muss die Demut warten, denn der Priester hat noch ganz profane Ambitionen.

Abélard sah seine Karriere am Ende: »Blieb mir denn da überhaupt noch ein Weg offen, konnte ich es wagen, vor dem Publikum zu erscheinen, wenn alle mit dem Finger auf mich zeigen mußten und ihre Zungen an mir wetzten? Kurz gesagt, ich war für jedermann ein ungeheuerliches Schaustück." Es lohnt sich, ein paar Worte im lateinischen Original zu lesen, um festzustellen, dass die Übersetzung sich hier keiner Anachronismen schuldig macht. „Qua fronte in publico prodirem" heißt es; was hier Publikum genannt wird, ist also in der Tat schon im Mittelalter vorhanden. „Omnibus monstruosum spectaculum futurus" wiederum zeigt, wie auch die heute viel beschworene Spektakel-Gesellschaft damals bereits erste Begehrlichkeiten entwickelt. Abélard ist einer Form von Öffentlichkeit ausgesetzt, die sich ganz modern das Maul zerreißt, Mitleid heuchelt, sich vor Vergnügen auf die Schenkel und vor Selbstgerechtigkeit auf die Schulter klopft. Dass derlei nur in einer sich entfaltenden Metropole wie Paris möglich ist, versteht sich von selbst.

Der Mann und Meister war nun jedenfalls aller Gefahren entledigt, den irdischen Verlockungen zu erliegen. Umso eklatanter verstrickt er sich in die Kämpfe mit den intellektuellen Gegnern, die nicht weniger werden. Die Streitereien führen bis zu seiner – von Bernhard von Clairvaux tatkräftig unterstützten – Exkommunikation. Der Ausschluss aus der Kirche ist eine Sache Roms, die Instanz ist der Papst. Abélard, so lässt sich erkennen, gibt mehr denn je eine Persönlichkeit von internationaler Wichtigkeit ab. Der Ort indes, an dem er seine Gefechte unermüdlich markiert, exerziert, forciert, ist nicht mehr in erster Linie Paris. Um zu werden, was er war, hatte er der Stadt bedurft, die auch erst wurde, was sie war. Er bedurfte des Zulaufs, des Interesses, des Status eines Prominenten, autorisiert weniger von den Hierarchien der Kirche als von einem Publikum, wie er selbst es nannte, das sich gemeinsam mit ihm in seinen Möglichkeiten nicht weniger als erschuf.

Von der Stadt ins Kloster: Orte gegensätzlicher Lebensentwürfe

Abélards weitere Jahre, die nächsten mehr als zwanzig bis zu seinem Tod, spielen sich im Bannkreis eines der Stadt entgegengesetzten Lebensentwurfs ab. Das Kloster mit seinen Charakteristika der Abgeschiedenheit, der strengen Regeln, der fixen Hierarchien und der

Verwiesenheit auf die monastische Gemeinschaft wird noch lange die Alternative zu allem Urbanen markieren. Es wäre nicht Abélard, hätte er nicht mit dem wichtigsten aller Klöster des Abendlands zu tun, protegiert von dessen Abt Petrus, der den Beinamen Venerabilis, der Ehrwürdige, trägt: mit Cluny, von dem ebenso erzählt werden muss, will man das Prinzip Stadt im Mittelalter verstehen. Das Kloster ist auch der Rückzugsort von Héloise, der auf so markante Weise Verlorenen und Verlassenen. Die Liebesgeschichte als Leibesgeschichte ist zu Ende. Nun tritt die sublimierte Variante auf den Plan.

Die „Historia Calamitatum" hatte einen mit vertraulichem Du angeredeten Adressaten, der nicht konkretisiert ist. Dass Héloise zumindest mitgemeint war, geht allein daraus hervor, dass sie dem Autor Abélard direkt und persönlich antwortet. Insgesamt acht Schriftstücke sind als Briefwechsel zwischen den beiden erhalten. Die drei Schreiben Héloises lassen eine zunehmende Frustration erkennen, Abélard gibt sich unnahbar, distanziert, so besserwisserisch ihr gegenüber wie wahrscheinlich von jeher. Gefühle werden kalt unterdrückt.

Héloises Liebe ist unverbrüchlich, doch sie hatte unter Abélards körperlichem Zustand gleich von Anfang an mit zu leiden: Als wäre Misstrauen angebracht gewesen, hatte sie der Meister nämlich unverzüglich ins Kloster geschickt. Wenn er, so tritt es deutlich zutage, ins Zölibat gezwungen wurde, dann sollte sie gefälligst folgen. Sie kann nicht anders als gehorchen, der zeitüblichen Machtlosigkeit der Frauen gemäß, aber auch, weil sie immerhin verheiratet sind. Héloise beschwert sich nun in zu Herzen gehenden Worten: „Was Dich zu mir getrieben, es war wohl mehr Leidenschaft als Freundschaft, mehr wollüstige Gier als echte Liebe. Und nun, die Leidenschaft ist tot, und tot auch alles, was Deiner Leidenschaft den Weg zum Ziel hatte bahnen müssen. Den Schluß ziehen alle, mein Geliebter, nicht bloß ich, und nicht im geheimen, nein, miteinander sprechen sie davon, nicht im kleinen Kreise, sondern in aller Öffentlichkeit." Nach wie vor sind ihr Status und ihr Zustand eine Sache allgemeiner Aufmerksamkeit.

Ist Héloises erster Brief an Abélard geprägt von Aufbegehren, so schwelgt sie im nächsten in einer Erinnerung, die jedes romantische Bedürfnis, man möchte sagen, übererfüllt: „Die Liebesfreuden, die wir zusammen genossen, sie brachten so viel beseligende Süße, ich kann sie nicht verwerfen. Ich kann gehen, wohin ich will, immer tanzen die lockenden Bilder vor meinen Augen. Mein Schlaf ist nicht einmal sicher vor solchen Trugbildern. Sogar mitten im Hochamt drängen sich diese wollüstigen Phantasiegebilde vor und fangen meine arme Seele so ganz und gar; aus reinem Herzen sollte ich beten, statt dessen verspüre ich die Reizungen meiner Sinnlichkeit. Ich kann nicht aufseufzen – und müßte es doch –, daß ich die Sünden *begangen*; ich kann nur seufzen, dass sie *vergangen*." Allein, es hilft nichts. Abélard bleibt unnahbar, und so fügt sie sich schließlich, indem sie sich an ihn mit einer Bitte wendet, die er gerne erfüllt: Er soll, ganz Theologe, ganz Mann der Kirche, dem Kloster, dem sie mittlerweile als Äbtissin vorsteht, eine Ordensregel geben. Abélard entspricht ihrer Bitte, in voller Überzeugung, wieder ganz bei sich und seinem Herrn angekommen zu sein.

Héloise hingegen hat für ihre Person alle Zweifel, man gewinnt den Eindruck, als wäre sie buchstäblich vom Glauben abgefallen. Bände sprechen dafür allein die Anreden. So richtet sie sich im ersten ihrer Briefe an den Mann: „Domino suo, imo patri; coniugi suo, imo fratri, ancilla sua, imo filia; ipsius uxor, imo soror, Abelardo Heloissa" – Ihrem Herrn, nein Vater; ihrem Gatten, nein, Bruder, seine Magd, nein, Tochter; die Frau von ihm, nein, die Schwester. Subtil werden Titel, die Gott zustehen, auf Abélard übertragen; die Sakralisierung der Liebe, die die Literatur der Troubadoure in aller Raffinesse und Technik als rhetorisches Virtuosenstück vorführt, wird hier am eigenen Leib, am ganzen Körper verspürt. Abélard antwortet nicht minder raffiniert: „Meine liebe Schwester Heloisa, in der Welt mir einst teuer, jetzt in Christo die allerteuerste". Der Superlativ gibt zu verstehen, in welcher Sphäre der Mann für seine Frau die Erfüllung vorgesehen hat, in jener der himmlischen Liebe. Héloise dagegen hat für sich exakt die andere

Seite des Paradieses abgesteckt. So bleibt, was an Dokumenten Abélards erhalten ist, Héloise gegenüber soigniert, salbungsvoll, gönnerhaft, bräsig.

Man darf aber sagen, Abélard hat auf seine Art getan, was er konnte. „Paraklet" nannte er eine Einsiedelei, in die er sich nach den diversen Misslichkeiten, die ihm fortan begegneten, zurückzog, eine Eremitage, in die es bald Schwärme von Jüngern, Schülern, Adepten drängte, worauf der Meister nicht umhinkonnte, eine geräumigere Wohn- und Arbeitsstätte um seine Hütte zu bauen. Es wurde eine Art Kloster, und diesen abgeschlossenen Bezirk überließ er 1129 mit Billigung der Kirche Héloise und ihren Nonnen. Der Umzug der Schwestern in Abélards ehemalige Klause war womöglich nicht ganz freiwillig, es existiert ein Dokument aus diesem Jahr, das vom „zuchtlosen und ärgerniserregenden Benehmen" der Frauen um Héloise handelt. Wegen der „Schmach und Ehrlosigkeit eines Argenteuil genannten Nonnenklosters" sei es dort zur Auflösung gekommen.[7] Abélard, der keiner Konfrontation aus dem Weg ging, hat dieses Dokument, soweit zu übersehen, nicht beanstandet. Hat Héloise anderweitig ausgelebt, was ihre Sätze an Abélard beschworen? Die Quellen, von einer sentimentalen Nachwelt als pure Liebesbriefschreiberei ins Herz geschlossen, weisen jedenfalls einige undichte Stellen auf, die sich einer psychoanalytischen Lektüre durchaus aufdrängen.

Bei Peter dem Ehrwürdigen, Abt von Cluny seit 1122, findet man, deutlicher vielleicht noch als beim notorischen Liebespaar, einen Zeitgenossen, der die fremde, gern als finster apostrophierte Epoche in einen Horizont der Aufgeschlossenheit rückt. Während Bernhard von Clairvaux predigend und fanatisierend zum Kreuzzug aufrief, arbeitete Petrus Venerabilis an einer Übersetzung des Koran, gelte es doch, die Ungläubigen mit den Waffen ihrer Ignoranz, also mit Worten und nicht mit dem Schwert zu schlagen. Auf genuine Weise war der Abt von Cluny ein Aufklärer, und er war offenbar, bei aller Machtfülle als Oberhaupt einer tausendköpfigen, auf unbedingten Gehorsam verpflichteten Schar von Mönchen, ein schlichtweg kommunikativer Mensch.

Das Grab eines der berühmtesten Liebespaare der Weltgeschichte, wie es sich heute auf dem Friedhof von Père Lachaise darbietet; ursprünglich lag es im Kloster Paraklet, von Abélard gegründet, von Héloise als Äbtissin weitergeführt; 1817, als die Romantik sich die Liebenden besonders zu Herzen gehen ließ, wurden sie umgebettet.

Am Ende seines Lebens, der Kämpfe immer noch nicht müde, auf dem Weg nach Rom, um mit dem Papst persönlich seine Widrigkeiten zu diskutieren, Widrigkeiten, die in der höchsten von allen, der Exkommunikation, kulminieren, bleibt Abélard schließlich in Cluny zurück. Er gibt nach, beraten vom Abt, der dabei diskret an seiner Rehabilitierung arbeitet. Es kommt tatsächlich zu einer Art Versöhnung, der Kirchenbann wird gelöst und sogar sein Erzfeind Bernhard rückt ihm ein wenig näher. 1142 stirbt Abélard in Cluny. Es folgt ein Briefwechsel zwischen Petrus und Héloise, der Abt spricht unverblümt und aufrichtig von dem „Mann, der Dein war"[8], und dessen Leichnam nun vom Burgund in die Ile de France geschickt werden soll, ins Kloster Paraklet, wo Abélard schließlich sein Grab finden wird. 1164 stirbt hier auch Héloise, den Altersunterschied noch im Tod wahrend. Der gemeinsame Sohn, der den quasi kosmologischen Namen Astrolabius bekam, blieb im Schoß der Kirche; Héloise legte ihn dem Kloster Cluny ans Herz, wie es aussieht, verbrachte er allerdings sein Leben als Kanoniker, als Weltgeistlicher unter anderem in der Nähe von Abélards Heimat, am Dom von Nantes.

Dass die für heute vielleicht sympathischste Rolle in all dem Geschehen der Abt von Cluny spielte, zeigt auch das Defizit dieses Jahrhunderts. Es war eben beileibe noch keine urbane Gesellschaft, in der Abélard permanent und Héloise für allzu kurze Zeit die durch und durch urbane Eigenschaft der Intellektualität durchprobierten. Es ging dabei nicht allein um Gebildetheit. Es ging vielmehr um Engagement, um die Umsetzung denkerischer Kompetenzen ins Soziale, darum, einzuwirken mit den Mitteln, die einem zu Gebote standen oder die, in den Begriffen ihrer Zeit, von Gott verliehen waren. Die Gebildetheit Abélards war getränkt von Eingebildetheit, zu den vielen Sinnen, die hier geschärft wurden, gehört unabdingbar der Starrsinn. Doch das intellektuelle Leben ist von ihm nicht weniger als inauguriert worden, er war eine Art Vordenker für die Komplexität, in der sich die seit dem 12. Jahrhundert rasant Fahrt aufnehmende Welt mehr und mehr zur Kenntlichkeit bringen wird. Jacques Le Goff fasst das Wirken dieser polyglotten Existenz – eine Stelle aus dem Johannes-Evangelium, die vom Zusammenleben handelt, aufgreifend – folgendermaßen in Worte: „Sein Humanismus mündete in Toleranz, und im Gegensatz zu all jenen, die nur das Trennende betonen, suchte er das Verbindende in den Menschen und behielt im Sinn, daß es ‚viele Wohnungen im Hause des Vaters' gibt. Abaelard war der hervorragendste Vertreter des geistigen Milieus in Paris."[9]

ALBRECHT DÜRER UND
DREI WELTSTÄDTE DER ZEIT UM 1500

Hier ein Herr, daheim ein Schmarotzer

Einwohnerzahlen von Städten zu bestimmen ist ein prekäres Unterfangen. Fasst man die Stadt als Verwaltungseinheit oder als Siedlungsgebiet, als Agglomeration verschiedener Orte mit gemeinsamer Sogwirkung oder als City, in der sich die urbanen Funktionen auf wenigen Kilometern verdichten? Hat man es dabei auf den Superlativ abgesehen oder will man je nach Stimmungslage Kritik üben oder Entwicklungen befeuern? Einwohnerzahlen historischer Städte zu bestimmen ist naturgemäß noch prekärer, man ist auf Mengenangaben angewiesen, die noch keine Statistik kannten, auf Texte, die getrübt sind von religiösen, rassistischen, rechtfertigenden Grundannahmen, und was überhaupt als Menschen zugerechnet werden darf, ob Frauen, Sklaven, Andersfarbige, ist keinesfalls sicher. Die englische Ausgabe von Wikipedia macht sich, gestützt auf Hunderte von Belegstellen, die wunderbare Mühe, „Historical urban community sizes" so aufeinander abzustimmen, dass dabei eine Art von Vergleichbarkeit herauskommt.

Für die Epoche um 1500, der dieses Kapitel gewidmet ist, wird festgestellt, dass die größte aller Städte wohl Peking mit einer Einwohnerzahl von 600.000 bis einer Million war. Es folgen Kairo und das indische Vijayanagar mit ungefähr einer halben Million. Konstantinopel hatte gerade die Eroberung durch die Türken hinter sich und war in ein Tief gefallen. Deswegen gerät im Ranking bald ein Gemeinwesen in den Blick, das auch in der Zeit der Entdeckungen gerade erst in den Blick geraten wird: Tenochtitlan, die Hauptstadt der Azteken, die Keimzelle der heutigen Megacity Ciudad de Mexico mit seinerzeit 200.000 Menschen. Unter den europäischen Metropolen findet sich Paris mit ebenfalls knapp 200.000 Einwohnern vorne. London steht noch nicht zur Debatte, dafür einige Städte in Italien, Genua, Neapel und, selbstverständlich, Venedig, die Serenissima, Beherrscherin des östlichen Mittelmeeres seit Jahrhunderten. Sie war durch Handel reich geworden. Das galt auch, weiter im Norden, für Antwerpen, das seinerseits bald Großstadtniveau und das heißt nach den üblichen Maßstäben mehr als 100.000 Bewohner erreichen wird. Im Gebiet des Imperiums der Deutschen heißen die Favoriten Köln, Augsburg und

Nürnberg, keine Stadt indes ist größer als 50.000 Einwohner. Die Zerstückelung des Territoriums im Alten Reich hat eine Metropole verhindert; es gibt ja nicht einmal eine Kapitale. Die Hauptstadt ist dort, wo der Kaiser und wo, im Grunde genommen, die Reichskrone auf seinem Haupte sitzt.

Nürnberg, Venedig, Tenochtitlan sind die Namen der drei im Titel dieses Kapitels in Aussicht gestellten Gemeinwesen, die gleich auch noch als Weltstädte apostrophiert werden. Man sollte vielleicht ein „ehemalig" hinzufügen, denn alle drei haben sie ihre erfolgreichsten Dekaden hinter sich. Die Reichsstadt Nürnberg sieht sich zurechtge-stutzt zum Repräsentationsort imperialer Herrlichkeit; der Niedergang fällt in die Zeit, da die Territorialfürsten sich zu Zentralismus und frühem Absolutismus aufwerfen und eine selbstständige, unabhängige und überschaubare Stadt sich als zu klein geraten erweist, um bei den Kämpfen um die nationale Hegemonie mithalten zu können. Venedig wiederum beginnt soeben, sich in einer Randlage einzurichten, die Entdeckung der Neuen Welt lenkt die Verkehrsströme nach Westen und die türkischen Eroberungen blockieren zudem die Expansion in die Gegenrichtung. Tenochtitlan schließlich, Zentrum einer transatlan-tischen Zivilisation, wird im Jahr 1519 von jener buchstäblichen Handvoll an Spaniern eingenommen werden und nur noch als ferner Spiegel existieren.

Nürnberg, Venedig, Tenochtitlan: Der Baedeker in diese Städte ist Albrecht Dürer. Angesichts ihrer gewissen Verspätetheit wird er eine Figur abgeben, die in die neue Zeit, in die Neuzeit führt. Als Maler, Grafiker, Publizist ist er eine Galionsfigur der Entwicklungen, die aus dem talentvollen Techniker, der sein Handwerkszeug virtuos be-herrscht, einen Künstler machen, eine autonome Größe mit allen Signaturen des Genialen, Exzentrischen, eine Hochbegabung auch in Selbstbezogenheit und Narzissmus. Dürer ist 1471 in Nürnberg geboren und hat hier seine Ausbildung erfahren; zwei Reisen, die erste kaum, die zweite umso besser dokumentiert, führen ihn nach Venedig, mit ihm gerade wird die Italienfahrt des Künstlers zum Nonplusultra; schließlich lässt sich in Dürers Schriften zumindest ein Reflex auf die Kontinentalverschiebung erkennen, für die vor allem Spanien, das auch den deutschen und damit Dürers Kaiser stellt, verantwortlich ist. Eine vierte Weltstadt ließe sich noch anschließen, Antwerpen, das der Künstler in späten Jahren besuchte und sich hier, an der Mündung der Schelde, die Malaria holte, an der er sehr wahrscheinlich dann 1528 starb.

Als Albertus Durerus Noricus, wie er bildungsbeflissen auf seinen Bildern den Namenszug hinterließ, Ende 1505 zum zweiten Mal in Venedig ankam, war dort gerade das deutsche Handelskontor abgebrannt. Dieser Fondaco dei Tedeschi, der sogleich wiederaufgebaut wird und der heute noch am Eck zur Rialto-Brücke steht, der in der Zeit eines überbordenden Tourismus das Hauptpostamt war und dessen Umwandlung zu einem Luxuskaufhaus soeben verhindert worden ist, wäre die angestammte Herberge gewesen, in der Dürer Quartier gefunden hätte. Die Venezianer hatten einen Hang zur Kasernierung, die deutschen Kaufleute waren in ihrem Hof mit Blick zum Canal Grande nicht nur konzentriert, sondern auch kontrolliert. Geschäft und Geheimdiensttätigkeit gingen jedenfalls ineinander. Zehn Jahre später, und das liegt in geradester Logik zu dieser Praxis, wird im Nordosten ein Areal abgesteckt, das die jüdische Bevölkerung der Stadt auf ähnliche Weise abschließen soll, um ihre Fremdheit zu domestizieren. Es liegt auf dem Gelände einer Gießerei, Guss heißt „getto" auf Italienisch – wer erinnert sich nicht an die Gettoni zum Telefonieren –, und das Getto hat seither seinen mehr und mehr mit Schrecken assoziierten Begriff. Damals, in einer Zeit, in der sich derlei Ausgrenzungen noch im Aufbruch befanden, mag das Quartier der Deutschen eine durchaus ähnliche Funktion gehabt haben.

Als der Fondaco dei Tedeschi bis 1508 neu errichtet wurde, gab man sich alle Mühe, ihn standesgemäß auszurüsten, repräsentativ und auf eine Art nobel, dass es schon wieder kontraproduktiv wurde. Der Fondaco erhielt Fresken, besorgt vom modernsten Maler der Stadt,

Giorgione, und ein junger Gehilfe war wohl auch im Spiel, der unter dem Namen Tizian Kunstgeschichte schreiben wird. Der Fondaco erhielt Fresken, obwohl das salzige Klima der Insellage dem vollständig abträglich ist. So ist heute kaum mehr etwas zu erkennen von den Allegorien, die aufgetragen wurden, und es war wohl auch der späteste der Versuche mit der Malerei auf feuchtem Putz: Alles Monumentale, das fortan entsteht, werden die Venezianer auf Stoff auftragen, und so gibt es, speziell in Gestalt von Tintorettos Paradies-Darstellung im Dogenpalast von ca. 1580, die großformatigsten Leinwandbilder überhaupt eben in Venedig.

Der Maler aus Nürnberg bezog Quartier im Gasthaus eines gewissen Peter Pender, gleich bei der Kirche San Bartolomeo, die den Deutschen als Pfarrkirche diente. Der Fondaco befindet sich ganz in der Nähe. Vielleicht kam Dürer, weil er sich im Rahmen von dessen Wiederaufbau einen Auftrag versprach. Sicherlich hat er vor Ort einen Auftrag erhalten, für San Bartolemeo schuf er das Altarblatt, das sogenannte „Rosenkranzfest", das die Madonna mit Kaiser und Papst, mit Maximilian und Julius, zeigt und das berühmt ist, seit hundert Jahre später Kaiser Rudolf II. das Werk in feierlicher Prozession in seine Residenz nach Prag überführen ließ. Vielleicht war Dürer auch in den Süden gekommen, weil, und das ist die Standardbegründung für Reisen ein ganzes Jahrtausend hindurch, in seiner Heimat die Pest wütete. Was indes nicht erklärt, warum seine Freunde zu Hause blieben, und warum es Venedig war, das ihn anzog. Es gab jedenfalls familiäre Bande hierher: Anton Kolb, der seit 1490 in Venedig als Drucker arbeitete, war ein Handelspartner von Dürers Taufpaten Anton Koberger, vielleicht sollte der Maler als Agent arbeiten und Nürnberger Erzeugnisse in der brandneuen Technik der Buchherstellung vertreiben. Außerdem war er, auch wenn es keine definitiven Zeugnisse dafür gibt, in den Jahren 1494/95 schon einmal vor Ort gewesen.

Schließlich gab es auch ganz professionelle Gründe: Die Malerei hatte auf ganz erstaunliche Weise Fahrt aufgenommen und sich vor allem

Der sicherlich bis dato zupackendste, realistischste, mit einem Wort, beste Plan einer Stadt
überhaupt: Im Jahre 1500 schuf Jacopo de' Barbari diese Darstellung von Venedig aus der
Schrägansicht, Vogelschau und Vedute verbindend; verlegt wurde der Holzschnitt von Anton
Kolb, dem Nürnberger Drucker, der seit 1490 in der Lagunenstadt lebte.

durch die Brüder Gentile und Giovanni Bellini, denen auf seine Art ihr Schwager Andrea Mantegna als Konkurrent im Nacken saß, an die Spitze der Entwicklung gesetzt. Die Stadt in der Lagune ist kunstgeschichtlich so etwas wie die Galapagos-Inseln in der Biologie: Manches entsteht hier sehr verspätet – bis ins 15. Jahrhundert blieb man sehr starrsinnig der byzantinischen Manier mit ihrer Hieratik verpflichtet. Manches entsteht hier gleichsam vom Himmel gefallen, auf eine frappierend avancierte Art und Weise: Dürer wird sich die Innovationen – die Interieurs, die Stadtveduten und vor allem auch die Bilder der städtischen Gesellschaft – auf seine Weise anverwandeln.

O wie wird mich nach der Sunnen frieren. Hier bin ich ein Herr, doheim ein Schmarotzer

Die sogenannte „zweite Italienische Reise" ist sehr gut dokumentiert. Weil er allein unterwegs war und sich nicht eine ganze Stadt auf die Flucht vor der Pest begab, hat Dürer Briefe an einen Daheimgebliebenen verfasst. Er ist seinerseits eine Berühmtheit, Willibald Pirckheimer, Humanist und Gelehrter in den neuen, den ganz alten, nämlich antiken Disziplinen, Abkömmling der städtischen Oberschicht, ein Jahr älter als der Künstler. Zehn Briefe haben sich erhalten, auf wundersame Weise sind sie im 18. Jahrhundert in einer Wandnische eines Patrizierhauses wiederaufgetaucht – offenbar hat man sie, vielleicht in den Wirren des Dreißigjährigen Krieges, einst als besonders wertvolle Zeugnisse versteckt. Pirckheimer war der Geldgeber der Expedition, 100 Gulden hat Dürer sich geliehen, im Gegenzug musste er für den Financier arbeiten und ihm Luxusgegenstände besorgen, Teppiche, Goldschmiedearbeiten, Preziosen aus der überreichen Produktion, für die Venedig bekannt war. Bei aller wiederholten Betonung der Freundschaft wollte Dürer offenbar auch erst in die Heimat zurückkehren, wenn seine Schulden abbezahlt wären.

Die persönliche Anrede an Pirckheimer zieht sich durch die Briefe, die zwischen dem 6. Januar und dem 13. Oktober 1506 geschrieben wurden,

und zum Teil ist ihr Jargon deutlich kumpanenhaft. Die Männerbünde-
lei wirkt ein wenig untergriffig, wenn es etwa, im Brief vom 8. September, in einer sehr einschlägig gewordenen Wendung heißt: »Item mich
dünkt, Ihr schtinkt von Huren.«[1] Derlei schien allerdings auf die eine
oder andere Art zum Ton gehört zu haben, noch heute rätselt man über
eine Formulierung, die Pirckheimer auf einer Zeichnung von 1503
hinterlassen hat, die ihn von Dürer porträtiert zeigt: »Arsenos te psole
es ton prokton« steht nur leicht ins Humanistische verschlüsselt auf
Griechisch da, was gut übersetzt in etwa heißt: »Mit dem Schwanz
hinten hinein«. Das kann man buchstäblich verstehen oder auch,
angesichts einer in aller darstellerischen Kompetenz ausgebreiteten
Hässlichkeit des Freundes, sarkastisch und damit rhetorisch – das
antike Erbe, das man beflissen wiederzubeleben suchte, stellt jedenfalls beide Lesarten in den Raum.

Darüber hinaus, und zweifellos gewinnbringender zu studieren,
beschreibt sich Dürer in den Briefen als Passanten und Beobachter und
vor allem als Beitragenden zu einer Sphäre, die man heute Kunstbetrieb nennen würde: »Ich wollte, daß Ihr hier zu Venedich wärt«, heißt
es im Brief vom 7. Februar in allem gegebenen Zwiespalt, »es sind so
viel ärtiger Geselln unter den Walhen (= den Welschen, also den
Italienern, R.M.), die sich je länger je mehr zu mir gesellen, daß es eim
am Herzen sanft sollt tan: vernürftig, gelehrt, gut Lautenschläger,
Pfeifer, verständig im Gemäl und viel edler Gemüt, recht Tugend von
Leuten, und tunt mir viel Ehr und Freundschaft. Dorgen finter (=
dagegen findet Ihr, R.M.) auch die untreuesten verlogen diebisch
Böswicht, do ich glaub, daß sie auf Erdrich nit leben.« Freund und
Feind, wie sollte es anders sein, geben sich gleichzeitig ihr Stelldich-
ein. Speziell neidet man Dürer den Auftrag für das Rosenkranzbild:
»Auch sind mir ihr viel feind und machen mein Ding in Kirchen ab und
wo sie es mügen bekummen. Noch schelten sie es und sagen, es sei nit
antigisch Art, dorum sei es nit gut. Aber Sambelling der hätt mich vor
viel Czentilhommen fast sehr gelobt.« Giovanni Bellini also, der
Grandsigneur der Gilde – »er ist ser alt und ist noch der Best im Gemol«

– hat ihn vor den Gentiluomini, den Edelleuten der Stadt, herausgehoben. Dass die Konkurrenz nicht schläft, wird bald auch justitiabel werden, am 2. April schreibt Dürer von einer Art Konventionalstrafe in Höhe von vier Gulden, die er an die Organisation der Maler zu zahlen habe. Irgendwer hat ihn angeschwärzt.

Und bei Geld versteht Dürer keinen Spaß. Zu seinem steten Verdruss zieht sich die Arbeit am Altargemälde hin, und er kommt nicht zum Eigentlichen lukrativer Arbeit. Die bestünde im „Stechen", in der

Bei Geld versteht Dürer keinen Spaß. Zu seinem steten Verdruss zieht sich die Arbeit am Altargemälde hin, und er kommt nicht zum Eigentlichen lukrativer Arbeit. Die bestünde im „Stechen", in der Verfertigung von Kupferstichen, in der es Dürer zu nie gekannter Meisterschaft gebracht hat. Das Lamento zieht sich durch die gesamte Korrespondenz des Künstlers: Dürer, der Unternehmer, kann sich Dürer, den Maler, nicht leisten, weil Dürer, der Grafiker, darunter leidet.

Verfertigung von Kupferstichen, in der es Dürer zu nie gekannter Meisterschaft gebracht hat. Das Lamento zieht sich durch die gesamte Korrespondenz des Künstlers: Dürer, der Unternehmer, kann sich Dürer, den Maler, nicht leisten, weil Dürer, der Grafiker, darunter leidet. Denn auch bei ihm macht die Menge das Geschäft, und bedruckte Blätter finden leichter ihren Markt als handverlesene Einzelstücke: „Ich wollte wohl 200 Dukaten die Zeit gewunnen haben und hab groß Erbet (= Arbeit, R.M.) ausgeschlagen", heißt es im achten Brief, der Rosenkranzaltar fordert seinen Tribut. Im Brief darauf, vom 23. September, steigert sich der Gram auf das Zehnfache: Er habe „über

2000 Dukaten Erbet ausgeschlagen. Das wissen all, die um mich wohnen." Das unselige Stück Heiligenbild: „Es möcht mich unsinnig machen. Ich hab mir selbs ein grau Hoor gefunden. Das ist mir vor lautrer Armüt gewachsen und daß ich mich also stenter (= plage, R.M.). Ich mein, ich sei darzu geborn, daß ich übel Zeit soll haben."

Das Gekeife ist nicht gerade unüblich in Künstlerkorrespondenzen, doch Dürer trägt, im sprunghaften Anwachsen der Übellaune von 200 auf 2000 Dukaten, schon ziemlich dick auf. Kaum ist er zurück in Nürnberg, wird es sich in den nicht minder einschlägigen Briefen an seinen Frankfurter Auftraggeber Jakob Heller fortsetzen: Wieder wird er einen Altar annehmen, wieder kommt er nicht zu einem regelrechten Einkommen: In der Korrespondenz mit Heller fällt dann auch der Satz, der dem Deutschen einen neuen Begriff gegeben hat: „Das fleißig Kleibeln gehet nit vonstatten": Die unermüdliche Kleinarbeit am Detail einer Kupferplatte geht nicht voran. Seither jedenfalls kläubeln die Deutschen.

Für den Moment hält der finanzielle Missstand den Künstler, berechtigt oder aus Prätention, davon ab, zurückzukehren. Es entsteht mindestens noch ein Gemälde, „Christus unter den Schriftgelehrten", und es mag so etwas wie Genugtuung im Spiel sein, wenn er auf dem Cartellino, dem illusionistisch gegebenen Zettel mit seiner Signatur, der aus einem Buch zu ragen scheint, hinzufügt: „Opus quinque dierum". Nur fünf Tage hat er gebraucht, hier jedenfalls hat das Unternehmen keinen Schaden genommen. Der nächste Brief, wohl am 13. Oktober verfasst, kann aber dann Vollzug melden: „Dornoch will ich mit dem nächsten Boten kummen" – man reise nicht allein, sondern bevorzugt in Karawane. Und damit das Lamento nicht abreißt, erteilt sich Dürer schon den Dispens für weiteres Klagen, das fortan die Gegenrichtung nimmt. Ganz Diva schreibt Dürer den folgenden, berühmt gewordenen Satz, einer der Gassenhauer jeder Berichterstattung über das Italienbild der Deutschen: „O wie wird mich nach der Sunnen frieren. Hier bin ich ein Herr, doheim ein Schmarotzer." Ein wenig durfte Dürer noch den Herrn spielen, von dem er bis dato nicht recht viel hatte verlauten lassen. Nach Lage der Quellen ist er erst im Februar 1507 zurück in seiner Heimatstadt. Von einem Schmarotzertum, das er sich vor Augen stellt, konnte dort natürlich keine Rede sein.

Die seltsame politische Konstruktion einer Reichsstadt, die Nürnberg beispielhaft verkörperte, konnte nur entstehen unter den Bedingungen des Heiligen Römischen Reiches deutscher Nation. Der berüchtigte Flickenteppich von Hunderten von selbstständigen Gebilden – Territorialstaaten wie Bayern oder Sachsen, viele der sogenannten Duodezfürstentümer kaum von der Größe einer Ackerfläche, Städte, Abteien und innerhalb von Städten wiederum Klöster – hatte einen Kaiser über sich, aber das war es auch. All diese Klein- und Kleinststaaten waren reichsunmittelbar, und sie beäugten einander in stetem Argwohn; bald, wenn mit der Reformation die Konfessionen aufeinanderprallen, werden sie sich auch bekriegen. Nürnberg war die größte aller Reichsstädte, es besaß ausgedehnte Wälder, die nach den beiden Stadthälften, der Sebalder und der Lorenzer Seite, benannt waren, je nachdem, an welchem Ufer der Pegnitz sie sich befanden, des beherrschenden Flusses, der ziemlich exakt den Durchmesser des ziemlich exakt kreisrunden Umrisses Nürnbergs markierte. Nürnbergs Urbanistik hat von jeher problemlos das teilende Gewässer überbrückt, dank auch einer vermittelnden Insel, auf der das Spital installiert worden war; hier nun, und das galt als die ultimative Auszeichnung vor allen anderen Gemeinwesen, lagen zu Dürers Zeit die Reichsinsignien, Krone, Schwert, Mantel samt den Heiligen Reliquien, die den Kaiser, und mochte er nur für die Repräsentation gut sein, auszeichneten. Sie lagen auf der Insel, damit weder die Seite, die nach ihrer Hauptkirche Sankt Lorenz benannt war, noch die Seite von Sankt Sebald eifersüchtig zu sein brauchte. Nachbarschaftliche Rivalitäten gibt es nicht nur zwischen zwei Städten, sie finden ihre Nahrung auch innerhalb der Mauern.

Dürers Seite war diejenige von Sankt Sebald. Hier lag erhoben und erhaben die Kaiserburg, die Nürnberg bis heute die spezielle Silhouette

Die Ansicht von Nürnberg, wie sie in der 1493 erstmals erschienenen Schedel'schen Weltchronik, einem Gemeinschaftswerk Nürnberger Künstler und Unternehmer, zu finden ist: Die Stadt zeigt sich von ihrer Silhouette her, Motive, die in der Perspektive hintereinander liegen, werden übereinander gezeigt; von der Seite, speziell in Gestalt der Mühle rechts unten, schieben sich Detailfreude und Darstellungsgenauigkeit ins Bild.

verleiht, und diesen Hügel hoch zog der Künstler seinen Aktionsradius von im Grunde wenigen Dutzend Metern.[2] An der Ecke von Burgstraße und Am Ölberg stand das Haus, in dem sein Vater die Goldschmiedewerkstatt hatte, in die auch der Sohn zunächst eintrat. Das drittnächste Gebäude, ein Stück abwärts Richtung Zentrum, war das Atelier, das Hans Pleydenwurff, der bedeutendste Maler in Deutschland vor Dürer, gegründet hatte, das dann an den Nachfolger Michael Wolgemut ging und als einen der Lehrlinge ab 1486 dann auch Albrecht Dürer sah. Von hier aus knickt die Obere Schmiedgasse, damals Krämersgasse, Richtung Westen ab, hier war das Anwesen des Hans Frey, dessen Tochter Agnes der angehende Meister im Jahr 1494 zur Frau nehmen wird. Schräg gegenüber hatte bis 1490, bis er dann an die Adria ging, Anton Kolb seine Offizin, der Pate Anton Koberger wiederum wohnte in der Burgstraße einige Häuser stadteinwärts. Die Pirckheimers hatten sich im Zentrum niedergelassen, am Hauptmarkt, der heute noch als solcher fungiert; kurze Zeit hatten hier auch Dürers Eltern gewohnt, bis sie 1475 das Eckhaus nahe der Burg bezogen. Dürers Auftraggeber, man kennt sie von den nach ihnen benannten Altären, teilten sich ebenfalls in das Areal: Das Anwesen der Hallers lag gleich vis-à-vis der

Werkstatt von Dürer senior, die Paumgartners waren Nachbarn der Pirckheimers am Hauptmarkt, die Tuchers wiederum wohnten in einer Zeile parallel zur Burgstraße, die heute – wie auch anders – Albrecht-Dürer-Platz heißt. Die Albrecht-Dürer-Straße wiederum führt auf das stattliche Bürgerhaus zu, das sich der Meister, trotz aller Klagen doch zu Geld gekommen, im Jahr 1509 in der Fortsetzung zur Oberen Schmiedgasse zulegte und das bereits seit 1828 Museum ist, eingerichtet zu seinem 300. Todestag, die erste Künstlergedenkstätte überhaupt.

Dürers Neighbourhood in Nürnberg: vom Handwerker zum Weltstar

Der Mikrokosmos der Reichsstadt hatte immer schon Spezialisten gebraucht, die Generalisten waren. Ähnlich wie im Athen der Antike mussten die Funktionsträger einer relativ kleinen Gruppe von Verantwortlichen entnommen werden, die über alle Kompetenzen verfügten. Wie es aussieht, war Dürers Umgebung ein zusätzlicher Minikosmos in diesem Mikrokosmos, hier hatte er die Nachbarschaft – die Neighbourhood, das Village –, auf die er sich verlassen konnte. Hier hatte er die Verankerung, die es ihm gestattete, die kleine Welt des Handwerkertums und seiner Weitergabe von Vertraulichkeiten von Mund zu Ohr hinter sich zu lassen und sich zu dem international wirksamen Künstler zu emanzipieren, in dem Bildung, Anspruch, Universalität und die Perspektive des Pictor Doctus zur Personalunion kamen.

Im Jahr 1493 war in Nürnberg ein Vielhundertseiter erschienen, in dem das neue Medium des gedruckten Buches machtvoll seine Ansprüche formulierte. Die sogenannte „Schedel'sche Weltchronik" war ganz traditionell eine Heilsgeschichte, gegliedert in die sieben Weltzeitalter der Überlieferung, geschrieben auf Deutsch und Latein und angereichert mit nicht weniger als 1.800 Illustrationen. Das Werk war eine Gemeinschaftsarbeit aus dem Umkreis Dürers: Anton Koberger, der Drucker, war sein Pate, Michael Wolgemut, der Illustrator, sein Lehrer, Hartmann Schedel, der Verfasser der Texte, lebte in der weiteren Nachbarschaft, während Sebald Schreyer, der Financier, ebenfalls in der Burgstraße zu Hause war. Dürer war wohl noch zu jung, um auf seine Weise an dem Unternehmen mitzuwirken, vielleicht aber war seine erste Reise nach Venedig in den Jahren 1494/95 auch dadurch motiviert gewesen, dass er im Süden bewerben und verkaufen sollte, was vor Ort durchaus als Weltsensation entstanden war.

Berühmt sind vor allem die Veduten der Weltchronik. Zwar wurden die Holzschnitte, die Nürnberg oder Würzburg, Konstantinopel oder Jerusalem und Hunderte von anderen Städten porträtieren, zum Teil mehrfach verwendet, auch wenn sie vorgaben, verschiedene Dinge zu zeigen: Stadtdarstellung war nicht nur geprägt von Visuellem, sondern auch von Erwartetem, von den Topoi, den fixen Formeln, von denen man per Legende oder Pilgerbericht erfahren hatte und die man nun wiedererkennen wollte. Doch trat das buchstäbliche Augenmerk, die Wichtigkeit des Gesehenen gegenüber dem Gewussten, immer deutlicher in den Vordergrund. Wolgemuts Ansicht von Nürnberg wartet etwa mit einem Gemenge an Türmen auf, die Stadt wird als Silhouette dargeboten und entsprechend erhebt sich, allzu stark zum beherrschenden Monument gemacht, die Burg: Zugleich aber schiebt sich, und derlei Verselbstständigungen geschehen immer von der Peripherie her, eine Mühle von der Seite ins Blickfeld, ein nebensächliches Gebilde mit seinen Elementen von Funktionalität – mit Fachwerkarchitektur, der Lage am Fluss, dem Durcheinander verschiedener Gebäudetrakte.

Solche Aufwertungen von Beiläufigkeiten gibt es etwa auch bei Altären: Vorne erkennt man die Haupt- und Staatsaktion der biblischen Geschichte, im Hintergrund, rechts und links davon, als bescheidenes Bild im Bild, machen sich eine städtische Szenerie oder eine Landschaft geltend, Partikel jedenfalls, die dem Porträt verpflichtet sind und in die Großartigkeit der Handlung ein Stück schlichten Realismus einbauen. Hier, bei diesen Nebensächlichkeiten, wird dann der Künstler Dürer ansetzen: Er besucht die Mühle, die tatsächlich am Rand Nürnbergs lag, hält sie fest auf einem der Aquarelle, die erst mit

Dürer zu einem seriösen Medium der Kunstgeschichte werden, und rückt sie bildfüllend in die Mitte. Er schafft mit dieser „Drahtziehmühle" die Inkunabel einer Vedute: Das Periphere wird das Hauptsächliche, das Gesehene – nichts anderes heißt Vedute – wird das Prinzipielle. Dürers Anteil an dieser Emanzipationsbewegung ist nicht zu überschätzen; im Gegenzug, besser gesagt, komplementär dazu emanzipiert er sich von den Beschränkungen des Handwerks.

Dürer durchforstet dafür die Umgebung von Nürnberg, blickt von vorne auf die Burg und von hinten auf die Reste einer mittelalterlichen Befestigungsanlage. Vor allem aber verbinden sich die Aquarelle mit einem Unternehmen, das man die „erste Italienische Reise" nennt. Die Expedition ist ein wenig mysteriös. Zum einen der Zeitraum: Am 7. Juli 1494 heiratet er Agnes Frey aus der Nachbarschaft; sie nun hätte er im Herbst des Jahres schon wieder verlassen, die junge Braut, von der er eine zu Herzen gehende Zeichnung mit dem liebevollen schriftlichen Zusatz „Mein Agnes" angefertigt hat. Gab, und das ist immer gut als Begründung, die Pest, die in Nürnberg grassierte, den Anlass? Zum Zweiten die Quellenlage: Die Aquarelle, die in diesen Monaten entstanden, bezeugen eine Reise in den Süden, es gibt Darstellungen von Innsbruck, von Klausen im Eisacktal, von Arco im Trentino, doch auf frappierende und von der nationalistischen Kunstgeschichte sofort vereinnahmte Art umzirkeln diese Veduten ein Gebiet, das an der Sprachgrenze zum Italienischen abrupt endet; ist Dürer also überhaupt bis Venedig gekommen? Zum Dritten existiert eine schriftliche Bemerkung, in einem Brief an Pirckheimer im Februar 1506: „Das Ding, das mir vor eilf Johren so wohl hat gefallen, das gefällt mir itzt nüt mehr"[3]; irgendetwas muss ihm, so sagt es Dürer hier, elf Jahre früher aufgefallen sein; per simpler Rechnung ergibt sich aus dieser einen Stelle eine Jahreszahl: 1495.

Immerhin haben sich einige Zeichnungen von dieser ersten Reise erhalten, in denen Dürer Gewandstudien betreibt und dabei einen Blick wirft auf die Gepflogenheiten nördlich und südlich der Alpen.

Natürlich liefern sie keinen Beweis für einen tatsächlichen Aufenthalt an der Adria, die brandneuen Druckerzeugnisse hatten längst einen Austausch hervorgebracht, der in Rasanz die bis dato gesetzten Grenzen überwand. Jedenfalls nimmt sich Dürer in einem wunderbaren Blatt, das heute in Frankfurt liegt, eine Nürnbergerin und eine Venezianerin vor, um sie mit behändem Strich gegenüberzustellen: Die Italienerin ist die größere der beiden Frauen, denn sie steht auf Plateaus; deswegen fällt ihr Rock in langen, den Kanneluren einer Säule ähnlichen Bahnen nach unten, während jener der Deutschen gerafft ist und die Spitzen ihrer Schuhe hervorlugen; die Italienerin trägt einen Schleier, die Deutsche ein Häubchen, was der einen den raffinierten Anschein von Transparenz gibt, durch die auch ihr ausladendes Dekolleté zu sehen ist, während die andere zurückhaltend, bewundernd und auch ein wenig neidisch ihr Köpfchen hinüberwendet zur stattlich ihre Femininität vorführenden Matrone. Mit einem Wort: Die Nürnbergerin ist züchtig, die Venezianerin freizügig. Das Thema Stadt und Mode ist angeschlagen und mit ihm die Frage, wie weit man gehen darf in der öffentlichen Darbietung des Körpers: In Italien geht es locker zu, gibt Dürer zu verstehen; sollte er die Aufnahme in Venedig gemacht und zu diesem Zweck seine junge Frau zurückgelassen haben, könnte es sein, dass die Zeichnung eine Beschwörungsformel beinhaltet, den Appell an eine Tugend, die er im sehr fernen Nürnberg bei einer ihm sehr nahen Person dringend angezeigt sah.

Dürers künstlerische Identität bezeugt eine Nähe zwischen seiner Befindlichkeit und seiner Arbeit, zwischen dem Ego seiner Person und dem Alter seines Werks, wie es sie bis dahin nicht gegeben hatte. Deswegen bietet es sich an, auch die durchaus unscheinbare Kostümstudie gewissermaßen psychologisch zu lesen. Vordringlich aber gehörte sie, wie die Konterfeis von Städten und Landschaften, von Stein- und Pflanzenformationen, von Tieren und Menschen, zum Vorrat an Vorlagen, zu seinem Archivbestand, aus dem er sich bediente. Sicherlich ist dabei vieles nicht erhalten, was Dürer für sich skizzierte. Andererseits muss insgesamt die visuelle Erinnerung, die ganz unab-

Das Bild der Frau in aller Gegensätz-
lichkeit: links eine Nürnbergerin, rechts
eine Dame aus Venedig – züchtig,
verschämt, mit ein wenig neidischem
Seitenblick die eine, stolz, matronen-
haft, offenherzig die andere. Mutmaß-
lich 1495, aus Anlass seines ersten
Aufenthalts in Italien, hat Albrecht
Dürer dieses Doppelporträt aufs Blatt
gebracht.

hängig von gedächtnisersetzenden Verfahren wie Abzeichnen funktioniert, weitaus besser gearbeitet haben, als man es heute kennt: Die
Leute damals konnten sich die Dinge besser merken. In diesem Sinn
sind die Beharrungskräfte der venezianischen Monate am eindrück-
lichsten wohl in Dürers Spätwerk zu greifen, Jahrzehnte danach.

1524 entsteht sein vielleicht berühmtestes Gemälde, das Diptychon der
„Vier Apostel", das er dem Nürnberger Rat zum Geschenk machte, um
das Augenmerk auf die soeben aktuell gewordene Reformation zu
richten. Die vier bildmächtig vorgeführten Gestalten von Johannes,
Petrus, Paulus und Markus, die entgegen dem landläufigen Titel nicht
alle Apostel waren, stehen, das ist Dürers Fingerzeig, für die Autorität
der Texte, die mit der Lehre Luthers wieder in den Mittelpunkt rücken
sollten. Doch sie stehen auch für eine bildnerische Tradition, und sie
ist ein Vermächtnis Giovanni Bellinis. Für die Sakristei der Franziska-
nerkirche zu Venedig hatte „Sambelling", wie Dürer ihn nannte, 1488

die „Pala dei Frari" realisiert, ein Triptychon mit der Madonna auf der Mittel- und jeweils zwei Assistenzfiguren auf den Seitentafeln, das Ganze vereinheitlicht mittels eines Rahmens, der wie eine Kolonnade gestaltet ist. Auf durchaus kläubelnde Weise hat Dürer dabei nun seine Anleihen gemacht, indem er das Vor-Bild nahm und es von einer Dreier- zu einer Zweierkonstellation eindickte: Die Mitteltafel ist verschwunden, die Seiten sind zusammengerückt, und wieder einmal ist das Periphere zentral geworden; die Madonna, die Zentralheilige des Katholizismus, hat sich verabschiedet; geblieben sind die gewaltig präsenten Herren mit ihrer apostolischen Botschaft. Sie sind ganz deutlich so geblieben, wie sie schon bei Bellini waren, ihre Aneignung aus dessen Bild wirkt geradezu zitathaft. Es ist die Hommage an den großen Gönner im fernen Venedig; und es ist die Reminiszenz an einen Aufenthalt, der, bei aller Wehmut und aller Wehleidigkeit, den Künstler in die Weltkarriere führte.

Zweifellos war er zum Weltstar geworden. Er konnte es sich leisten, auf seiner spätesten, der sogenannten Niederländischen Reise, die ihn in die Metropolen des Nordens Köln, Brüssel, Antwerpen führte, keiner Geringeren als der Statthalterin Margarete, der Tante Karls V., eine krachende Abfuhr zu erteilen. Er zeigte ihr, der Tag war der 6. Juni 1521, ein Bildnis, das er von ihrem Vater, Kaiser Maximilian I., geschaffen hatte; er wollte es ihr gar schenken: „Aber do sie ein solchen Mißfall darinnen hätt, do führet ich ihr wieder weg", notiert er im Tagebuch zu diesem Vorfall. Wer Künstler ist, darf schnell beleidigt sein, und man kann sagen, die Mentalität, die sich hier zeigt, hat Dürer nicht weniger als erfunden. Auf der Reise war Dürer auch ein spezielles Privileg zuteilgeworden, in Brüssel gewährt man ihm am 26. August 1520 einen besonderen Besichtigungstermin: „Auch hab ich gesehen die Ding, die man dem König aus dem neuen gülden Land hat gebracht." Das Haus Habsburg, aus dem sich seit dem 15. Jahrhundert die deutschen Kaiser rekrutierten, stellte, dank der Heiratspolitik Maximilians, auch den spanischen König, der zugleich Territorialherrscher in Flandern war. Seit kurzem ging in diesem Reich die Sonne nicht mehr unter, und ein Teil der Schätze, die das nach Spanien eingemeindete Eldorado in Übersee versprach, gab gerade einen brandaktuellen Vorglanz. Dürer war begeistert, und er war es auf eine erstaunlich vorurteilsfreie Art: „Ich hab darin gesehen wunderliche künstliche Ding und hab mich verwundert der subtilen Ingenia der Menschen in fremden Landen."

Auf seiner Fahrt in die Niederlande, die er unternahm, um mit dem neuen Kaiser Karl V. eine Bestätigung seiner von Maximilian verliehenen Apanage auszuhandeln – dank der Hilfe jener Margarete, die er unnachahmlich brüskierte, war Dürer dabei erfolgreich –, traf er auch den berühmtesten Gelehrten seiner Zeit. Erasmus von Rotterdam wurde porträtiert, man traf sich zum Abendessen und sicherlich gab der Doctor dem Pictor Doctus nicht nur ein „spanioleins Mäntele", das er ihm schenkte, sondern auch Ideen mit auf den Weg. Beispielsweise jene von der Insel Utopia, die ein Freund des Erasmus, Thomas Morus, der Kanzler des englischen Königs, im Jahr 1516 zum ersten Mal beschrieben hatte. Mit dem Zeitalter der Entdeckungen setzt das Zeitalter der Utopien ein, die Terrains, die topografisch und literarisch abgesteckt werden, sind taufrisch und bieten sich an zur plastischen politischen Gestaltung.

Das Zeitalter der Entdeckungen und die Entdeckung der Utopien

Der Erzähler bei Morus heißt Hythlodäus, auf Deutsch Possenreißer, und er ist, so will es die Geschichte, im Gefolge des Amerigo Vespucci unterwegs. Irgendwo auf der Fahrt gerät man an den Nicht-Ort der Utopie, was nun Gelegenheit gibt, die ideale Organisation dieses Gemeinwesens zu beschreiben und zu würdigen. Eine Stadt namens Amaurotum wird ausführlich besichtigt, es ist nur eine von 54 des riesenhaften Staates, doch, sagt Morus, „wer eine Stadt kennt, kennt sie alle".[4] Mit diesem Satz ist das Darstellungsproblem des literarischen Genres Utopie, das ein Denkproblem ist, auf den Punkt gebracht: Bei aller geometrischen Exaktheit, bei aller Austarierung der

Verhältnisse und wunderbaren Balance der Beziehungen ist der utopische Ort von einer banalen Unveränderlichkeit, er ist statisch, steril, leblos. Seine Bewohner haben Vitalität gegen Frieden einge-tauscht, und bisweilen müssen sie, die Beschreibung der Repressions-apparate lässt nicht auf sich warten, zu ihrem Glück gezwungen werden.

Die nächstfolgende Skizze von solchen Orten monumentaler Monotonie stammt von niemand anderem als Dürer. In der Tradition des italienischen Uomo universale, der zu jeder Kunst auch ihre Theorie beherrscht, beginnt der Meister in späten Jahren Bücher zu verfassen, seine Kenntnisse schriftlich weiterzugeben und eine Art Ästhetik nachzuliefern. Über die menschliche Proportion gibt er ein Traktat heraus, eine „Underweisung der Messung" entsteht, und im Jahr 1527 veröffentlicht er seine „Befestigungslehre". Das Werk handelt von der Fortifikation, die Nürnberger werden sich bei ihrer neuen Ringmauer einiges von dem, was Dürer sagt, zu Herzen nehmen. Als wichtigen Bestandteil seines Architekturbuches fügt Dürer das Räsonieren über die ideale Stadt hinzu. Auf vielen Seiten macht er sich die Mühe, dieses durch und durch erdachte Gemeinwesen einer Art Vogelperspektive zu unterziehen: Gerade er, der der Wirklichkeit in seinen bildnerischen Annäherungen auf die bis dato exacteste Weise zu Leibe rückte, der sich minutiös um jedes Detail kümmerte und unter Beweis stellte, dass man die Welt im Kleinen und im Besonderen erfassen muss, um sie zu verstehen, geriert sich jetzt als Mechaniker eines makellosen Modells. Makellos um den Preis seiner Verhaftetheit im Nicht-Ort der Utopie.

Eine Stadt mit Schloss in der Mitte denkt sich Dürer aus; eingepasst in ein Karree, das vom Quadrat des zentralen Platzes und vom Quadrat des Umrisses begrenzt wird, reiht sich in geometrischer Genauigkeit Häuserzeile an Häuserzeile; bisweilen schaffen sie Platz für einen der obligatorischen Funktionsträger Rathaus, Zeughaus, Gotteshaus. Die Teile dieses gleichgeschalteten Gemeinwesens, architektonisch

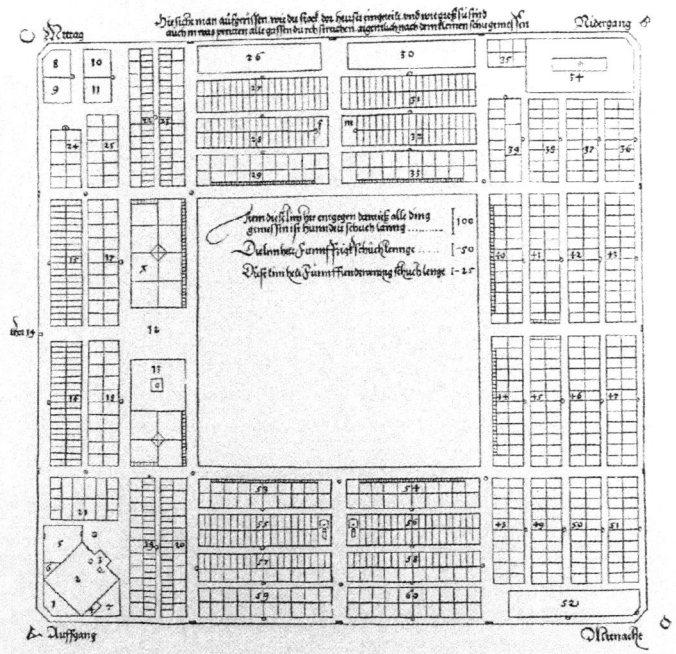

Am Ende seines Lebens versucht Dürer, sein Wissen in Traktaten weiterzugeben; 1527 bringt er seine „Befestigungslehre" heraus, zentraler Teil dieser Unterweisung in Architektur ist die Konstruktion einer Idealstadt: Zum ersten Mal wird ein Gemeinwesen skizziert, dessen Teile sich in ein perfektes Quadrat fügen – geometrisch exakt und von kalter Leblosigkeit.

ohnedies kaum kenntlich gemacht, sind differenziert nach den Handwerken, jedes einzelne mit seinesgleichen zusammengepfercht wie in einer Kaserne. Insgesamt stellt Dürer schon einmal vor Augen, wie Städte sich ausmachen werden, unterstellt man sie dem planerischen Genius eines totalisierenden Konzepts.

Und doch gibt es einen Punkt, an dem Dürers Entwurf sich womöglich mit der Wirklichkeit trifft. Es muss Spekulation bleiben, aber nicht ganz unwahrscheinlich ist, dass seine Idee eines zentralen viereckigen Platzes mit vier jeweils an der Mitte der Seiten ansetzenden Straßen der Urbanistik Tenochtitlans entnommen ist. 1521 war die Hauptstadt der Azteken endgültig erobert worden. Was die Konquistadoren im

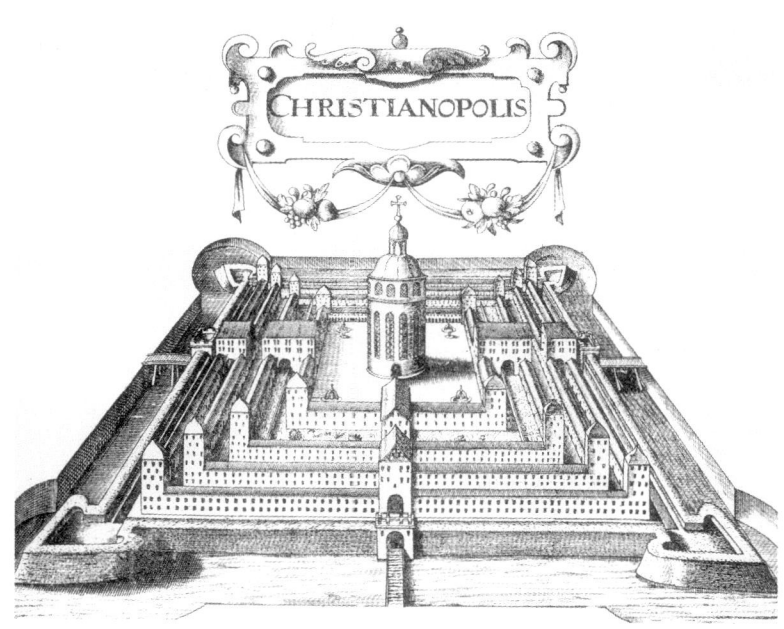

Die Weiterführung von Dürers Idealstadt in die Gegenwelt des Utopischen: Johann Valentin Andreae publiziert 1619 seine protestantische Vision von „Christianopolis" – in seiner Anordnung sichtlich von Dürer inspiriert, wird aus der Idealstadt eine evangelikale Gemeinde.

Zentrum der Kapitale fanden, war ein „Haupttempelbezirk", ein „Geviert von etwa 440 m Seitenlänge, das von einer Mauer umgeben war … Innerhalb dieser von vier Eingängen zu den Hauptstraßen hin unterbrochenen Mauer sollen 78 Tempel gestanden haben."[5] Natürlich war Dürer nicht in Mexiko. Doch er konnte eine Abbildung gekannt haben, publiziert im Jahr 1524 in Nürnberg: der Plan Tenochtitlans aus der Edition der Briefe des Eroberers Hernán Cortés an seinen Herrn, den König Carlos alias Kaiser Karl V. Nimmt man den Zusammenhang ernst, dann wird Dürers Vorstellung von einer idealen Stadt gewissermaßen niet- und nagelfest: Das Ideale verbindet sich mit dem Utopischen und dem Geometrischen zu einer Garantie auf die Realisierung; denn es bezieht sich auf ein bereits Realisiertes, das in der Ferne, in

Res fuerat quondam præstans, & gloria summa
Orbis subiectus Cesaris Imperio,
Hic longe præstat, cui9 nuc Orbis Eous,
Et Nouus, atq̃ alter panditur Auspitijs,

Quilibet punctus magnus continet leucas duode
cim cũ dimidia, ita q̃ duo magni puncti continent
viginti quinq̃ leucas, Cõtinet autẽ leuca quatuor
Italica miliaria, ita q̃ omnes puncti qui hic cõspi
ciuntur continent centum leucas.

Womöglich ist Dürers Idealstadt von der Ansicht einer ganz konkreten Stadt inspiriert, von Tenochtitlan, der Kapitale der Azteken, die gerade von den Spaniern erobert und in einer Edition
der Briefe des Konquistadoren Hernán Cortés, in Nürnberg 1524 publiziert, bekannt gemacht
worden ist; vergleichbar wäre vor allem die quadratische Anlage des zentralen Platzes.

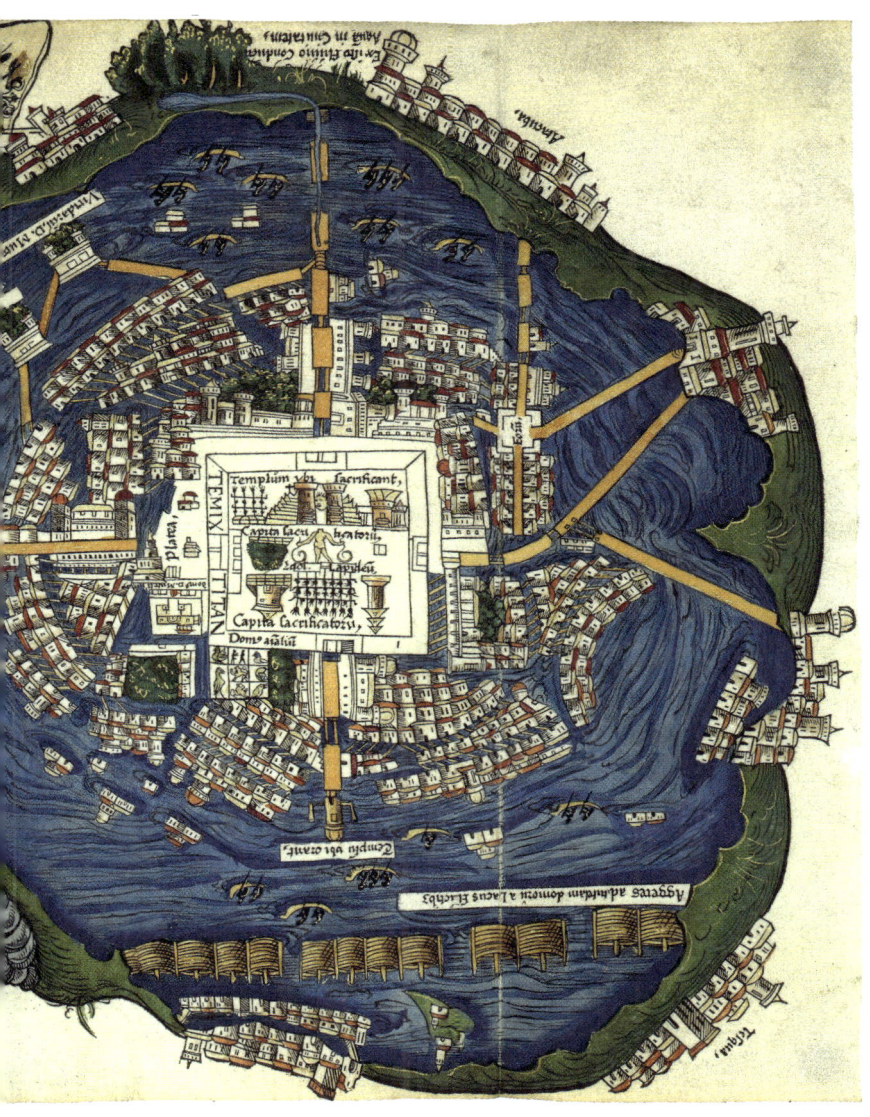

Zeitlich zwischen Dürers Plan seiner Idealstadt und Andreaes traulich-tristem Ordnungsruf von „Christianopolis" liegt ein gebautes Gemeinwesen: Heinrich Schickhardt realisiert ab 1599 auf den Höhen des Schwarzwalds Freudenstadt – der quadratische Grundriss ist so dominant, dass die Kirche, rechts oben zu sehen, der Platzanlage in Winkelhakenform folgt.

der Neuen Welt liegt; es ist etwas Traditionelles, einer Kapitale Entsprechendes, und es ist etwas ganz Neues, weil neu Entdecktes. Auch die Utopie, so steht es im Raum, gibt es schon lange, sie musste nur gefunden werden. Und mittels der Idealstadt hält man die ferne Utopie in der Nähe. Dürers Entwurf folgt einer perfekten Kreisbewegung; oder besser: einer Quadratbewegung.

Im Sinne dieser typisch frühneuzeitlichen Idee von Idealität ist es nur konsequent, dass Dürers Entwurf ein knappes Jahrhundert später Eingang in eine tatsächlich realisierte Stadtplanung fand: Für den Herzog von Württemberg baute der Architekt Heinrich Schickhardt in allem quadratischen Schematismus auf den Höhen des Schwarzwaldes Freudenstadt. Um 1600 angelegt, wurde es eine protestantische Mustersiedlung, derart hineingezwängt ins Karree, dass selbst die Kirche, um dem rechten Winkel zu folgen, in Winkelhakenform gehalten ist. Kein Wunder sodann, dass Freudenstadt wiederum zum

Muster einer literarischen Utopie wurde, für das „Christianopolis" des Johann Valentin Andreae, 1619 erschienen; keine Polis wird hier entworfen, sondern eine Siedlung, ein Dorf für die Herzinnigkeit einer evangelikalen Gemeinschaft.

Damit war der Stadt natürlich jede polyglotte Dimension ausgetrieben. Nun herrscht die Observanz des theologischen Diktats. Dürer ist dafür

Er, der es vom Handwerker zum Künstler zum demiurgischen Stadtbaumeister brachte; der vom staunenden Lehrling zum souveränen Freigeist zum Verfechter absoluter Ordnung wurde. Städte sind notwendigerweise die Schauplätze dieser erstaunlichen Prozesse der Emanzipation.

natürlich nicht verantwortlich zu machen, auch wenn es zu seinen vielen frappierenden Leistungen gehört, derlei angestoßen zu haben. Er, der es vom Handwerker zum Künstler zum demiurgischen Stadtbaumeister brachte; der vom staunenden Lehrling zum souveränen Freigeist zum Verfechter absoluter Ordnung wurde. Städte sind notwendigerweise die Schauplätze dieser erstaunlichen Prozesse der Emanzipation. Dass eine solche Emanzipation nicht ohne Instrumentalisierung zu haben war, wird die Moderne dann auf einen Begriff bringen: Dialektik der Aufklärung.

Pest, Brand, Privates

John Dryden nannte das ominöse Jahr eines der Wunder: »Annus Mirabilis«. Der Dichter und Dramatiker hatte sich vor den diversen Unglücken, die innerhalb von gut zwölf Monaten eingetreten waren, aufs Land zurückgezogen; hier konnte er seine Verse schmieden und dem Ganzen eine Widmung voranstellen, die den Charakter der Stadt, seiner Stadt, Londons, auf den Punkt bringt: »To the Metropolis of Great Britain«; in den ersten Zeilen nennt er sie sogar »Metropolis of any Nation«.[1] Der Wiederaufstieg von Englands Kapitale binnen sehr kurzer Zeit wird in der Tat etwas Wunderbares an sich haben, doch Dryden konnte, als er sich im November 1666 ans Werk machte, noch nicht so viel davon erahnen. Für den Moment war das Diktum eher eine Beschwörungsformel. Die obligatorischen Geiseln urbanen Glücks hatten London allzu gleichzeitig heimgesucht: die große Pest vom Sommer 1665, der große Brand von September 1666, der immerhin nicht ganz so große Krieg gegen die Niederländer, der sich schon lange hingezogen hatte und im Juni 1666 in der sogenannten »Viertage-schlacht« vor der Küste Flanderns kulminiert war, bei der 6.000 Landsleute gefallen waren; dass es auch innenpolitisch unruhig zuging – gerade war es nach den Jahren einer von puritanischem Tugendterror überzogenen Republik zur Restauration, zur Rückkehr der Monarchie gekommen –, fiel dann fast schon nicht mehr ins Gewicht. Stadt und Katastrophe: Wenn man einen Ort und ein Datum sucht für die notorische Gegenwart des ewig Wiederkehrenden, in Londons Annus horribilis wird man reichlich fündig.

Drydens gestelzte Zehnsilbler behandelten allein Krieg und Feuer, Anlässe für eine Hymne auf seine Metropole in der Tradition der antiken Panegyrik. Doch gibt es eine richtig populäre Darstellung der Ereignisse, eine Quelle von buchstäblich barocker Ergiebigkeit, redselig und rhetorisch, eifrig und eilfertig. Von 1660 bis 1669 hielt Samuel Pepys (dessen Name ausgesprochen wird wie »Pieps«) alles Bedeutsame, und das konnte auch das vollkommen Beiläufige sein, in seinem Tagebuch fest. Für das historisch so folgenreiche Jahr brauchte er etwa 150.000 Wörter, für das darauffolgende 1667, von den Ereignissen her eher lapidar, 200.000. Die Wörter jedenfalls branden mächtig heran. Ein religiös grundierter Antrieb zur Selbstrechtfertigung und schreiberischer Seelenschau paart sich in Pepys' Diaristik mit einer grundsoliden Plauderei, die alles für wert befindet, erhalten zu werden – für sich selber und vor allem auch für die Nachwelt. Tag für Tag wird gedankenreich zu Papier gebracht, die Notizen enden gern mit dem sprichwörtlich gewordenen Eintrag „And so to bed". Und wenn der Berichterstattende, was des Öfteren vorkommt, nicht zu einem abendlichen Rückblick kommt, dann trägt er es, zum Teil eine Woche später, nach – und zwar indem er so tut, als wüsste er heute Abend nicht, was morgen passiert sein wird. Heiko Arntz, der die Tagebücher in einer schönen deutschsprachigen Ausgabe ediert hat, stellt angesichts dieser naiv tuenden Nachträge die sehr berechtigte Frage: „Für wen macht es Pepys in seinem eigenen Tagebuch spannend? Er weiß doch, wie es ausgeht."[2]

Er scheint es auf eine Publikation angelegt zu haben. Einerseits. Denn andererseits schreibt er in einer frühen, ganz eigenen Form von Stenografie und macht dadurch seine Schrift nur mühsam leserlich; darüber hinaus gibt es die berühmten „Coded Passages", Abschnitte, in denen er die Sprache wechselt, um die Lektüre zu erschweren. Pepys ist ohne Zweifel ein Schwerenöter, man könnte auch sagen, ein Grapscher, und durchaus freimütig wird erzählt, welche Dame er an welcher Stelle jeweils zu fassen bekam; es wird freimütig erzählt, aber eben in polyglotter und durchaus unfreiwillig komischer Diktion. Das liest sich dann, etwa unter dem 4. Dezember 1665, folgendermaßen – das Englische ist dabei in deutscher Übersetzung zitiert: „Zu Madam Pennington und con laquelle je faisais beinahe alles, was je voudrais – con mi mano, sino tocar la chose même, war aber nahe dran. Brachte sie dazu, ihr Haar zu öffnen, und vergnügte mich mit ihr bis zwei Uhr früh."[3] Gern gerät Pepys von detaillierter Augenzeugenschaft der Katastrophen mitten hinein ins Tête-à-tête, bisweilen erfolgt der Taktsprung innerhalb eines einzigen Satzes.

Natürlich ist das eine Form von Wichtigtuerei, und ob seine junge Frau Elizabeth, vor deren Neugier er in diese eher unbeholfene Camouflage flüchtete, ihm wirklich hinterherspionierte, bleibt offen. Einmal, am 25. Oktober 1668, erwischt sie ihn in flagranti mit der Magd – Pepys war nicht gerade wählerisch. Vielerlei Schlimmes hatte sich ereignet in den vergangenen Jahren, doch dies war die in seinen Augen ultimative Katastrophe; sie mag dazu beigetragen haben, dass das Unternehmen Diaristik mit einem Eintrag am 31. Mai 1669 wieder beendet wurde. Als offiziellen Grund gibt er Sehstörungen an: „Damit endet wohl mein Tagebuch, denn ich kann es nicht mehr führen, ohne daß die Augen schmerzen und mir sofort den Dienst versagen." Geboren 1633, war Pepys also gerade 35 Jahre alt. Er wird noch lange leben, er stirbt erst mit siebzig. Gravierende Probleme mit der Optik sind nicht überliefert, er verbringt den Lebensabend etwa mit dem Umzug, der Neuorganisation und -gliederung seiner Bibliothek. Bei dieser Revision verzichtet er darauf, die längst angestaubten Tagebücher zu entfernen. Er wird gewusst haben, warum: Als sie peu à peu im 19. Jahrhundert und in definitiver Version ab 1970 herausgebracht werden, machen sie ihren Autor regelrecht zum Gassenhauer.

Samuel Pepys: Schwerenöter und Augenzeuge urbaner Katastrophen

Das Unheil nähert sich zögernd. Tagebuch-Eintrag am 7. Juni 1665: „Sah heute mit großem Unbehagen in der Drury Lane zwei, drei Häuser mit einem roten Kreuz auf der Tür und darunter die Aufschrift ‚Gott erbarme sich unser' – ein trauriger Anblick. Habe so etwas, wenn ich mich recht erinnere, noch nicht zuvor gesehen. Hatte danach das Gefühl, von mir selbst ginge ein sonderbarer Geruch aus, was sich erst wieder legte, nachdem ich mir etwas Rolltabak zum Riechen und Kauen gekauft hatte." Im Original heißt es „It put me into an ill conception of myself and my smell": Der Eindruck der Beunruhigung scheint durchaus umfassend gewesen zu sein, für den Moment ließ er sich mit einer Art Medikament namens „Roll-tobacco" sedieren, doch das wird nur kurzfristig sein.

Pepys ist übrigens der Erste im englischsprachigen Raum, der noch ein anderes, bis heute mit Sinn und Gesinnung der Briten identifiziertes Genuss- und Hilfsmittel erwähnt; so schreibt er unter dem 25. September 1660: „Danach schickte ich nach einer Tasse Tee (einem chinesischen Getränk, das ich nie zuvor getrunken hatte)."

Die Pest zieht ein in London, und sie zieht durch die Stadt, bis nichts mehr zu holen ist. Die Hauptstadt von Großbritannien war rasend schnell gewachsen, seit Jahrhundertbeginn hatte sich ihre Einwohner-

Die Pest zieht ein in London, und sie zieht durch die Stadt, bis nichts mehr zu holen ist. Die Hauptstadt von Großbritannien war rasend schnell gewachsen, seit Jahrhundertbeginn hatte sich ihre Einwohnerzahl verdoppelt; 1650 mögen es um die 400.000 Menschen gewesen sein, das Land hatte ca. 5,2 Millionen. Da konnte der Tod gute Ernte einfahren.

zahl verdoppelt; 1650 mögen es um die 400.000 Menschen gewesen sein, das Land hatte ca. 5,2 Millionen.[4] Da konnte der Tod gute Ernte einfahren, es waren vor allem die Monate August und September, in denen er sich schadlos hielt. Am Ende des Jahres 1665 sieht die Statistik, laut den „Bills of Mortality" unter dem Stichdatum 19. Dezember, so aus: 97.306 Beerdigungen, davon als direkte Opfer der Pest 68.596. Bei Pepys liest es sich folgendermaßen, das Grauen ist an jenem 16. August 1665 mit Händen zu greifen: „Ein Jammer, wie menschenleer die Straßen sind, und auch an der Börse sieht es nicht viel anders aus. Mißtrauisch blickt man auf jede verschlossene Tür, denn dahinter könnte die Pest lauern. Zwei von drei Geschäften oder noch mehr sind verlassen."

Die Krankheit hat etwas Gespenstisches. Sie zeigt sich vor allem darin, dass sich nichts zeigt, niemand ist auf der Straße, zum Teil, weil Quarantäne verordnet ist, zum Teil aus Angst oder aus Ekel, vor allem auch, weil die Menschen immer weniger werden. Pepys' eigenes Fazit am 16. Oktober, als die Seuche mangels Masse an neu zu Infizierenden abebbt: »Himmel, wie leer die Stadt ist und wie traurig der Anblick der vielen Kranken, die am ganzen Körper offene Wunden haben. Überall hört man traurige Geschichten, wer gestorben ist, wer sich angesteckt hat und wie viele es hier und wie viele dort sind. In Westminster soll es nicht einmal einen Arzt geben, nur noch einen einzigen Apotheker, alle anderen sind gestorben. Dennoch hoffen alle auf einen deutlichen Rückgang in dieser Woche. Wolle Gott, daß es so kommt.« Das »Himmel« am Anfang von Pepys' Sätzen liest sich im Original als »Lord«, und tatsächlich ist das Gottvertrauen bei aller Plage, die ins Land bricht, groß.

Es waren die Epochen, da das Sterben allgegenwärtig war und Abhilfe nur darin liegen konnte, auf die Erlösung in einer besseren Welt zu hoffen. Und für den Moment, gerade darin war Pepys ein Meister, ließ sich das Memento mori mit einem carpe diem anreichern, ließ sich Thanatos mit einer Prise Eros würzen. Eintrag 12. August 1665 in einschlägiger Diktion: »Auf dem Heimweg nach Deptford begleitete mich der alte Bagwell ein Stück des Wegs und lud mich dann ins Haus seiner Tochter ein. Sobald er dehors gegangen war, hatte ego mein volonté de su hija.« Fortsetzung in nahtlosem Übergang: »Die Menschen sterben so zahlreich, daß man sie jetzt auch tagsüber beerdigen will.« Eine seltsam ausgelassene Apokalypse, eine Panik in Paradoxie: Entsprechend heißt es an der wohl berühmtesten Stelle, zu Papier gebracht für den 3. September 1665: »Aufgestanden und meinen edlen farbigen Seidenrock angezogen und meine neue Perücke aufgesetzt, die ich bereits seit einiger Zeit habe, aber nicht zu tragen wagte, weil in Westminster bereits die Pest herrschte, als ich sie gekauft habe. Ich frage mich, wie sich die Perückenmode entwickeln wird, wenn die Pest erst einmal vorüber ist, weil niemand fremdes Haar kaufen wird – aus Angst, es könnte vom Kopf einer Pestleiche stammen.«

Die Verunsicherung ist natürlich existenziell. Sie ist auch ignorant, denn die Medizin hatte schlichtweg keine Ahnung. Pest, das war zunächst einmal alles, was als Epidemie ebenso fühlbar wie unbeherrschbar daherkam. Auf jeden Fall war sie von biblischem, von geschichtsmächtigem Ausmaß, sodass sie den Lauf der Dinge fundamental veränderte. Thukydides, der Geschichtsschreiber des Peloponnesischen Krieges, hat die erste, man könnte sagen gültige Darstellung hinterlassen: die Pest des Jahres 429 v. u. Z. in Athen. Was er zu sagen hatte, bleibt bei aller Gebundenheit an die Situation, an die Hybris seiner Stadt und die Nemesis durch den Gegner, die Spartaner, zeitlos gültig – zumindest bis an die Schwelle der Moderne. Der Medizinhistoriker Klaus Bergdolt fasst die Momente zusammen, die mit der Seuche einhergingen, einer Seuche, die noch diffus war und die auf Griechisch „loimos", auf Lateinisch „pestis" und auf Englisch „plague" genannt wird: „Plötzlicher Beginn, verschwommene Feindbilder, vage Vergiftungstheorien, unbefriedigende ärztliche Erklärungen, die Einmaligkeit der Bedrohung, die aller Erfahrung spottet, das Fehlen nachhaltiger, effektiver Therapien, der Zusammenbruch des sozialen Lebens, die mehr oder weniger identische Gefährdung aller Schichten, ein abgestumpftes soziales Gewissen und Schamgefühl, die Lockerung familiärer und verwandtschaftlicher Bande, verstärkte soziale Probleme, der Zweifel an der göttlichen Gerechtigkeit, aber auch das Gefühl, Götter hätten diese Strafe geschickt, ferner Kriminalität, Genußsucht, mangelnde Zukunftsplanung, der Verlust der staatlichen Autorität."[5]

Was die alten Athener heimgesucht hatte, war nicht die gleiche Krankheit wie jene in London. Was im 17. Jahrhundert grassierte, war die gewissermaßen klassische Pest, die Beulenpest, der berühmte „Schwarze Tod", der in den Jahren um 1348 ganz Europa befallen und dessen Bevölkerung um ein Drittel dezimiert hatte. Sie sorgte für den eklatantesten Fall einer Epidemie, in die Literatur eingegangen durch Giovanni Boccaccios „Decamerone", jener Sammlung von hundert Geschichten, die sich Mitglieder der Florentiner Jeunesse dorée zum Zeitvertreib erzählen, während sie auf einem Landgut das Ende dieser

Pest abwarten. Die Flucht aus der Stadt schien das probate Mittel, ging man doch von »Miasmen« aus, giftigen Dämpfen, die in den Straßen lagen und alle, die sie einatmeten, infizierten. Die Ansteckung, so war man überzeugt, funktioniert augenblicklich, das Prinzip Inkubation war unbekannt; umso verstörender musste die Erfahrung wirken, dass Menschen gesund die Stadt verließen und tot wieder zurückkamen.

Der Pathomechanismus der eigentlichen Pest, die für das Konstantinopel des 6. Jahrhunderts erstmals dingfest gemacht wurde, konnte erst um 1900 restlos aufgeklärt werden. Meistens sind Flöhe in ihrer Allgegenwart die Überträger, zunächst machen sie sich an Ratten zu schaffen, sind die eingegangen, werden Menschen befallen. Alle drei Spezies gibt es in Städten zuhauf. Ist der Befall weit verbreitet genug, kommt es auch zu direkter Infizierung, die Beulen- wird durch die Lungenpest angereichert, die sich tatsächlich durch Einatmung überträgt. »Eine Schwellung in der linken Leiste, zwei Flecken auf der rechten Hüfte«, diagnostiziert Pepys bei einem Diener als Todesursache; es sind jedenfalls die Symptome, letal ist dann die Blutvergiftung, die mit ihnen einhergeht. Als der Pesterreger isoliert werden konnte, hatte die Krankheit ihren Schrecken übrigens verloren: Bessere Hygiene, eine Veränderung der Rattenpopulation und die Mutation des Bakteriums hatten die klassische Pest im 18. Jahrhundert verschwinden lassen. Doch Ersatz war schnell zur Stelle: Die neue Geisel wurde die Cholera.

Als Francesco Petrarca, der Zeitgenosse des »Schwarzen Todes«, versuchte, sich einen Reim auf die Ungeheuerlichkeiten zu machen, setzte er sich ins Verhältnis zum römischen Dichter des Untergangs von Troja: »Du siehst«, schreibt er an seinen Bruder, »in meiner Person vereint, was du über die so große Stadt bei Vergil gelesen hast: Überall herrscht gramvolle Trauer, überall Angst.«[6] Wenn sich die Ereignisse von Vergils »Äneis« schon mit der Pest in Verbindung bringen lassen, wie viel deutlicher noch muss der Vergleich ausfallen, wenn es um das

Feuer geht. Die Griechen setzten Troja in Brand, doch wer ist zur Rechenschaft zu ziehen, geht es um „The Great Fire of London"? Dass die Katastrophe epische Ausmaße hatte, wurde jedenfalls allen schnell bewusst. Kaum hatte London die Toten beerdigt und sich zu erholen begonnen, schrieben sich die Ereignisse des 2. bis 6. September 1666 in die Geschichtsbücher ein.

Der Schwarze Tod und das Große Feuer: Londons Heimsuchungen

„Gegen 3 Uhr früh weckte uns Jane und berichtete, in der City sei ein großes Feuer zu sehen. Ich stand auf, zog meinen Schlafrock über und ging zu ihrem Fenster. Ich war der Meinung, bis zur Mark Lane würde es wohl kaum gelangen, denn ich hatte keine Erfahrung mit Bränden wie dem, der folgen sollte, ich glaubte also, das Feuer sei weit genug entfernt, und legte mich wieder schlafen", schreibt Pepys am 2. September 1966. Wieder schleicht sich die Katastrophe gleichsam durch den Hintereingang ein. „Gegen 7 stand ich auf und zog mich an", fährt er fort, „vom Fenster aus schien das Feuer kleiner und weiter entfernt als in der Nacht." Er sollte sich täuschen. Immer noch schreibt man den 2. September, es ist nun Abend, und Pepys, um keine Lebhaftigkeit verlegen, bringt sich und seine Leser ganz nah heran an etwas, das langsam wie Armageddon anmutet: „Mit Einbruch der Dunkelheit konnte man immer besser sehen, in den Straßen, auf Türmen, zwischen den Kirchen und Häusern, auf dem Hügel der City, so weit das Auge reichte, grauenerregende, bösartige, blutrote Flammen ... Wir blieben, bis das Feuer in der Dunkelheit zu einem einzigen Flammenbogen wurde, der sich von hier bis auf die andere Seite der Brücke spannte ... Bei dem Anblick kamen mir die Tränen. Die Kirchen, die Häuser, alle brannten in einem einzigen Feuer, und dazu das furchtbare Fauchen der Flammen und das Krachen der einstürzenden Gebäude" (die allzu bemühte Alliteration der deutschen Übersetzung, „das furchtbare Fauchen der Flammen", gibt es bei Pepys nicht; hier heißt es ganz deskriptiv „a horrid noise the flames made").

„Mit Einbruch der Dunkelheit konnte man immer besser sehen, in den Straßen, auf Türmen, zwischen den Kirchen und Häusern, auf dem Hügel der City, so weit das Auge reichte, grauen-erregende, bösartige, blutrote Flammen": So gewahrte es Samuel Pepys, und so hält es ein anonymer Maler wohl holländischer Herkunft auf der Leinwand fest – die City of London im September 1666.

Seit 1660 lebte das Ehepaar Pepys an der Arbeitsstelle Samuels. Er war im Flottenamt beschäftigt, als Erster Sekretär („Clerk of the Acts") und damit einer der leitenden Beamten dieses „Navy Board", dem größten Arbeitgeber der Seefahrernation. Dank dieses Postens – er hatte noch weitere Ämter – durfte Pepys sich ein „Esquire" hinter den Namen schreiben und war damit mehr als ein „Gentleman". Das Flottenamt lag in der Seething Lane, zwei Querstraßen Richtung City vom Tower entfernt, im Osten der Stadt also, in der Gegend, wo es heute eine nach Pepys benannte Straße gibt. Mark Lane, die im Tagebucheintrag erwähnt wird, war die nächste Straße Richtung Westen. Das Feuer, von dessen sicherer Distanz Pepys zunächst überzeugt war, wird die Mark Lane erreichen – aber die Seething Lane verschonen. Pepys wird nicht obdachlos, die Versuche, den Nachschub an Brennbarem auszudünnen, indem man Häuser vorsorglich abreißt, werden an dieser Stelle fruchten – schließlich galt es, den Tower, die Zitadelle der Stadt, in der auch Unmengen an Schießpulver gelagert waren, zu schützen. Allein die am südlichen Ende der Seething Lane gelegene Kirche All-Hallows-by-the-Tower wird ein wenig Schaden erleiden. So kann Pepys schon am 5. September eine Art Entwarnung geben: „Gegen 7 Uhr war ich wieder zurück und erwartete schon, unser Haus in Flammen zu sehen, doch war das Feuer nicht so weit gekommen. Auch das Flottenamt war unversehrt, und ich hatte unterwegs nicht einmal gewagt, jemanden danach zu fragen. Durch die Sprengungen der Häuser ... wurde das Feuer am Ende der Mark Lane wie auch in unserer Straße tatsächlich aufgehalten – nur die Kirchturmuhr von Allerheiligen und ein Teil des Portals sind verbrannt, aber ein weiteres Vordringen der Flammen konnte verhindert werden. Ich bestieg den Kirchturm und sah von oben eine Verwüstung, wie ich sie in meinem ganzen Leben noch nicht gesehen habe."

Am 7. September ist es vorbei. Saint Paul's Cathedral und weitere 87 Kirchen, diverse öffentliche Bauten wie die Börse oder das Gefängnis von Newgate sowie alles in allem 13.200 Häuser sind niedergebrannt, die Guildhall, das Rathaus, liegt in Schutt. Mindestens 65.000, nach anderen Schätzungen 80.000 Londoner werden obdachlos. Nach offiziellen Angaben sind nur vier Menschen umgekommen: Auch wenn es mehr waren, hielten sich die Opferzahlen in erstaunlichen Grenzen. Vier Fünftel der City sind unbewohnbar, immerhin ist das südliche Ufer der Themse, ist Westminster und sind die neueren Stadtteile um Covent Garden verschont geblieben. Es gibt einen zweiten Diaristen, der eine authentische Sicht der Ereignisse überliefert, John Evelyn, ein Bekannter auch von Pepys, der sich angesichts der Zerstörung an die antike Mythologie erinnert fühlt: „Die Ruinen ähneln dem Bild von Troja; London war, aber es ist nicht mehr."[7] Pepys selber sieht die Sache prosaischer: „Zu Hause veranlaßt, daß unser Haus geputzt wird, und dann nach Woolwich, wo alle wohlauf waren."

Was war passiert? Natürlich grassieren Verschwörungstheorien, Pepys selber notiert für den 6. September, „that there is some kind of plot in

Ein Plan von London, ins Werk gesetzt nach dem Großen Feuer: Hell markiert die Zone der Verwüstung, nur die damaligen Außenbezirke, dunkler gehalten, Westminster, Covent Garden, die Gegend ganz im Osten und die South Bank, sind verschont; als Plan im Plan ein radikaler Vorschlag zum Wiederaufbau, ein strenges Raster, eine Gitterstruktur, die den Commissioner's Plan für New York vorwegzunehmen scheint.

PLATTE GRONDT
der Verbrande Stadt
LONDON

LONDONS BRANDT.

this": „Sofort regte sich bei allen der Verdacht (auch bei mir), es könne eine Verschwörung dahinter stecken (tatsächlich ist diese Meinung mittlerweile so verbreitet, daß es für einen Fremden gefährlich ist, auf die Straße zu gehen)." Wie man weiß, und irgendwann auch akzeptierte, war das Feuer in einer Bäckerei in der sprichwörtlich gewordenen Pudding Lane ausgebrochen, die Bauweise in Fachwerk, das spätsommerliche Datum, die Unaufmerksamkeit der Leute haben es weiter angefacht. Eine gehörige Portion Egoismus gehörte auch dazu. Pepys gibt sich empört gegenüber einem Verhalten, das nur an sich und die

Pepys ist als Beamter in die Rettungsmaßnahmen eingebunden, er gibt etwa Ratschläge bei der vorsorglichen Anlage von Schneisen und unterredet sich sogar mit dem König. Das hindert ihn nicht daran, seinerseits zuerst an sich zu denken.

eigene Habe denkt: „Eine Stunde lang sah ich zu", schreibt er am ersten Tag des Infernos, „wie sich das Feuer in alle Richtungen ausbreitete und niemand den Versuch unternahm, es zu löschen, sondern alle nur daran dachten, ihr Eigentum zu retten und das Feuer sich selbst überließen." Die Themse ist überfüllt mit Fahrzeugen, die wiederum überfüllt sind mit Mobiliar: „Auf wohl jedem dritten Boot, das Hausrat geladen hatte, sah ich ein Spinett." Offenbar war man wohlausgestattet in den Londoner Kreisen.

Pepys ist als Beamter in die Rettungsmaßnahmen eingebunden, er gibt etwa Ratschläge bei der vorsorglichen Anlage von Schneisen und unterredet sich sogar mit dem König. Das hindert ihn nicht daran, seinerseits zuerst an sich zu denken. Erst vergräbt er sein Geld im Garten, dann bringt er es zu einem Bekannten, dem Flottenlieferanten Sir William Rider, dessen Haus in Bethnal Green sicher war. Eintrag 10. September, als definitiv alles vorbei war: „Erfahren, daß Sir W. Rider sagt, die ganze Stadt rede über die Schätze, die er in seinem Haus horte, und er wäre froh, wenn seine Freunde auch etwas zur Sicherheit derselben tun würden. Ich besorgte daraufhin ein Fuhrwerk und holte mein Gold und Silber bei ihm ab ... Tatsächlich beherbergt sein Haus große Schätze, doch Gott sei Dank habe ich mein Eigentum sicher in Verwahrung, nämlich bei mir im Amt. Es ärgert mich allerdings, daß so viele Leute mein Geld gesehen haben." Katastrophen sind zeitlos; die Heuchelei ist es auch.

Ebenfalls zeitlos ist die Suche nach einem Sündenbock. Naturgemäß wurde er gefunden, er passte perfekt zu den Verschwörungstheorien, denn die Tatsache, dass man sich ja im Krieg befand, konnte mit berücksichtigt werden. Es wurde also ein Franzose namens Robert Hubert als der Hauptverantwortliche dingfest gemacht, auch wenn alle Spuren Richtung Eigenverschulden der Bäckersfamilie wiesen. Pepys legt sich den Tatbestand folgendermaßen zurecht, in seinem Eintrag vom 24. Februar 1667 lässt er Zweifel an der offiziellen Version nicht unberücksichtigt: Hubert „habe einen brennenden Stecken durch ein Fenster der Hofbäckerei in der Pudding Lane geworfen, obwohl der Bäcker, sein Sohn und seine Tochter geschworen hatten, daß es an der Stelle, die der Franzose nannte, gar kein Fenster gegeben habe und daß das Feuer nicht an dieser Stelle ausgebrochen sei". Dass Feindeinwirkung ins Spiel gebracht werden konnte, hatte auch einen großen versicherungstechnischen Vorteil: Laut den Londoner Mietverträgen hätten die Hausbesitzer ihre Wohnungen in unversehrtem Zustand zurückbekommen müssen, was bei mehr als 10.000 zerstörten Häusern schwierig geworden wäre; jetzt kam eine Unwirksamkeitsklausel zum Tragen, Streitfälle konnten auf ein Minimum reduziert und die Maßnahmen zum Wiederaufbau umso unverzüglicher in Angriff genommen werden. Hubert war in der Zwischenzeit gehängt worden; er würde das Business nicht mehr stören.

Umso rascher ging es nun zur Sache. Unter anderem der schon genannte John Evelyn, der architektonischer Dilettant war, und Christopher

Wren, der Verantwortliche für die Konstruktion und Rekonstruktion der zerstörten Kirchen, wurden mit Plänen vorstellig, die der Stadt eine neue urbanistische Struktur aufpfropfen sollten. Wrens sehr barocke Konzeption sah zentrale Plätze vor, von denen sternförmig Straßen ausstrahlten und nach Art einer Gartenanlage Blickachsen bildeten, die die einzelnen Bauten als Kulissen miteinbezogen. Evelyn hingegen legte eine Gitterstruktur über die Stadt, ein Koordinatensystem aus im rechten Winkel aufeinandertreffenden Avenuen. Gemeinsam brachten Wren und Evelyn die Alternativen vor: Stern, wie er

Die Leistung war erstaunlich: Der Take-off Londons zur Metropole des 18. Jahrhunderts begann mit den Konsequenzen aus der Katastrophe.

dann exemplarisch bei der Pariser Place de l'Etoile angelegt wird, oder Grid, Raster, wie es bereits in der Antike gepflegt worden war. Müßig anzumerken, dass keine der beiden Varianten, die deutlich der Vorstellung einer Idealstadt angenähert waren, realisiert wurde. Was man ins Werk setzte, war die alte Stadt mit neuen Gebäuden. Es sollte rasant gehen: 1.450 Häuser wurden allein im Jahr 1668 errichtet, bis Ende 1670 waren es bereits über 6.000, 1672 war der Wiederaufbau annähernd vollendet. Was John Dryden „Annus Mirabilis" nannte, waren deren fünf geworden. Die Leistung war erstaunlich: Der Take-off Londons zur Metropole des 18. Jahrhunderts begann mit den Konsequenzen aus der Katastrophe.

Neu gewonnener Spielraum für urbanistischen Gestaltungswillen

Vielleicht war doch ein gewisser „Plot" im Spiel. Die Handlungsanweisung wurde natürlich nicht von finsteren Mächten geschrieben, sondern von Tendenzen des absolutistischen Zeitalters. Sie handelte von Modernisierung, die Metropolen der sich mehr und mehr in den Mittelpunkt der Gesellschaften stellenden Monarchen sollten repräsentativer werden, zugänglicher, großzügiger, befreit von den mittelalterlichen Beschränkungen. Das konnte fundamentale Eingriffe in die Urbanistik bedeuten, beispielhaft vorgeführt im Rom der Päpste, das Plätze mit mittig postierten Obelisken verordnet bekam und von Straßenschneisen durchzogen wurde, die den Bewegungen von Bewohnern und Besuchern eine Art Perspektive auferlegten. Das konnte genauso bedeuten, dass die Könige und Territorialherrscher ihre Residenzen einfach versetzten, von der Enge in die Weite wie von Paris nach Versailles, vom Hügel in die Ebene wie von Heidelberg nach Mannheim, oder sie gleich in die Wiese pflanzten wie in Sankt Petersburg. Zentrum monarchischer Selbstdarstellung war nicht die Stadt, sondern der Hof, war das Schloss als Ort der aristokratischen Haupt- und Staatsaktionen, die allesamt in der Person des Herrschers kulminierten. London hatte diesbezüglich einiges nachzuholen.

1660 wurde die englische Monarchie restauriert. Karl II. war aus seinem holländischen Exil geholt – Bestandteil seiner Entourage war ein gewisser Samuel Pepys – und in Whitehall installiert worden, der alten königlichen Wohnanlage, von der heute noch die Straße zwischen Trafalgar Square und Westminster Abbey, an der die Regierungsgebäude liegen, Zeugnis ablegt. Whitehall lag außerhalb der Stadt, es war ein wenig aus der Mode gekommen. Einzig das Banqueting House, das vom wichtigsten Renaissance-Architekten Englands, Inigo Jones, geplant und von Peter Paul Rubens mit Gemälden ausgestattet worden war, befand sich auf der Höhe der Zeit. Womöglich hätte König Karl nichts dagegen gehabt, wenn all die Apparate seiner neu gewonnenen Herrschaft ein wenig modernisiert worden wären – inklusive der Hauptstadt. Es gibt durchaus zeitgenössische Belege für die Meinung, der König hätte vom Großen Feuer profitiert, zumal es die Londoner Einwohnerschaft war, die am tatkräftigsten mitgewirkt hatte, Karls Vorgänger, der auch sein Vater war und ebenfalls Karl hieß, nicht nur zu stürzen, sondern auch gleich zu enthaupten (so sagt es der allerdings bald in Ungnade gefallene Earl of Clarendon, ein Gönner übrigens von John Evelyn).[8] Pepys bemüht

„Steht sie noch?", soll Winston Churchill nach jeder Bombennacht im London Blitz der Jahre 1940/41 gefragt haben. Er meinte die Kathedrale von Saint Paul's, neu aufgebaut nach dem Großen Feuer, das Fanal der Wiederauferstehung Londons als Weltstadt. Sie sollte stehen bleiben.

sich um den gegenteiligen Eindruck: Der König, so stellt er es dar, war die oberste Befehlsinstanz, „jedes Haus ohne Ausnahme rund um den Baubestand abzureißen". Doch lassen sich derlei rigorose Anordnungen durchaus als Bestandteile eines absolutistischen „Plots" verstehen. Im Jahr 1698 sollte übrigens Whitehall brennen. Das ganze ohnedies gründlich aus der Zeit gefallene Gelände war dahin – mit einer Ausnahme: Banqueting House konnte, nun ja, gerettet werden. Die Moral von solchen Geschichten: kein Feuer ohne Interesse daran.

Ein Monument erinnert bis heute an die ominösen Tage im September. „The Monument", Christopher Wrens lapidare Säule in dorischer Ordnung ist 61 Meter hoch; fiele sie zu Boden, käme ihre Spitze, die von einer vergoldeten Urne markiert wird, genau an jener Stelle zu liegen, wo die Bäckerei in der Pudding Lane beheimatet war, von der die Apokalypse ihren Ausgang nahm. Natürlich erinnern auch die 51 Kirchen, die von Wren, und einige andere, die etwa von seinem begabtesten Nachfolger Nicholas Hawksmoor errichtet wurden, an den Brand. Allen voran Saint Paul's Cathedral. Sie ist der Briten Erinnerungsort, der Lieu de Mémoire schlechthin, das Fanal der Katastrophe und das Siegeszeichen ihrer Überwindung. „Is Saint Paul's still standing?", soll Winstons Churchill während des London Blitz gefragt haben, als eine ähnliche, womöglich weitaus gravierendere Bedrohung über der Stadt lag. Die Kathedrale steht. Städte haben ihre Beharrungskräfte.

Die feine Gesellschaft
und das Populäre

„Mit mütterlichen Armen umfängt die Stadt an der Donau den sturm-
bewegten Künstler als Heimat seiner Meisterjahre": Gern einmal lesen
sich Annäherungen an das Verhältnis des Wolfgang Theophil Mozart,
der sich Amadeus nur dann nannte, wenn er es scherzhaft meinte, zu
Wien ein wenig hochtrabend. Wolfgang Hildesheimer, der dem
Meister eine der lesenswertesten Monografien überhaupt gewidmet
hat, bringt das Verfahren auf den Begriff „Idolatrie" und kommentiert
es als „den ausschweifenden Ehrgeiz des Autors, der, angesichts des
überwältigenden Themas, höher greifen möchte, als die einfache
Feststellung es ihm gebieten würde: Mozart lebte fortan in Wien."[1]

Die Hauptstadt Österreichs und Residenz des deutschen Kaisers ist der Schauplatz von Mozarts ambitionierten Versuchen, eine Zeit der Umbrüche mit ihren eigenen, auf Freiheit angelegten Mitteln zu schlagen; und Wien ist der Schauplatz seines gnadenlosen Scheiterns.

Mozart lebte ab 1781, für den Rest seines noch zehn Jahre während en
Lebens, in Wien. Was die „mütterlichen Arme" angeht: Die Hauptstadt
Österreichs und Residenz des deutschen Kaisers ist der Schauplatz von
Mozarts ambitionierten Versuchen, eine Zeit der Umbrüche mit ihren
eigenen, auf Freiheit angelegten Mitteln zu schlagen; und Wien ist der
Schauplatz seines gnadenlosen Scheiterns. Mozart ist der erste
Freiberufler der Kulturgeschichte; seine generelle Tragik liegt darin,
dass die Unerhörtheit dieses Ansinnens sich gegen ihn wandte; seine
persönliche Tragik darin, dass er den Erfolg, der sich hätte ergeben
können, um womöglich nur wenige Monate verfehlte. In Sätzen wie
dem oben zitierten, in denen sich Rechenschaftsberichte von Musik-
liebhabern in ihren ureigenen Expressionen ergehen, spiegelt sich
entsprechend ein schlechtes Gewissen. Wien und genauso Mozarts
Geburtsstadt Salzburg halten sich alles zugute auf einen großartigen

Sohn; dass sie ihn um vieles weniger großartig behandelten, gehört zum Mechanismus einer nachholenden Heroisierung.

Mozart stirbt mit Schulden. Die letzten drei Jahre seines Lebens hatten sich die Hilfsappelle gehäuft, insgesamt zwanzig dieser berühmten „Bettelbriefe" an den Freimaurer-Bruder und Wiener Kaufmann Michael Puchberg haben sich erhalten: „Gott! ich bin in einer Lage, die ich meinem ärgsten Feind nicht wünsche", heißt es in einschlägigem Jargon. „Und wenn Sie bester Freund und Bruder mich verlassen, so bin ich unglücklicher und unschuldigerweise sammt meiner armen kranken Frau und Kind verlohren ... Mein Schicksal ist leider, aber nur in Wien, mir so widrig, daß ich auch nichts verdienen kann, wenn ich auch will; ich habe 14 Tage auch eine Liste herumgeschickt, und da steht der einzige Name Swieten."[2] Nur noch ein einziger, immerhin einer mit berühmtem Namen, der Diplomat Gottfried van Swieten, hatte sich auf Mozarts Abonnentenliste für die Konzerte, die er eigentlich regelmäßig hatte geben wollen, eingetragen. Der Absturz war gründlich, „aber nur in Wien", wie der Musiker versichert. Vielleicht hatte er recht, doch Versuche anderswo, in Berlin oder Dresden, hatten auch wenig eingebracht.

Es gibt ein Postskriptum zum Bettelbrief an Puchberg: „Ach Gott! – ich kann mich fast nicht entschließen, diesen Brief abzuschicken! – und doch muß ich es!" Ein Stakkato an Ausrufezeichen, Rhetorik und Motorik der Verzweiflung. Am beredtesten indes ist das Datum dieses PS, Mozart schreibt es so: „den 14ten Jul. 1789". Quatorze Juillet, der Tag des Sturms auf die Bastille, für den Ludwig XIV. von Frankreich in seinem Tagebuch ein einziges Wort hinterlässt, „Rien". Nichts habe sich ereignet – er meinte sein Jagdgeschick. Der König wird bald einzusehen haben, dass Glück nun eine andere Reichweite hat. „Bonheur de tous", Anspruch aller auf Wohlbefinden, steht schon in der Präambel der von der Nationalversammlung im August 1789 erlassenen Erklärung der Menschenrechte. Mozart, so darf man feststellen, hat ein solches Glück nicht mehr ereilt.

Es gehört zu den Gemeinplätzen avantgardistischer Selbstbeschreibung, dass Künstler Revolutionäre sind. Dafür ist Mozart natürlich zu früh gekommen, auch wenn sich sein Werdegang durchaus im Tunnelblick auf die revolutionären Veränderungen, die seine Epoche geprägt haben, verstehen lässt – vor allem im Hinblick auf die neue Art von Publikum, auf das er in der Not seiner Entscheidung, sich von allen höfischen, aristokratischen, an die Person eines Souveräns gehefteten Bindungen zu emanzipieren, nun vertrauen musste. Mozart steht in einer Sattelzeit, in der sich, mit einem Begriff von Jürgen Habermas, ein „Strukturwandel der Öffentlichkeit" vollzieht: Repräsentation findet nicht mehr vor dem Volk statt, sondern für das Volk, statt Klandestinität gilt nun Transparenz in der Ausübung der Herrschaft, Arkanpolitik wird durch Debattenkultur ersetzt, und die höchste Instanz ästhetischer Entscheidung ist nicht mehr der Adel, der seinen Geschmack, den aristokratischen „Gout", durchsetzt, sondern das „kulturräsonierende Publikum", wie Habermas es nennt, das einer sich demokratisierenden Gesellschaft entspricht. Natürlich vollzieht sich der Wechsel vom einen zum anderen in einem Prozess, in England setzt er früh und peu à peu ein, in Frankreich dank der Revolution abrupt und spektakulär, im deutschsprachigen Raum wie in allem, was Moderne betrifft, verspätet. Mozart lebte in der Hauptstadt des deutschsprachigen Raums, jedenfalls, das gilt es einzuschränken, in der Hauptstadt nach katholischer Fasson. Mozart kam – um es zu wiederholen – zu früh. Zu den vielen Innovationen, die sich mit ihm speziell künstlerisch verbinden, gehört jedoch, dass er auch eine Art soziologischer Neuerung verkörperte, die Hoffnung, mit der Musik auch das Publikum zu revolutionieren. Er wusste, dass er dazu einer Metropole bedurfte. Sie sollte ihn enttäuschen.

Mozart als erster Freelancer?

Zunächst lief alles nach Plan in der Hauptstadt: „Der Wolferl ist der Kayserin auf die Schooß gesprungen, sie um den Halß bekommen, und rechtschaffen abgeküsst"; so berichtet es der Vater Leopold Mozart von einem Konzert bei Hofe. Der

Hof ist Schönbrunn, die Kaiserin ist Maria Theresia, und der Wolferl ist sechs Jahre alt. Der Tag ist der 16. Oktober 1762. Leopold und seine beiden hochbegabten Kinder, Wolfgang und Maria Anna, das Nannerl, fünf Jahre älter, verbringen das Jahr mit ersten Versuchen, es an den zentralen Orten alteuropäischer Karrieren zu etwas zu bringen, an den Residenzen, wo sie sich den Mächtigen und ihren Entouragen als Zeitvertreib vorführen lassen. Sie müssen hinreißend gewesen sein in ihrer Kindlichkeit und ihrem Können, perfekte Spielzeuge, kleine Apparate, die funktionierten nach dem Modell, das die Epoche sich vom Homo sapiens insgesamt gemacht hatte: „L'Homme machine" hieß Julien Offray de La Mettries einflussreiches Werk über den Menschen als Maschine, dessen Körper als Uhrwerk abläuft, wie man umgekehrt Puppen bastelte, die sich erstaunlicherweise zu Tisch setzten. So waren die Mozarts unterwegs, um die hochherrschaftlichen Herzen zu brechen. Im Jahr darauf, 1763, machen sie sich zu einer Tournee quer durch den Kontinent auf, dreißig Monate wird die Demonstration dauern und von kleineren deutschen Höfen nach Brüssel und Paris, weiter nach London und Amsterdam und abermals nach Paris führen. Sie waren als eine Art Freiberufler unterwegs; das Honorar bestand in fürstlicher Huld, bisweilen angereichert mit einer goldenen Schnupftabaksdose, in der sich dann auch noch eine Münze befinden konnte. Anspruch darauf gab es selbstverständlich keinen. Die Macht war personalisiert, was ihr unter die Nase kam, waren Untertanen.

Mozart hatte, was Norbert Elias, der Theoretiker des Prozesses der Zivilisation, einen „Possessive Father" nennt.[3] Man kennt das eher von Müttern, doch hier hatte Leopold das psychische Rüstzeug, den Sohn unter lebenslangen Druck zu setzen. Mozart senior war seit 1757 Hofkomponist, seit 1763 Vizekapellmeister des Erzbischofs von Salzburg. Das Musikalische war dem Junior, wie man sagt, in die Wiege gelegt, die Wunderkind-Attitüden ließen nicht lange auf sich warten, auch die Schwester hätte sie besessen, würde die Zeit sie zugelassen haben. Jedenfalls dachte Leopold, sein Sohn sollte es einmal besser haben – im Rahmen dessen, was er sich zu denken erlaubte: Besser

Der kleine Mensch als perfekte Maschine: Wie Apparate funktionierten die beiden Mozart-Kinder, der Wolferl und das Nannerl, wenn sie, begleitet vom Vater Leopold, durch die Residenzen Europas tourten, um die Aristokratie für den Moment von ihrer Langeweile zu befreien; hier im Jahr 1763, der kleine Mann am Klavier ist sieben Jahre alt, seine Schwester zwölf.

haben hieß eine ähnliche Stellung wie der Vater, doch nicht an einem deutschen Duodez-, sondern an einem internationalen, einem Königs- oder gar Kaiserhof. Um das zu erreichen, ließ man sich herumreichen. Und auch der Dienstherr, der Fürstbischof des damals nicht zu Österreich gehörenden Salzburg, ließ die Preziose, die ihm da in den Schoß gefallen war, den hohen und höchsten Anverwandten und sonst wie im fürstbischöflichen Horizont Befindlichen zur Unterhaltung zukommen. Gern gab er sein Einverständnis für eine Dienstreise seiner Musici, um sie dann wieder zurückzuverfügen, wenn ihm die Leihfrist geendet schien.

Mozart gehört seit 1772 als »Konzertmeister und Hoforganist« zum Gesinde des Bischofs. 1777 bis 1779 geht er auf eine weitere Reise nach Paris, die notorisch wird: zum einen, weil sein Vater diesmal daheim bleibt; darüber hinaus, weil er unterwegs seine speziellen

Händel mit der Augsburger Cousine Maria Anna, dem „Bäsle", samt zugehöriger Korrespondenz unternimmt; des Weiteren, weil seine Mutter, die ihn begleitet, stirbt und er eine geschlagene Woche braucht, dies dem Vater brieflich mitzuteilen; schließlich, weil er umso wortreicher Klage führt über die Ignoranz und das Banausentum der Pariser feinen Leute: „So bin ich unter lauter vieher und bestien (was die Musique anbelangt), wie kann es aber anderst seyn, sie sind ja in allen ihren handlungen, leidenschaften und Paßionen auch nichts anders" – eine Klage, in der deutlich sein Verlangen nach einer Egalität durchschlägt, die sich über das Können und die Kompetenz erklärt. Zum ersten Mal mag sich kein Erfolg einstellen – Leopold macht sein Fehlen dafür verantwortlich und Wolfgang macht sich seine Gedanken in Richtung Freiheit und Abenteuer.

Aufschlussreich dafür schon die Anrede an den Dienstherrn Hieronymus Graf Colloredo, die dem Schreiben vom August 1777 mit der Bitte um Freistellung für die Fahrt vorangeht: „Ihre Hochfürstl: Gnaden Hochwürdigster des Heil: Röm: Reichs Fürst, Gnädigster Landes Fürst und Herr Herr". Man musste kein Revolutionär sein, um Adressen dieser Art keine Zukunft mehr zu geben.

Im Juni 1781 kommt es dann zum berühmten Eklat, er ereignet sich sozusagen standesgemäß mit einem Tritt in den Hintern, den ihm Graf Arco, der Oberstküchenmeister des Fürsterzbischofs und damit sein unmittelbarer Vorgesetzter, verpasst. Mozart war im März des Jahres nach Wien zitiert worden, als Bestandteil des Gefolges, mit dem sein Herr in der Hauptstadt der Habsburger zu renommieren gedachte. Dabei war er als Komponist soeben zu größeren Ehren gekommen, in München, seinerseits Hauptstadt. und zwar der Wittelsbacher, die vor einigen Jahrzehnten – nur kurz, aber immerhin – den Kaiser gestellt hatten. „Idomeneo" war uraufgeführt worden, die erste der sieben Opern, die man Mozarts Hauptwerk zurechnet, doch anstatt sich auf seinen Lorbeeren auszuruhen, durfte Mozart stante pede dem Bischof hinterherreisen, um sich im Gesinde wiederzufinden. Zum Essen nimmt er bei den Kammerdienern Platz: „Ich habe doch wenigstens die Ehre vor den köchen zu sitzen – Nu – ich denke halt ich bin in Salzburg", schreibt er dem Vater am 17. März.

Der Spagat zwischen Anspruch und Wirklichkeit wird ihm zusehends unerträglich, es kommt ein Argument hinzu, das so zeitlos ist, dass es von einem Renaissance-Maler aus Nürnberg hätte stammen können: „Ich habe ihnen schon lezthin geschrieben", wendet er sich am 4. April an den Vater, „daß mir ‚der Erzbischof' hier eine grosse hinderniß ist, denn er ist mir wenigstens 100 Dukaten schade, die ich ganz gewis durch eine ‚Akademie' In ‚Theater' machen könnte." „Der Erzbischof" steht in Anführungszeichen, die Aristokratie ist in Mozarts Gedanken längst durch eine Meritokratie ersetzt, an deren Spitze er sich imaginiert. Der Freiberufler im kapitalistischen Sinn, der zwischen Prekariat und Welterfolg seinen Habitus auslotet, nimmt Gestalt an.

Längst Gestalt angenommen hat die Überzeugung dessen, was ein Künstler ist. Auch hier kommt einem die Formulierung von Dürer her bekannt vor: „Ich habe hier", schreibt Mozart am 12. Mai an den „très cher Père" weiterhin von Wien aus, „die schönsten und nützlichsten Connaißancen von der Welt – bin in den größten Häusern beliebt und angesehen – man bezeugt mir alle mögliche Ehre – und bin noch dazu dafür bezahlt – und ich soll um 400 fl: in Salzburg schmachten – ohne bezahlung, ohne aufmunterung." In Wien ist er ein Herr, denkt Mozart, und daheim ein Schmarotzer. Das Dienstverhältnis ist an allem schuld, es muss gekappt werden. Die Freiheit winkt, und sie ist nicht nur politisches, sondern auch ästhetisches Fanal. Ab Juni 1781 ist Mozart in sie entlassen, sein weiteres Leben lang.

Vor allem auch ist die Freiheit eine Laune des Adels, denn nicht zuletzt die „Dammes", wie Mozart schreibt, legen ihm nahe, sich auf sie einzurichten. Sie „haben sich schon selbst angetragen, Billetiers auszutheilen", teilt er am 4. April dem Vater eifrig mit, nicht ohne Kalkül um dessen Zustimmung. Und am 12. Mai: „Die ganze ‚Stadt Wien weiß schon meine Geschichte' – die ganze ‚Noblesse redet mir zu'

ich soll ‚mich ja nicht einführen lassen'." Mozart wird zu einer Art
Probe aufs Exempel eines gerade in Mode gekommenen aristokratischen Demokratismus; die feine Gesellschaft badet sich für den
Moment in Liberalität, und auf der Spielwiese des Ästhetischen darf
der Meister vorführen, was ein freier Markt ist. Man sieht ihm zu und
hilft ihm sogar dabei, wie er sein Geld verdient: als Lehrer vor allem
für Klavier; als Dirigent und Interpret eigener und fremder Werke; als
Komponist; als Organisator von Kammerkonzerten auf privater Ebene
und von sogenannten „Akademien", größeren Abenden auf der Basis
von Abonnement und Ticketverkauf; und schließlich als Autor von
Druckwerken. All das hat es auch vorher gegeben; neu ist, dass in diese
Artistik kein doppelter Boden eingebaut ist, durch eine Stellung bei
Hofe, welcher Größe und Wichtigkeit auch immer. Mozart muss
zusehen, wo er bleibt. Für die ersten Jahre ist das Unternehmen
immerhin auf stetigem Erfolgskurs.

Die Initiativen zu einer neuen Offenheit erfassen insgesamt das
Wiener Leben. Heute bringt man die Atmosphäre auf das Stichwort
„aufgeklärter Absolutismus". Er hatte ein Janusgesicht: Tatsächlich ging
die Tendenz in die Richtung einer „gemeinschaftlichen Glückseligkeit",
für die dann allerdings eine „Polizey" zu sorgen hatte, die der Beförderung der allgemeinen Wohlgefühle mit ihren Mitteln Nachdruck
verlieh. Kontrolle und Disziplinierung waren die Kehrseite einer durchaus neuen und im Sinne staatlichen Gedeihens auch gut gemeinten
Aufmerksamkeit für die Bedürfnisse der Einzelnen. Zu Mozarts Wiener
Zeit, 1784, wurde beispielsweise das Allgemeine Krankenhaus an der
Alser Straße eröffnet: Kaiser Joseph II., der maßgeblich war für die
Wohlfahrtspolitik, hatte die alte Isolierstation des „Großarmen- und
Invalidenhauses" schließen und Häuser schaffen lassen, in denen die
Krankheiten, Befindlichkeiten und Gebrechlichkeiten ausdifferenziert
und individualisiert wurden: Es gab nunmehr ein Hauptspital, ein
Gebärhaus, ein Findelhaus, ein Siechenhaus und auch ein Tollhaus
– den berühmten, heute noch existierenden Narrenturm, den Signatur-
bau für die Dialektik der Aufklärung. Die perfekte Rotunde sieht im

Zentrum einen Kontrollraum vor, von dem aus ein einziger Aufseher alle Umtriebe in den ringförmig angeordneten Zellen überblicken konnte; die Architektur war auf neue Art transparent, und was sie durchscheinen ließ, waren jeweils für sich die Verhaltensweisen der jeweils für sich erfassten Internierten: Unterschiede zwischen den Menschen wurden auffällig, weil es das Bestreben gab, sie in den Griff zu bekommen. Öffnung war das Zauberwort, es ergab sich gerade dadurch, weil eine Schließung, eine Er-Schließung der Gesellschaft mit den Mitteln der Systematisierung angestrebt wurde.

Öffnung gab es nun allenthalben in Wien: 1781 schon war im Oberen Belvedere die „Kaiserliche Gemäldegalerie" zugänglich gemacht worden, 1784 erschien in der Lingua franca der Aristokratie, auf Französisch, der Katalog, dem zu entnehmen war, worum es nunmehr ging: dass es interessant sei für die Künstler und für die Liebhaber aller Länder zu wissen, dass es ein Depot der sichtbaren Geschichte der Kunst gebe (im französischen Original: „Qu'il existe actuellement un Dépôt de l'histoire visible de l'Art").[4] Sichtbarkeit war die Idee, und sie wurde beflissen durchexerziert. In diesem Sinn installierte man 1783/85 am Rande des Allgemeinen Krankenhauses das Josephinum, die medizinisch-chirurgische Akademie, die das Prinzip Öffnung auf ein bis dato eher der Unzugänglichkeit verhaftetes Phänomen übertrug: auf den menschlichen Körper. Noch heute beeindrucken die Wachspräparate, in denen die Anatomie des Menschen detailgenau zu Ausstellungszwecken verfügbar gehalten wird. Dem Zeitgeist entsprechend war Chirurgie nun das Paradigma der Medizin – nachdem bisher eher Schröpfen, Aderlass oder Baden als die vortrefflichen Therapien gegolten hatten. Aufmachen siegte über Geschlossenhalten.

Spreizschritt zwischen E- und U-Musik

Die Frage war, inwieweit dieses neue Faible für die Öffnung auch eine neue Öffentlichkeit hervorbrachte. Mozart sollte am eigenen Leib erfahren, dass das Publikum auf niederschmetternde Weise doch das alte geblieben war. Es

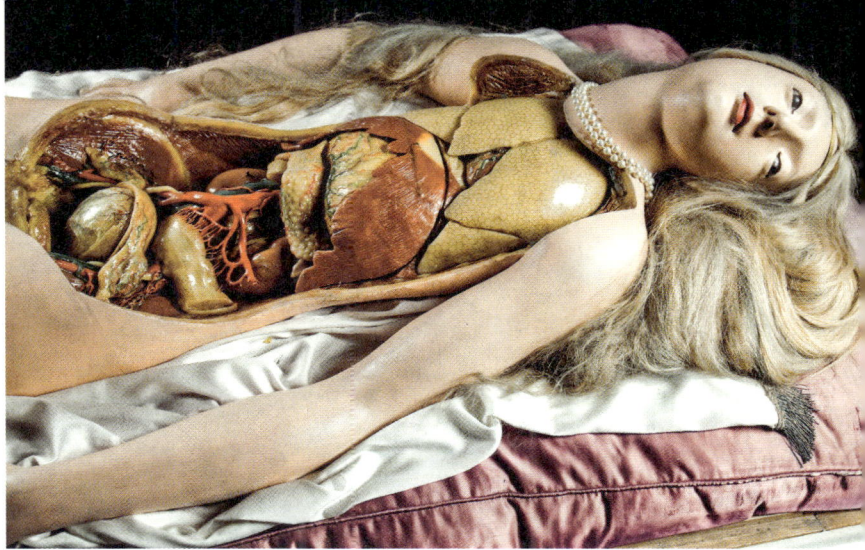

Das späte 18. Jahrhundert gilt als Zeitalter der Aufklärung, das eines der Öffnung war; auch der menschliche Körper legte seine Eingeweide offen, die Chirurgie stand hoch im Kurs, und als Anschauungsmaterial gab es Wachspräparate; noch heute ist das Wiener Josephinum, 1783 gegründet, berühmt dafür.

begeisterte sich für Moden, Raffiniertes und Geschmäcklerisches, Delikatessen und Distinguiertheit; die Bizarrerien und Exquisitheiten, unter denen Mozart und seine Musik auch nur eine weitere waren, kamen und gingen. Es gab Orte der Publizität in Wien, aber sie waren nicht abgesteckt; es gab Interesse und Neugier, aber letztlich keine Institutionen dafür, auf die man sich hätte verlassen können.

Dennoch stand die erste Hälfte von Mozarts Zeit in Wien, jene von 1781 bis etwa 1786, unter einem guten Stern: Er war die Sensation einiger Saisonen. Es lässt sich vor allem an den Adressen ermessen, an denen er Wohnung nahm, insgesamt zwölf werden es in seinen zehn Wiener Jahren sein. Am Anfang zieht er um, weil er sich peu à peu verbessern kann. Die Liegenschaften sind allesamt im Zentrum situiert, in Sichtbarkeit der Domkirche Sankt Stephan. In keiner hält er es länger als ein Jahr aus, bis er im September 1784 den Höhepunkt seines Status markieren kann. Mozart zieht mit Gemahlin Constanze – er hatte im August 1782, natürlich gegen den Willen des Vaters, geheiratet – und dem Sohn Carl Thomas, geboren 1784, in das Anwesen Schulerstraße

Ecke Domgasse, wo man ein ganzes Stockwerk bewohnt. Zweidreiviertel Jahre, bis April 1787, lebt und arbeitet er hier, um das Treppenhaus herum zieht sich im Karree eine Folge von vielerlei Zimmern, in denen die Repräsentanz, die ihm von Anfang an vor Augen stand, ihre Haupt- und Staatsaktionen abhält. Die Mozarts lebten im ersten Stock, heute sind alle vier Etagen des Hauses Gedenkstätte und stellen eine Opulenz vor Augen, die anachronistisch ist: So splendid wie dieses Denkmal tut, war Mozarts Leben in Wien nicht. Doch für den Moment der Zeit um 1785 ließ es sich nicht klagen.

Selbst der stets so skeptische Vater war begeistert, wie herrlich weit der Sohn es gebracht hatte. Am 14. Februar 1785 berichtet er seiner Tochter vom Besuch in der „Schulerstraße No. 846": „Daß dein Bruder ein schönes Quartier mit aller zum Haus gehörigen Auszierung hat, mögt ihr daraus schließen, daß er 460 fl. Hauszins zahlt ... Am Samstag war abends Hr. Joseph Haydn ... bey uns, es wurden die neuen Quartette gemacht ... Hr. Haydn sagte mir: ich sage ihnen vor Gott, als ein ehrlicher Mann, ihr Sohn ist der größte Componist, den ich von Person und dem Nahmen nach kenne ... Am Sontag abend war im Theater die accademie ... und hatte das Vergnügen alle abwichslung der Instrumente so vortreflich zu hören, daß mir vor Vergnügen die Thränen in den Augen standen, als dein Bruder weg gieng, machte ihm der Kaiser mit dem Hut in der Hand ein Compl. hinab und schrie: bravo Mozart. – Als er herauskam zum Spielen, wurde ihm ohnehin zugeklatscht."

Der Kaiser schrie „bravo", aber das Bekenntnis vor Gott kam von Haydn. Damit ist ein zweiter Name für das Dreigestirn eingeführt, das den Himmel der „Wiener Klassik" in der Musik markiert. Der Dritte am Firmament ist Ludwig van Beethoven. Mozart steht chronologisch in der Mitte, und diese Mitte erweist sich für ihn als leer. Haydn hat die Nabelschnur zum Patriarchalismus eines adeligen Gönners, in seinem Fall des Fürsten Eszterházy in Eisenstadt, nie gekappt; Beethoven wiederum wird die Früchte ernten, die Mozart gesät hat, er wird sich als der Einzelkämpfer behaupten können, dem die Unabhängigkeit des

Genius das Nonplusultra ist. Beethovens Pendant in der Politik ist nicht die Französische Revolution, sondern deren personifizierte Konsequenz, Napoleon. Einsame Größe wird nun zum kreativen Faktor. Dass insgesamt eine Situation, die die Nachwelt dann auf die Formel einer „Klassik" bringen kann, nur im Schmelztiegel einer Groß-, einer Hauptstadt entsteht, hat die Kulturgeschichte vielfach gezeigt. Insofern ist jede Innovation immer schon Gemeinschaftsgut: Das urbane Prinzip, Vermischung und Verdichtung, gilt gerade auch für das künstlerische Werk.

Am 7. April 1786 endet Mozarts große Zeit, mit einer Akademie im Burgtheater. Wolfgang Hildesheimer sieht dieses Datum als einen „Schlußpunkt ...", denn es war von hier an, daß der Virtuose Mozart an Boden verlor und als solcher bald in Vergessenheit geriet. Wie er auf diesen Verlust reagierte, ist nicht bekannt, zunächst war noch der ‚Figaro' zu bewältigen ... doch allmählich muß sich seinem Bewußtsein mitgeteilt haben, daß er nicht mehr gebraucht werde: Graf Arcos Prophezeiung."[5] Der Obersthofmeister hatte Mozart damals, als er zur Karriere ansetzte, nicht nur einen Tritt, sondern auch die folgenden Worte mitgegeben, wie Mozart sie am 2. Juni 1781 an den Vater weiter-trägt: „Glauben sie mir, sie lassen sich hier zu sehr verblenden – hier dauert der Ruhm eines Menschen sehr kurz – von anfang hat man alle lobsprüche, und gewinnt auch sehr viel, das ist wahr – aber wie lange? – nach etwelchen Monathen wollen die Wiener wieder was neues." Was sich wie ein ästhetisches Memento mori liest, verdankt sich doch auch der Einsicht in die adelige Mentalität. Der Graf Arco kannte sie einfach besser.

In diesem Sinn hatte die Kaiserin, auf deren Schoß das Wolferl einst saß, ihrem Sohn Ferdinand gegenüber eine Warnung ausgesprochen, als dieser gedachte, den Mozart, die damals noch en famille unter-wegs waren, eine Stelle an der Mailänder Oper zu geben: „Wenn Ihnen das Spaß macht", wendet sich Maria Theresia im Dezember 1771 an den Erzherzog, „will ich Sie gewiß nicht hindern. Was ich sage, ist, Sie

sollen sich nicht mit unnützen Leuten belasten."[6] „Unnütze Leute",
und das aus dem Mund einer Person, deren Raison d'Être in der
Demonstration der eigenen Untätigkeit besteht: Mozart jedenfalls ist
den Makel, der ihm hier auf den Leib geschrieben wurde, nicht mehr
losgeworden, schon gar in der feinen Gesellschaft der Kaiserstadt.

Womöglich hat der „Figaro", mit dem Mozart auf dem Weg in den
Abstieg beschäftigt war, zum Ruin beigetragen. Die Geschichte vom

Dass insgesamt eine Situation, welche die Nachwelt dann auf die Formel einer „Klassik" bringen kann, nur im Schmelztiegel einer Groß-, einer Hauptstadt entsteht, hat die Kulturgeschichte vielfach gezeigt. Insofern ist jede Innovation immer schon Gemeinschaftsgut: Das urbane Prinzip, Vermischung und Verdichtung, gilt gerade auch für das künstlerische Werk.

Grafen Almaviva, der in großer, sich für aufgeklärt haltender Geste auf
ein altes Privileg des Adels, das Recht der ersten Nacht, verzichtet, um
das dann doch zu bedauern; die Geschichte, die auf ein Theaterstück
des französischen Gesellschaftskritikers Beaumarchais zurückgeht und
von Lorenzo da Ponte in ein süffisantes Libretto umgestaltet wurde;
die Geschichte, die den Dienern die zentralen Rollen gibt und den
Aristokraten als lächerliche Figur hinterlässt; diese Parodie auf das
höfische Intrigenspiel, in dem sich letztlich alle verfangen, mochte für
die Saison durchaus gefallen. Mozarts erste Da-Ponte-Oper wurde auf
eine Art populär, dass er in seiner zweiten, seiner größten, dem „Don
Giovanni", auf sie anspielen konnte – doch fiel dieses Selbstzitat in
eine Phase, da der Ruf schon zerstört war. „Le nozze di Figaro" hatte
seine Premiere am 1. Mai 1786 im Wiener Burgtheater; für die Urauffüh-

rung des „Don Giovanni" am 29. Oktober des darauffolgenden Jahres musste man dann schon nach Prag ausweichen – in eine ehrwürdige Stadt, die ihre große Zeit ihrerseits hinter sich hatte.

Ein neues Publikum in der Vorstadt

Im April 1787 war Mozart umgezogen, in die Landstraßer Hauptstraße und damit in die Vorstadt. „Dein Bruder wohnt itzt auf der Landstrasse No. 224", teilt Leopold Mozart am 11. Mai der Tochter mit. „Er schreibt mir aber keine Ursache dazu, gar nichts! Das mag ich leider errathen!"[7] Tatsächlich war unschwer zu erraten, was die Gründe waren. Sie werden sich verschärfen, in rascher Folge wechselt Mozart die Wohnungen, zieht, von Dezember 1787 bis Juni 1788, wieder in die Innenstadt, zieht sodann wieder hinaus, diesmal in die Währinger Straße. wieder hinein, zunächst an den Judenplatz und dann, im September 1790, in die Rauhensteingasse; hier stirbt er schließlich, am 5. Dezember 1791, an – wie es die Medizin damals auf den Punkt brachte – „hitzigem Frieselfieber". Müßig anzumerken, dass keine der Liegenschaften, die man auch Absteigen nennen könnte, heute eine Gedenkstätte darstellt; eine Plakette an einigen Hauswänden darf genügen. Natürlich hat er ein Ehrengrab auf dem erst in den 1870ern angelegten Wiener Zentralfriedhof. Beerdigt indes wurde er auf dem Sankt Marxer Friedhof, einem Prestigeprojekt der sanitären Maßnahmen unter Kaiser Joseph II. Dass Mozart auf eine Art unter die Erde kam, die man verscharren nennen könnte, hat mehr mit der damals neuartigen Aufmerksamkeit für Hygiene zu tun als mit seiner Armut.

Dass die Existenzweise, die ihn am Ende am Wickel hatte, über Armut hinausgeht, belegen seine Schulden. Mit 1.415 Gulden steht er allein bei Puchberg in der Kreide, das entspricht ungefähr drei Jahreseinkommen einer „bürgerlichen Familie", wie man Joseph Pezzls 1786 bis 1790 herausgebrachter „Skizze von Wien" entnehmen kann.[8] Natürlich hatte er es sich nicht nehmen lassen und musste es auch angesichts der adeligen Kreise, auf die er angewiesen war, an den Tag legen, auf großem

Fuße zu leben. Seine Frau verbrauchte ansehnliche Summen bei ihren Kuren in Baden; offenbar hat er selbst gern bei irgendwelchen Kartenspielen verloren; und nachdem sein Leumund irgendwann nicht mehr der beste war, musste er seine Mieten vorschießen: „Weil mein hausherr", heißt es in einem Bettelbrief an Puchberg vom 17. Juni 1788, „so indiscret war, daß ich ihn gleich auf der stelle : um ungelegenheit zu vermeiden : auszahlen musste, welches mich sehr in unordnung gebracht hat!" Finanziell war dieses Freiberuflertum ein Desaster. Es ist ein schwacher Trost, dass Mozart den Wegbereiter schlechthin für die Akzeptanz abgibt, dass Künstler nicht mit Geld umgehen können.

Was waren, neben dem gelinden Affront durch den „Figaro", die Gründe für Mozarts zunehmenden Misserfolg in seinem angestammten Zirkel? Es gab äußere Umstände, die es dem Adel geraten sein ließen, sich mit anderen Dingen als der Musik zu beschäftigen – 1787 lebten die Türkenkriege, Wiens Erbe seit Jahrhunderten, wieder einmal auf; 1789 ereignete sich eine gewisse Revolution: Es lässt sich indes nicht sagen, dass Mozarts Konkurrenten, voran der umtriebige und in der Mozart-Hagiografie als Gottseibeiuns gehandelte Antonio Salieri, an der Außenpolitik gelitten hätten. Dann das Publikum: Dessen engerer Kreis rekrutierte sich aus dem Hochadel, der, wie erwähnt, Moden besonders eifrig folgte und seine Günstlinge schlechterdings fallenließ, drohte so etwas wie Langeweile; dann gab es, anonymer, die Subskribenten seiner Konzerte, die zwar von Adel, aber relativ jung waren und am Anfang von Karrieren standen, die sie beim Militär zu machen beabsichtigten – sie waren besonders sensibel für die wechselnden Umstände; schließlich gab es die höheren Töchter, die Unterricht bei ihm nahmen; wie es aussieht, lieferten sie den Schlüssel zum Scheitern.

Dieser Schlüssel greift in das Phänomen des Dilettantismus. „Um beyfall zu erhalten", hatte Mozart am 28. Dezember 1782 dem Vater gegenüber kalkuliert, „muß man sachen schreiben, die so verständlich sind, daß es ein fiacre nachsingen könnte, oder so unverständlich – daß es ihnen, eben weil es kein vernünftiger Mensch verstehen kann, gerade eben deswegen gefällt." Einen solchen Spreizschritt zwischen anspruchsvoll und eingängig, zwischen E- und U-Kultur, zwischen High und Low hatte er in seinen erfolgreichen Jahren gemeistert. Nun ist es damit vorbei: Der Adel wendet sich ab, weil Mozarts Musik vollends als jene Herausforderung im Raum steht, die sie immer schon war, aber für den modischen Moment eine Messlatte legte, die man Laune hatte zu meistern; wer als Aristokrat gewohnt ist, den eigenen Geschmack als verbindlich durchzusetzen, lässt sich die Demonstration von Meisterschaft dann doch irgendwann nicht mehr gefallen. Und das Bürgertum steigt erst gar nicht darauf ein, denn Mozart gilt als Lieferant von Gefälligkeiten für die Liebhaber, die nunmehr gleichgesetzt werden mit Nichts-Könnern; bezeichnend eine Rezension vom Juni 1788 aus dem „Journal des Luxus und der Moden", herausgegeben von Friedrich Justin Bertuch, dem Verleger aus Weimar, wo Schiller und Goethe zusammenarbeiten und sich „Ueber den Dilettantismus" alterieren werden: „Dieses Mozartsche Produkt aber ist wirklich kaum auszuhalten, wenn es unter mittelmäßige Dilettanten-Hände fällt."[9] Der adelige Freund wohlfeilen Zeitvertreibs wird denunziert als Amateur; das Generalistentum, das er verkörpert, gerät ins Hintertreffen gegenüber dem bürgerlichen Spezialisten. Mozart war Spezialist über die Maßen, doch er fand sich wieder zwischen den Fronten.

Nach Mozarts Tod hat sein Gönner und Geldgeber Puchberg die Schulden nicht eingetrieben. Das war auch nicht nötig, die Witwe Constanze konnte sie bald problemlos zurückzahlen. Postum brach sich dann die Karriere die Bahn, wie sie heute noch anhält. Sie nahm ihren Ausgangspunkt an einem Ort, den weder die adeligen Kulturdilettanten noch die bürgerlichen Kulturspezialisten im Auge hatten: in der Vorstadt. „Wegen dem sogenannten Populare sorgen Sie sich nichts, denn in meiner Oper ist Musik für aller Gattung Leute", hatte Mozart am 16. Dezember 1780 von den Proben zum „Idomeneo" an den Vater geschrieben.[10] Genau dieses „Populare" verhilft ihm jetzt zum allzu nachträglichen Aufstieg. Eine „Opera" gibt es dazu, es ist die

Mozart als Punk: In Milos Formans Film „Amadeus" von 1984 gibt Tom Hulce eine Titelfigur, die das Milieu des Kaiserhofes mit Attitüden eines Musikers von heute füllt, als genialischer Nonkonformist, zwar kein Bürger-, dafür eine Art Hochadels-Schreck.

„Zauberflöte", uraufgeführt nach dem Libretto des Emanuel Schikaneder am 30. September 1791 im Theater im Freihaus auf der Wieden, dort, wo heute der Wiener Naschmarkt lockt. Schikaneder war der Impresario des Etablissements, das Publikum war bestenfalls kleinbürgerlich, doch gehört zu der Demokratisierung, die sich anbahnt, dass auch diese Form von Rezeption eine gesellschaftliche Größe wird. Die Vorstadt, die kleinen Leute, die Volksmusikanten zeigen, dass es im Wettstreit zwischen Aristokratie und Meritokratie eine dritte Instanz gibt: das „Populare", getragen von einer Schicht, die Jürgen Habermas ein wenig despektierlich das „kulturkonsumierende Publikum" nennt.

Mit ihm ist der Komponist zu Amadeus geworden. Natürlich wird heute fürchterlich großgetan mit ihm und räsoniert über die Maßen. Doch bei aller Arbeit an der Hochkultur ist Mozart bis heute schlechterdings populär. Er war nach Wien gegangen, weil er die Metropole als vielfältig und polyglott genug erachtete, ihm ein Dasein als freiberuflicher Lieferant für alles Gute-Wahre-Schöne zu ermöglichen. Er sollte recht behalten, die Stadt trug ihn in die Weltgeltung. Die Atmosphäre indes, die seinen Aufstieg umgab und die auf ihre Art urban war, entfaltete sich in der Vorstadt. Die seltsamen Wohnungswechsel in späten Jahren, in die Außenquartiere und wieder ins Zentrum, mögen belegen, dass ihm die Möglichkeit, hier sein Milieu zu finden, wenigstens schwante.

ÉDOUARD MANET UND DAS PARIS
DES ZWEITEN KAISERREICHS

Mode und
Modernität

Eine Gesellschaft im Grünen: Das Bild, das Édouard Manet im Jahr 1862 von ihr auf die Leinwand bringt, trägt den Titel »Musik im Tuilerien-garten«, doch von einem Konzert ist nichts zu sehen geschweige denn zu hören. Der Blick ist auf das Publikum gerichtet, und auch hier ist die Aufmerksamkeit eher ziellos, zerstreut zwischen den Sensationen, die die Beteiligten selbst darstellen. Die Frauen in ihren ausladenden Sommermäntelchen und ihren Promenadenkostümen, mit ihren Häubchen und Hütchen, sind sitzend dargestellt, kein Wunder, was ihnen die Couture der Saison verschreibt, trägt sich eher mühsam. Die Herren stehen, unterhalten sich, machen Honneurs, auf fast schon uniformierende Weise sind sie allesamt ausgestattet mit heller Hose, schwarzem Gehrock und Zylinder. Die Atmosphäre ist sommerlich, sie ist sonntäglich, ein Streifen blauen Himmels dringt durch das Laub-werk, und bei aller Gedrängtheit atmet das Geschehen eine gewisse Lockerheit.

Die Menschen, die Manet sich vorgenommen hat, um sie zu porträtieren, sind nicht anonym. Im Gegenteil, sie gehören in die unmittelbare Umgebung des Malers, der gerade dreißig Jahre zählt. Sich selbst hat er auch dargestellt, ganz am linken Rand blickt er aus der Szenerie heraus und auf die Stelle, an der er sich eigentlich befände, würde das Werk gerade entstehen und eine Staffelei aufgestellt sein. Wie die beiden Herren neben ihm führt er den Stil der Zeit vor, stattlich in Schwarz, vollbärtig und mit jenem eigenartigen Plateau von oben her, das der Zylinder abgibt. Fast alle, die mit aufs Bild durften, lassen sich identifizieren: Links im Bild etwa sitzt Zacharie Astruc, ein Dichter, Manet wird ihn einige Jahre später separat verewigen; der hochgewachsene Herr links vom Baum dahinter ist Henri Fantin-Latour, Kollege von Manet, berühmt für seine Gruppenbildnisse; der kleinere im Profil, dessen Silhouette vollständig in die Kontur des Baumes eingepasst ist, stellt Charles Baudelaire dar, den bedeutendsten Weggefährten Manets. Die beiden Damen im raumgreifenden Beige ihrer Umhänge sind Madame Lejosne, in deren Haus der Maler verkehrte, und – das ist jedoch

nicht ganz sicher – Madame Offenbach, die Gattin des Operetten-
komponisten, der auch zu sehen ist, weiter rechts im Bild, sitzend,
mit Zylinder und Schnurrbart, auch sein Konterfei ist gerahmt von
den Linien eines Baumstammes.[1] Die Aufzählung ließe sich
fortsetzen, festzustellen ist, dass Manet eine Art Innenansicht des
Pariser Kulturbetriebs lieferte, mit Musikern und bildenden
Künstlern, mit Sammlern und Förderern, Literaten, Kritikern und
deren Gefährtinnen. Bei aller sich im Konfusen verlierenden Vielfalt
ist das Gemeinte durchaus homogen; fokussiert ist, wie gern einmal,
wenn Metropolen sich von ihrer lebens- und liebenswerten Seite
zeigen, auf eine Szene, eine Nachbarschaft. Natürlich wohnen sie
alle an verschiedenen Orten, doch für den Moment suchen sie
ihresgleichen.

Auch wenn man sich im Freien befindet, ist es so etwas wie die
gute Stube, in der Manet seine Milieustudie betreibt. In seiner
Heimeligkeit bleibt es eine Art Interieur, was Manet skizziert,
jedenfalls stellt es eine Interferenzzone von Innen und Außen dar,
ähnlich den Passagen, die gerade en vogue sind. Es ist ein
öffentlicher Ort, kein privater, doch nach allen Koordinaten der
sozialen und kulturellen Zugehörigkeit bleibt man unter sich. Der
Schauplatz ist ein Park, der Jardin des Tuileries, den es heute noch
gibt, weniger lauschig, aber genauso überfüllt, jene Gartenanlage, die
den Louvre mit der Place de la Concorde verbindet. Zu Manets
Zeiten war das Areal deutlich geschlossener, denn der ausgreifende
Louvre-Flügel, wie er die Seine entlang nach Westen weist, war an
ein Schloss angefügt, den Palais des Tuileries, der im Gefolge der
Pariser Kommune im Jahr 1871 abbrannte und dann abgeräumt
wurde. Der Tuileriengarten ist ein Parterre, wie es typisch ist für die
barocke, französische Konzeption, er besteht aus Bepflanzungen in
ornamentalen Mustern, auf einer Ebene ausgebreitet; die Bosketten,
die Wäldchen, lagen seitlich davon, und genau hierhin hat sich
Manets Gesellschaft, um der Musik willen und um unter sich zu
sein, verfügt.

Manets „Tuileriengarten" von 1862: Ganz links, vom Bildformat überschnitten, ist der Maler zu sehen, und er zeigt sich nicht bei der Arbeit, sondern im Sonntagsstaat mit seinesgleichen, mit Kollegen, Sammlern, Kritikern, mit dem Personal dessen, was man Kulturbetrieb nennen könnte.

Öffentlich, aber doch unter sich: die Stadt als Wohnzimmer

Manets Gemälde ist nicht impressionistisch. Dafür ist es zu früh entstanden. Dafür vor allem ist die Methode des Farbauftrags zu wenig auf Gleichmäßigkeit, auf Überzug, auf die Isomorphie von Farbe auf Fläche ausgerichtet. Manet interessiert sich für einzelne Elemente, greift sie als Gesichter, als Accessoires der Kleidung, aber auch als koloristischen Akzent heraus, während andere Partien seines Bildes in Indifferenz verschwinden, so, als gingen sie den Maler nichts an. Entsprechend gibt es keine nachvollziehbare Logik, nach der Manet seine Aufmerksamkeit verteilt hätte: Für den Impressionismus, dem er sich ein Jahrzehnt später anschließen wird, ist Manets Malerei zu wenig apparathaft, zu wenig selbstkontrolliert, zu spontan und zu subjektiv; nichts von Anpassung der künstlerischen Mittel an eine gleichsam von selbst ablaufende Motorik, bei der das Motiv über das Auge in den Arm und von dort über den Pinsel auf die Leinwand übergeht; nichts von einer solcherart fotografischen Anverwandlung der Dinge der Welt. Manet beobachtet; einiges findet er bemerkenswerter als anderes, und genau das sieht man dem Werk an. Alles mag längst gleich gültig sein; doch Manet erlaubt sich, dem mit einer eigenen Verteilung von Gleichgültigkeit zu begegnen. Und der gravierendste Unterschied zum impressionistischen Verfahren: Manets Gemälde verdankt sich nicht dem Plein Air; es ist keine Freilichtmalerei, und sich vorzustellen, in dieser delikaten Gesellschaft, in die Manet sich selbst hineinstellt, stünde einer mit Malkittel und Palette in der Hand, wäre grotesk. Manet zeigt, wie er sich sieht: mit Rock und Zylinder. Peu à peu sind Skizzen der Herr- und Damenschaften entstanden, gezeichnete, jedenfalls grafische; sie zum Gemälde zu fügen, ist Sache der Zurückgezogenheit im Atelier.

Dabei macht die Versammlung eine Art Inventur. Die Definition von Zugehörigkeit, die das Bild umreißt, dieses Ausmessen von Neighbourhood erfolgt in einem Moment, da Baudelaire ausruft: »Paris change!« Und wie sich Paris verändert. Zwar ist der Tuileriengarten ein

Monument des längst Vergangenen, doch um die Anlage herum werden Häuser abgerissen, Schneisen durchgebrochen und Boulevards angelegt. Paris wird, mit dem einschlägigen Begriff, haussmannisiert. Immer schon unterlagen große Städte großen Veränderungen, doch die Baumaßnahmen, die der Präfekt von Paris Georges-Eugène Haussmann im Auftrag des Staatsoberhaupts der Hauptstadt angedeihen lässt, sind auch im modernisierungswütigen 19. Jahrhundert unerhört. Stand man vor der Fassade des Tulerienschlosses und

Dabei macht die Versammlung eine Art Inventur. Die Definition von Zugehörigkeit, die das Bild umreißt, dieses Ausmessen von Neighbourhood erfolgt in einem Moment, da Baudelaire ausruft: „Paris change!" Und wie sich Paris verändert.

blickte vom Park aus nach Norden, konnte man das Areal sehen, an dem in aller Gründlichkeit zu Werke gegangen wurde: Die Oper, heute noch Fanal einer als „belle" apostrophierten Epoche, wurde 1860 begonnen, die Avenue, die vom Louvre her auf sie zuführte, sollte ab 1864 gebaut werden. Und mit ihr werden die Grands Boulevards angelegt, die schnurgeraden Straßen, gesäumt von Häusern mit schnurgeraden Fassaden, deren horizontale Fluchten, von Gehsteigen, Gesimsen, Balkonen markiert, ins Unendliche weisen – dorthin, wo man den Zielpunkt der unablässigen Bewegung, die sie suggerierten, vermutete, nämlich in die Motorik als Selbstzweck. Das Stakkato des ewig Gleichen war eine Einladung an alles, was Verkehr bedeutete. Man wurde weitergetragen, weitergeleitet an einen Ort, von dem man womöglich nicht wusste, wozu er diente, aber jedenfalls war man schneller dort. Ein Vierteljahrhundert später kommt noch der Eiffelturm hinzu und kippt die Kühnheit der unablässigen Waagrechten in die Senkrechte – eine Darbietung von Zeitgemäßheit, die in der Autonomie der dynamischen Form liegt.

Während Paris seinen großen Umbau, seine Haussmannisierung, erfährt, zieht Charles Marville durch die Stadt und hält fest, was bald unwiederbringlich vorbei sein und was kommen wird: Die Fotografien, hier ein Blick auf die entstehende Avenue de l'Opéra – das Gebäude Charles Garniers erhebt sich dräuend im Hintergrund –, sind durchaus propagandistisch gemeint, als Belege für die notwendige urbanistische Sanierung.

Womöglich sollten die Boulevards, in sozusagen politischer Funktion, verhindern, wovon Paris in den vergangenen Jahrzehnten heimgesucht wurde: Revolutionen. Deren vier hatte es bis dahin gegeben, eine zentralistisch autorisierte Hauptstadt ist Voraussetzung für die Kundgabe und vor allem die anschließende Durchsetzung eines kollektiven Willens. Boulevards waren gut gegen Barrikaden, doch wie man weiß, sollten sie die nächste, die im sozialistischen Traumland der Kommune ihr allzu realistisches Scheitern erfuhr, nicht verhindern. Es hatte noch eine andere Art von Revolution gegeben, weniger gruppen-dynamisch als im Namen eines Einzelinteresses vollzogen, den Staatsstreich des Jahres 1852, mit dem sich der seit vier Jahren als Präsident amtierende Louis-Napoléon Bonaparte zum Kaiser machte. Die Tragödie des großen Napoleon kehrte, in der schönen Wendung von Karl Marx, als Farce wieder, an der Spitze der immer noch im Erhabenen schwelgenden „Grande Nation" stand nun eine Figur, die perfekt zu den Operetten ihrer Zeit passte. Umso ambitionierter trieb dieses „Second Empire" Politik, die baulichen Ausdruck in der Umgestaltung der Kapitale finden sollte, bei der kein Stein auf dem anderen bleiben würde. Noch heute ist Paris die Hauptstadt des 19. Jahrhunderts. Und noch heute sind nicht nur die Kühnheit und der Rigorismus dieser Projekte zu bewundern, sondern auch ein Esprit, eine Vitalität und die schlichte Perfektion urbaner Umgebung – was ihnen seinerzeit, als Napoleon III. allenthalben als lächerliche Figur gesehen wurde, niemand zugestanden hätte.

So erging es auch Charles Baudelaire. 1857 hatte er seine »Fleurs du Mal« veröffentlicht, »Die Blumen des Bösen«, eine Anthologie seiner lyrischen Produktion mit genau hundert Gedichten, hochkomplexen Gebilden von teils erotischer, teils esoterischer Anmutung, in den Abgründen des Grauens und im Elysischen des Begehrens vagierend. Das Ganze ging vor den Zensor, einige der allzu deutlichen Andeutungen mussten herausgenommen werden, als es 1861 zu einer zweiten Auflage kam. Hier nun ist der Bestand auf 126 Gedichte ausgebaut, und es gibt zu den bisher fünf Abteilungen eine sechste: »Tableaux parisiens« ist sie betitelt, denn in der Zwischenzeit hatte sich gerade im Stadtbild von Paris einiges ereignet, was nahelegte, einen neuen Themenkreis aufzumachen. »Paris change!« sind die Anfangsworte des zweiten Teils von »Le Cygne«, einem der neu hinzugekommenen Werke, im Januar 1860 erstmals als Einzelstück publiziert. »Le Cygne«, der Schwan, trägt im Titel »la signe« mit sich, denn natürlich ist alles zeichenhaft zu verstehen, was Baudelaire anruft. Doch wird auch auf den gravitätischen Vogel angespielt, der »devant ce Louvre« seine Kreise zieht, im Park und damit ungefähr dort, wo wenig später auch Manet die Veränderungen verfolgt, um sie zu bannen. »Paris change! Mais rien dans ma mélancolie / n'a bougé! Palais neufs, échafaudages, blocs / Vieux faubourgs, tout pour moi devient allégorie / Et mes chers souvenirs sont plus lourds que rocs«[2]: Neue Paläste mischen sich mit alten Vorstädten, Gerüste und Blöcke schieben sich heran; alles ist dem Dichter Allegorie, und die reimt sich perfekt auf Melancholie. Schwer wie Felsen liegen die Erinnerungen auf seiner Seele.

Manet als „peintre de la vie moderne"

Manet und Baudelaire waren, wenn nicht Freunde, so doch Kombattanten in den ästhetischen Scharmützeln, die sich in der Metropole unermüdlich ergaben. Manet, Sohn aus gut situiertem Hause, der auf die Verkäufe seiner Bilder nicht angewiesen war, fand sich zudem als Gläubiger des stets von Schulden durch die Welt getriebenen Baudelaire wieder. Von Brüssel, einem seiner Fluchtorte, aus hatte der Dichter dem Maler einen Brief zukommen lassen, deswegen ist ausnahmsweise überliefert, was sonst mündlich blieb. Manet hatte Baudelaire, der auch als Kritiker ausgewiesen war, offenbar um Rückendeckung gebeten; es ging um das Gemälde der „Olympia", das im Salon von 1865 einen Skandal entfacht hatte, ganz contre coeur des Künstlers, der, anders als die Meistererzählungen der Avantgarde es wollen, niemals auf Provokation erpicht war. Manet solle sich nicht so anstellen, repliziert Baudelaire, andere – er nennt unter anderem Richard Wagner – würden ebenso auf Unverständnis treffen, und im Übrigen sei er, Manet, auch nur der Erste in seiner „Kunst, während sie dem Verfall entgegen geht".[3] Baudelaires Melancholie war tiefschürfend. Dies hielt Manet nicht davon ab, dessen Gedanken so zu nehmen, als lieferten sie das Manifest seiner Kunst. Édouard Manet wird, mit Baudelaire als Programmatiker, zum exemplarischen Maler der Modernität.

„Le peintre de la vie moderne" heißt Baudelaires Text, der Manet auf den Leib geschrieben ist. Im Dezember 1863 im „Figaro" publiziert, geht er auf frühere Arbeiten zurück, sodass Manet ihn zweifellos vorab kennen konnte. Die Diskussionen, die in ihn einflossen, die Lebensumstände, die ihn bewirkten, galten ohnedies schon länger. Mit dem „Maler des modernen Lebens" ist aber nicht Manet angesprochen, sondern der heute nur noch durch diesen Essay bekannte, etwas blutleere Aquarellist und Illustrator Constantin Guys. Doch natürlich muss man an den Modernsten der damals Modernen denken, an den Urbansten der Avancierten und an den Komplexesten aller bildenden Künstler im Grunde bis heute: Édouard Manet. Baudelaires Text beschreibt weniger eine individuelle Eigenart als die städtische Mentalität generell. Sie kommt zur Kenntlichkeit im Flaneur: „Die Menge ist seine Domäne, wie die Luft des Vogels, wie das Wasser des Fisches Domäne ist. Seine Leidenschaft und sein Beruf ist, sich der Menge zu vermählen. Für den vollkommenen Flaneur, für den passionierten Beobachter ist es ein ungeheurer Genuß, in der Menge zu hausen, im Wogenden, in der Bewegung, im Flüchtigen und Unendlichen. Außerhalb seines Heims zu sein, und doch sich überall bei sich daheim zu fühlen; die Welt zu sehen, im Mittelpunkt der Welt zu sein, und der Welt verborgen zu bleiben: das sind ein paar der geringsten Genüsse dieser unabhängigen, leidenschaftserfüllten, unvoreingenommenen Geister."[4]

„Etre hors de chez soi, et pourtant se sentir partout de chez soi" – außerhalb seines Heims zu sein, und doch sich überall bei sich daheim zu fühlen: Das wäre der Satz für die Beteiligtheit, wie sie Manet den Menschen verschreibt, wenn sie sich im Tuileriengarten treffen, und wie er sie sich selbst verschreibt als Beobachter dieser Beobachter; der Ort ist die Öffentlichkeit, die man indes behandelt und auf sich bezieht, als kennzeichne sie das Private. Man gehört dazu und dann auch wieder nicht, man ist „impartial" – „unvoreingenommen", wie es in der Übersetzung heißt. Ein anderer Begriff Baudelaires für diese Haltung, diese Attitüde, diesen Metropolitanismus lautet „indifférence". Gustave Flaubert, das Pendant zum Maler Manet und zum Lyriker Baudelaire, was den Roman angeht, nennt es, in seinem Opus magnum „Madame Bovary", wiederum „désinvolture". Stets ist in etwa das Gleiche gemeint: eine Unbeteiligtheit, die beobachtend und distanziert, dabei aber auch solidarisch ist, denn diejenigen, die sie an den Tag legen, wissen um die notwendige Einsamkeit, die Melancholie und das Solitäre, das sie fordert. Der Flaneur ist der exemplarische Großstädter. Er fühlt sich daheim in der Menge, und wenn er sich an die Orte begibt, wo sie zu finden ist – Straßen, Plätze, Parks –, dann folgt er, um einen anderen Großstädter, Horaz, zu zitieren, dem Zufälligen einer Gewohnheit.

Der Umbau von Paris kam dieser Form von desorientierter Umtriebigkeit speziell entgegen. Vieles war noch aus dem Mittelalter überkommen, als Hauptwege ins Zentrum galten die Rue Saint-Jacques von Süden und die Rue Saint-Martin von Norden her; mit der Haussmannisierung wurden ihnen nun parallele Boulevards verordnet, Saint-Michel und Sebastopol, breite Ein- und Ausfallsstraßen, auf denen es sich ungestört bewegen ließ. Paris war natürlich immer schon verändert worden. Unter den Königen des 17. Jahrhunderts waren ganz aus

Der Flaneur ist der exemplarische Großstädter. Er fühlt sich daheim in der Menge, und wenn er sich an die Orte begibt, wo sie zu finden ist – Straßen, Plätze, Parks –, dann folgt er, um einen anderen Großstädter, Horaz, zu zitieren, dem Zufälligen einer Gewohnheit.

barockem Geist gestaltete monumentale Platzanlagen entstanden, die Place des Vosges, die Place Vendome oder die Place des Victoires. Napoleons urbanistische Leistung bestand vor allem in der Anlage der Rue de Rivoli, die, an Louvre und Tuileriengarten vorbei, das mittelalterliche Paris mit jenem des Ancien Régime, die Place de la Grève vor dem Rathaus mit der Place de la Concorde verband: Diese Prachtstraße, ein Exempel frühmodernen Elans, lieferte einen Vorschein des Kommenden, sie war in gerader Linie gezogen, hatte Arkaden und formulierte in ihren Fassaden eine Vereinheitlichung, sodass sie ihrerseits als Interieur funktionierte – wie jene ins Innere verlagerten Straßenräume, wie sie ein wenig später, in den 1820ern, in Gestalt der Galerie Vivienne oder der Galerie Colbert konstruiert wurden. In diesen Passagen, von Glasdächern geschützt und erhellt, hielt sich der Dandy auf, jene Figur aus ästhetizistischem Geist, der vier Stunden brauchte, um auszusehen, als wäre er gerade aufgestanden, oder der etwa eine Schildkröte an der Leine führte, die ihm den Takt seiner

Schritte vorgab. Der Dandy, legendär geworden in Schönlingen wie Beau Brummell, dem speziellen Freund des englischen Thronfolgers und nachmaligen Königs George IV., der dem Zeitalter den Namen „Regency" gab, ist individueller, narzisstischer, egozentrischer als der Flaneur, er möchte weniger sehen als gesehen werden, und seine Rastlosigkeit hat etwas Gehandicaptes. Mit einem Wort: Der Dandy gehört in die Passage, der Flaneur auf den Boulevard.

Dandy und Flaneur als exemplarische Großstädter

Zeit seines Schaffens wohnte und arbeitete Manet in einer Gegend, die von der Stadterneuerung besonders betroffen war. Im achten Arrondissement, nördlich der Gare Saint-Lazare, war sein Quartier; zwischen 1860, jenem Jahr, für das man den Beginn seines Œuvres ansetzen kann, und seinem Todesjahr 1883 wechselte er viermal die Wohnung und achtmal das Atelier. 1862, als die Ansicht des Tuileriengartens entstand, logierte er in Batignolles, ein Stück westlich des später notorischen Künstlerviertels Montmartre, sein Studio war in der Nähe des Parc Monceaux in einer heute nicht mehr vorhandenen Straße namens Rue Guyot. Bahnhofsgegenden verändern sich ohnedies rasant, die Gare Saint-Lazare, einer der sechs großen Kopfbahnhöfe der Stadt, der immer schon eher den Regionalverkehr bediente, wurde zwischen 1837, dem Jahr der Eröffnung, und 1886 sechsmal umgebaut und erweitert, und mit ihm natürlich das Areal. Die Gleisanlagen erstrecken sich nach Norden, ab 1859 wurde hier die Place de l'Europe installiert, aufgesockelt auf einer Brücke über den Schienen; die Straßen, die davon abgingen, waren nach europäischen Städten benannt. Bald sollte das Neubaugebiet eine Reihe von Künstlern anziehen: Claude Monet, Gustave Caillebotte, den Dichter Stéphane Mallarmé, und auch Manet wird ab dem Jahr 1870 hier ein Atelier beziehen, in der rue St.-Petersbourg.[5] Einige der bekanntesten Werke seiner späteren Zeit werden hier entstehen, etwa „Eisenbahn" von 1872/73, das Porträt von Manets Lieblingsmodell Victorine Meurent, das den Blick freigibt auf Rauch und Dampf und Gleisareal.

Modernität bedeutet nun gerade nicht, einfach den Neuigkeiten verfallen zu sein und sein Leben nach den Brennpunkten des Aktuellen auszurichten. Manets Praxis und Baudelaires Theorie haben es auf Komplexeres abgesehen: Es ist der Versuch, Gegenwart und Vergangenheit in Simultanität zu bringen. Darin kommen die Dimensionen urbaner Erfahrung zur Deckung, denn auch die Stadt zu durchwandern bedeutet, zwischen dem Entfernten und dem Unmittelbaren, zwischen Distanz und Konkretheit Relationen herzustellen: Spurensicherung zu betreiben. So definiert Baudelaire den Paradebegriff einer letztlich bis heute zeitgemäßen Ästhetik: „jenes Etwas, das ich mit Verlaub als die Modernität bezeichnen will; denn es bietet sich kein besseres Wort, um die in Rede stehende Idee auszudrücken. Es handelt sich ... darum, von der Mode das loszulösen, was sie im Geschichtlichen an Poetischem, im Flüchtigen an Ewigem enthalten mag."[6] Modernität ist Präsens und Perfekt in einem, gesehen vom Standpunkt des Aktuellen aus: Die Frage ist also, was es im Konkreten an Zeitlosem gibt. Der Status quo ist das Vorübergehende, gesucht wird nun das Darüberhinaus eines Ewigen. Dieses Immerwährende dingfest zu machen, markiert den Unterschied von Modernität und Mode; man könnte sagen, darin liegt die Kunst.

„An eine Vorübergehende" – „A une passante" – ist ein weiteres der Gedichte aus den „Tableaux parisiens" betitelt, es ist ganz traditionell ein Sonett und huldigt der Schönheit einer Passantin, die der Autor im Lärm der Straße „geliebt hätte" – „o toi que j'eusse aimèe" –, wenn nur nicht alles so schnell gegangen wäre. Hier findet sich dann auch das Reimpaar, das Baudelaires Idee der Modernität auf den Punkt bringt. Die Formulierung „fugitive beauté" wird zwei Zeilen weiter wiederaufgegriffen im Begriff „l'eternité" – die flüchtige Schönheit öffnet die Klammer, die von der Ewigkeit wieder geschlossen wird.[7]

Manet huldigt seinerseits der Flüchtigkeit. Seine Porträts liefern stets den Anteil der Mode mit, der den Menschen, die sich in der Stadt präsentieren und repräsentieren, zukommt – und der besonders den

Manets wichtigstes Modell Victorine Meurent, hier in der Rolle einer „Straßensängerin", auf die Leinwand gebracht um 1862: Ihr Kleid hat um der Motorik willen seinen Saum einige Zentimeter über Bodenniveau, deutlich sind die Schnüre zu sehen, dank derer man es raffen kann – es beginnt die Zeit, in der es auch Frauen auf den Boulevards gestattet ist, sich frei zu bewegen.

Frauen auch verordnet wird. Eine Art Nebenthema ließe sich in Manets Œuvre verorten: Es zeigt, wie im Lauf von zwanzig Jahren die Kleidung luftiger wird, wie Krinoline und Tournüre verschwinden und sich die „fugitive beauté" zu jener gewissen Beweglichkeit, die im Wort liegt, bekennen kann. Manet zeigt Kleider mit Schnüren, die es erlauben, die Röcke zu raffen und so zumindest Schritte voreinander zu setzen, ohne dass jedes Mal die Säume leiden. Im Sinne des Flanierens und seiner Orte in der Stadt entwickelt sich weibliche Couture in Richtung auf eine Emanzipation, die ihr dann erst im nächsten Jahrhundert vollends gelingt: das Recht auf das Praktische und Akzeptierte jenes Anzugs, den die Männer, auch das zeigt Manets Werk vielfältig, in dieser Epoche längst tragen.

Doch gerade Manets Malerei der 1860er-Jahre ist von einer Raffinesse und Differenziertheit, die sich in der Abbildung des Aktuellen nicht erschöpfen. Manets Bilder nehmen demonstrativ Anleihen bei den Alten, sie lassen die Kunstgeschichte Revue passieren und liefern gerade darin notorische Angebote, sich zu empören. In die Gestaltung des „Frühstücks im Grünen", eines seiner berühmtesten Bilder, 1863 zum ersten Mal gezeigt, sind so zwei Klassiker eingeflossen, zwei kanonische Werke, die die Kritik auch sogleich identifiziert hat – und es Manet als Mangel in Rechnung gestellt hat, so, als wäre ihm nichts Eigenes eingefallen. Die Kombination der zwei bekleideten Männer mit den zwei nackten Frauen hat Manet beim „Ländlichen Konzert" des Louvre abgeschaut, damals Giorgione, heute Tizian zugeschrieben. Die Gruppierung der drei Figuren im Vordergrund mit abgestütztem Arm und angezogenem Knie wiederum ist bis ins letzte Detail Raffael entnommen bzw. einem Nachstich nach einem verschollenen Bild des Renaissance-Meisters, das ein „Urteil des Paris" zeigte.

Sich bei den Akteuren der Alten Kunst zu bedienen, musste nicht von vornherein Anstoß erregen, ja, die in höchstem Kurs stehende Salon-malerei hat dies ihrerseits nicht nur vielfältig, sondern auch in heutzutage grotesk wirkender Demonstration getan. Doch waren die Inkarnate pastellig, die Nackten verträumt, die Ambientes überzeitlich und die Szenerien olympisch. Die Koketterie mit dem Pornografischen und dem allzu deutlich auf Entblößung Angelegten ließ sich jederzeit auflösen in die Beschwörung der ewigen Werte der Kunst. Gerade dies war bei Manet nicht mehr möglich. Die Motive sind einfach da, unmittelbar, dreist, großformatig, vorgeführt mit einer Appellativität, die im Blick aus dem Bild, wie ihn Manets Lieblingsmodell Victorine Meurent auf die Zuschauer richtiggehend schleudert, ihre klarste Präsenz gewinnt.

Tizian und Raffael: Mit ihnen war der höchste Anspruch formuliert, waren die Kanonischsten aller Großmeister aus dem Schlaf des Idealen herausgerissen und mitten hineingesetzt in die Zeitgemäßheit der Moderne. Mit der Tizian-Adaption ließ sich die Problematik einer Nacktheit aufwerfen, die ganz augenscheinlich nichts anderes war als

Eines der bedeutendsten Werke Manets und vielleicht sein berühmtestes: Das „Frühstück im Freien" von 1863 setzt ziemlich deutlich auf zwei Vorbilder aus der Kunstgeschichte, Tizians „Ländliches Konzert" und ein „Paris-Urteil" nach Raffael – nicht, weil dem Künstler nichts eingefallen wäre, sondern um der Aktualisierung willen; das Urteil des mythischen Helden Paris wird so eines der ganz konkreten Stadt und hres Publikums.

Ausgezogenheit. Und mit Raffael ließ sich fragen, was ein „Jugement de Paris" im 19. Jahrhundert anderes sein kann als das Urteil eines Paris, der kein mythologischer Held ist, sondern das Publikum der gleichnamigen Stadt.

Ganz selbstverständlich lassen sich die Vor-Bilder erkennen; ganz souverän setzt Manet sie in Szene als Fokus von Aktualität. Manets Gemälde sind in diesem Sinn Palimpseste, Gefüge aus mehreren Schichten, in denen Vergangenheit sich sedimentiert hat und Gegenwart sich geltend macht. So appellieren sie an das Gedächtnis, sind gesättigt mit Erinnerung und lassen doch das Flüchtige durchscheinen. „L'art mnemonique" hat Baudelaire den Abschnitt seines Traktats überschrieben, der auf die Bestimmung der Modernität folgt. Manet liefert die Gedächtniskunst, die Baudelaire fordert. Bei aller Peinture, aller delikaten Vorführung von Kolorit und Komposition sind Manets

Bilder diffizile Konstrukte. Sie sind Spurensicherungen: Großstadt-kunst par excellence, weniger von den Motiven her, auch wenn sie den Straßen und ihren Passanten freimütig ins Auge blicken, als ihrer Methode entsprechend. Das Simultane, das die Stadt nicht nur kennzeichnet, sondern das die Stadt ist, findet sein Pendant im Karree, das das Bild ist. Damit hat Manet der urbanen Mentalität, die es schon in der Antike gibt, und die für das 19. Jahrhundert auf den Begriff des Flaneurs gebracht werden kann, eine Qualität mitgegeben, die es in dieser Dimension erst in der Moderne gibt: Komplexität.

Das Leben der anderen Hälfte

„Der Manhattanismus ist die einzige urbanistische Ideologie, die Glanz und Elend der metropolitanen Existenzweise – Hyper-Dichte – von vornherein einbezogen hat, ohne ein einziges Mal zu bezweifeln, daß diese die Basis einer erstrebenswerten, modernen Kultur ist. Manhattans Architektur ist ein Paradigma für die Ausbeutung des Staus."[1] Eine „Culture of Congestion", eine Kultur des Staus, skizziert Rem Koolhaas, Mastermind des Office for Metropolitan Architecture, das heute Büros in Rotterdam, New York, Peking, Hongkong und Doha unterhält. 1978, als Koolhaas sein „Retroaktives Manifest für Manhattan" herausbrachte, wunderbar betitelt mit „Delirious New York", waren die Delirien der Verdichtung konzentrierter, bezogen auf weniger Städte des Globus. Heute staut es sich allenthalben.

Dieses Kapitel berichtet von New York in den Jahren vor 1900 und speziell von Manhattan: Die Insel, auf der die Identität der Stadt, die niemals schläft, ganz zu sich kommt, hatte 1890 ungefähr 1,4 Millionen Einwohner (gegenüber 1,5 Millionen für ganz New York, zu dem Brooklyn mit seinen immerhin auch 800.000 Menschen noch nicht gehörte – es wird 1898 eingemeindet). In London, der größten Stadt der Welt, lebten seinerzeit knapp viereinhalb Millionen. Die Vereinigten Staaten und mit ihnen ihr ökonomisches und kulturelles Zentrum waren gerade erst auf dem Sprung: In Sachen Bevölkerungsdichte lagen sie schon an der Spitze – jedenfalls in gewissen Vierteln, die im Folgenden auch im Mittelpunkt stehen werden, Gegenden nahe der Südspitze Manhattans, in die die Einwanderer mit großer Hoffnung und in großer Zahl brandeten. Hier ballten sich mehr als 300.000 Menschen pro Quadratmeile. In London lebten durchschnittlich 7,9 Menschen in einem Stadthaus, wie auch immer es gebaut und ausgestattet sein mochte. In New York war es das Doppelte: 16,37. „Congestion" – Bündelung, Verknäuelung, Verstopfung – kennt das Gemeinwesen nicht erst im 20. Jahrhundert.

In der Hyper-Dichte ergeben sich, um Koolhaas' Begriffe aufzugreifen, „splendors and miseries", Glanz und Elend in einem: Letzteres – eine

Die Mulberry Street in New York City um 1900. Der Mulberry Bend ist eine leichte Biegung in der Mulberry Street, eine belebte Schlucht aus hohen Mietshäusern, so voller Menschen, dass sich das Gewimmel von Kommen und Gehen vom Gehweg bis fast zur Mitte der Straße ausbreitet. Für Jacob Riis war der Mulberry Bend der Inbegriff des Elends in der Stadt.

unfassbare Armut mit ihren krassen Folgen Alkoholismus, Überlebens-kampf, Kindersterblichkeit, Ausbeutung – steht im Mittelpunkt eines Buches, dessen Anhang die zitierten Zahlen zu Bevölkerung und Überbevölkerung entnommen sind. 1890 ist es erschienen, es stammt von Jacob Riis, der als Autor und Illustrator in Personalunion agiert. Es wird, genau das hat es sich vorgenommen, die Dinge tatsächlich ein wenig ins Bessere wenden – zumindest für die Gegend, auf die Riis den Fokus richtet, das Areal um den sogenannten Mulberry Bend, einige Straßenzüge mit ihren Mietblocks, Hinterhöfen, Bretterbuden südlich der heutigen Canal Street, zwischen Broadway im Westen und Bowery im Osten. Hier schiebt sich ineinander, was sich in seiner „Hyper-Den-sity" kaum noch pressen lässt.

Hier schreit und stinkt es zum Himmel, wie die andere Hälfte, jene, die den Preis für die Segnungen der Zivilisation zahlt, vegetiert: „How the Other Half Lives", so der Titel, der mit Riis' Zustandsbeschreibung sprichwörtlich geworden ist, schildert als Augenzeugenbericht die Umstände einer Existenz, die man kaum Leben nennen will. Riis legt dabei kräftig an Sentiment nach, er ist kein distanzierter Reporter, sondern Sanitäter, Feuerwehrmann, Parteigänger. Wie bei Philanthropen üblich, geht er patriarchalisch zu Werke, er ist kein Sozialist, der an Veränderungen glaubt, die sich politisch oder gleich klassenkämpferisch erwirken ließen. Er setzt auf das persönliche Engagement. Die Verbesserungen im Kleinen vor Ort werden letztlich eher kosmetisch ausfallen. Die Verbesserungen im Großen und Ganzen wiederum verdanken sich der Wirtschaftslage generell, die Stadt wird reicher, die USA prosperieren, und es ergibt sich so etwas wie allgemeiner Wohlstand. Die Armut wechselt die Stellung.

In New York gibt es, so sagt es Rem Koolhaas ganz zu Recht, auch den Reichtum verdichtet. Sichtbarster Ausdruck dessen ist das Charakteristikum New Yorker Architektur schlechthin, das Hochhaus, der Wolkenkratzer, der Skyscraper, wie er sich mit der Jahrhundertwende entwickelt. Das Bauen in die Vertikale liefert der rein statistisch greifbaren Anwesenheit einer Menge von Menschen auf einem Maß an Grundfläche die natürlichste Nahrung. Dank der Erfindung, die der Mechanikermeister Elisha Graves Otis 1854 in New York vorführte, war auch die Beförderung nach oben gemeistert. Otis hatte eine Sperrvorrichtung entwickelt, die verhinderte, dass Aufzüge, deren Bewegung in die Höhe man längst schon beherrschte, dem Drang der Schwerkraft nachgaben und sich nach unten davonmachten; nun konnten sie arretiert werden. Eine andere zentrale Erfindung des Jahrhunderts wurde übrigens auch dadurch ermöglicht, dass man die Arretierung in den Griff bekam: die Fotografie, bei der man die Mechanik, dass dafür sensible Flächen sich verändern, wenn man sie dem Licht aussetzt, ebenfalls aufhalten musste – auch hier, und darin formuliert sich so etwas wie eine Moral für den menschlichen Fortschrittsgeist, lag die Essenz nicht im Ingangsetzen, sondern im Stoppen. Otis jedenfalls wurde zum Synonym für Lift, und die neuen Häuser wuchsen standardmäßig mit Produkten seiner Elevator Company in die Höhe.

Die Bauten waren Stahlskelettkonstruktionen, die aus dem dekorativen Geist der sogenannten Beaux-Arts-Bewegung heraus in eine Draperie aus Zitaten der Kunstgeschichte gehüllt wurden. 1898 entstand eine der Inkunabeln New Yorker Hochhaus-Architektur, das zwölfstöckige Bayard-Condict Building in der Bleeker Street, gebaut von Louis Sullivan, dem Programmatiker des Form-Follows-Function. Bei allem Modernismus verschmähte Sullivan kein Ornament, und so schwingen die steilen Vertikalen seiner Fassade unter dem Dachvorsprung in eine Gesimsformation ein, in der sich flügelbewehrte Engel, Biforenfenster im Stil der Neo-Romanik und diverses Kunst-am-Bau-Dekor ein gefälliges Stelldichein nach Art des Fin de Siècle geben. Auch wenn derlei steinernes Backwerk nicht strikt in seinem Sinn war, wusste Sullivan, was er seiner Kundschaft, dem Bauherrn namens Silas Alden Condict, schuldig war. Sullivan kam aus dem Kerngebiet der Hochhaus-Idee, aus Chicago, ebenso wie Daniel Burnham, auf den der berühmteste der New Yorker Initialbauten zurückgeht: Auf spitzwinkeligem Grundriss erbaut, leistet sich diese Frühform eines Skyscraper die Anmutung eines aufgestellten Prismas – oder eben eines Bügeleisens, und nach ihm, amerikanisch Flatiron, hat es auch seinen Namen. 21 Stockwerke, 91 Meter hoch nimmt es die Restfläche auf, die sich ergibt, wo der diagonal durch die Stadt schneidende Broadway auf die Nord-Süd-Achse der Fifth Avenue trifft.

Die Stadt der Gegensätze: extreme Armut und zur Schau gestellter Reichtum

Gleich beim Bayard-Condict Building wechselt die Bleeker Street ihren Namen; Richtung Osten heißt sie fortan East 1st Street. Sowohl die exzentrische Lage des Flatiron Building als auch diese Adressänderung erklären sich aus dem New Yorker Stadtgrundriss, der beispielhaft steht für eine Millionenstadt, in der man sich nicht verlaufen kann. Jedenfalls nicht ab einer gewissen Position Richtung Norden: Im Jahr 1811 wurde der sogenannte Commissioner's Plan ins Werk gesetzt, nach dem sich der Verlauf der urbanen Entwicklung fortan in einer strengen Ordnung, einem Raster-

Auf dieser Ansicht von New York City aus dem 19. Jahrhundert sieht man gut die Grid-Struktur Manhattans: Im Jahr 1811 wurde der sogenannte Commissioner's Plan in Kraft gesetzt, demzufolge die urbane Entwicklung in einer strengen Rasterordnung erfolgen sollte.

system, einer Grid-Struktur ergab. Zwölf Avenuen in Nord-Süd- und 155 Straßen in Ost-West-Erstreckung legen sich über das Terrain, durchgezählt und mit Notwendigkeit 13 bzw. 156 Unterteilungen ergebend, auch wenn sich nach Norden hin das Areal verengt. Die Blocks, die von den Bahnen ausgespart werden, ließen sich so vorab kalkulieren, der Plan war ein Stück Utopie, denn das Territorium, das nun zur Bebauung bereitlag, war nicht nur räumlich, sondern auch zeitlich in weiter

Hier schreit und stinkt es zum Himmel, wie die andere Hälfte, jene, die den Preis für die Segnungen der Zivilisation zahlt, vegetiert: „How the Other Half Lives", so der Titel, der mit Riis' Zustandsbeschreibung sprichwörtlich geworden ist, schildert als Augenzeugenbericht die Umstände einer Existenz, die man kaum Leben nennen will.

Ferne. Einzig der diagonale und immer wieder geknickte Verlauf des Broadway verschafft dem unerbittlichen Gitter ein anarchisches Element, als alter Versorgungspfad erlaubt er sich eine Zutat der Tradition inmitten der Fortschrittseuphorie des Aufprojizierten.

In der strengen Schließung waren nun alle Möglichkeiten der Öffnung vorhanden, was innerhalb der einzelnen Blocks geschah, blieb weitgehend in freier Hand. Und weil man antizipieren konnte, was sich ergeben würde, geschah die Besetzung der Areale weniger kontinuierlich in eine Richtung als spotartig. In der noch ziemlich verlorenen Brache in Höhe der 72. Straße wurde 1884 zum Beispiel ein Gebäude fertiggestellt, ein Apartmenthaus, das noch heute für seine Bewohner berühmt ist; John Lennon lebte unter anderem hier und wurde 1980 an dessen Eingang erschossen. Das Dakota Building heißt so, weil ein spöttischer Volksmund es in einer Gegend verortete, von der man annehmen durfte, hier hausten noch Indianerstämme.

Die Grid-Struktur und ihr Koordinatensystem legen die punktgenaue Platzierung nahe, und so sind sie perfekte Träger der Separierung. Ein paar Schritte über die Straße bedeuten oftmals große Sprünge, wenn es darum geht, gesellschaftliche Barrieren zu überwinden. Weiter nach Norden ziehen hieß dann, es weiter nach oben zu bringen. Was sich symbolisch mit dem Finger auf dem Stadtplan bewerkstelligen ließ – sich vom unteren Rand der Karte zum oberen zu bewegen –, entsprach soziologisch einem Empor im Ansehen. „Excelsior", so sagt es Henry James in seinem exemplarischen Stadtroman „Washington Square" aus dem Jahr 1881, ist ein „gutes Motto" für das „ständig höher hinauf".[2] Das Buch beschreibt eine Familie der feineren Kreise, wohnhaft am titelgebenden Platz, dem Zentrum des Greenwich Village, an dem die Fifth Avenue beginnt. Washington Square ist eine Art Scharnier, die Bebauung wechselt von kleinteilig zu großbürgerlich, und vor allem ändert sich die Benennung der Straßen und Plätze: Ab hier wird durchgezählt. Hier zeigte sich der Reichtum, durchaus beflissen im Bemühen um Noblesse, aber mindestens genauso auch ungeniert. Denn es half nichts: Anwohner und Ambiente waren von vornherein Nouveau Riche. Hier lebte die eine Hälfte, die gut situierte.

Henry James schildert die lebenslangen Bemühungen eines Habenichts, die Tochter des wohlhabenden Hauses zu heiraten. Der Mann, er heißt nicht von ungefähr Morris Townsend, denn er kommt vom Ende der Stadt und nicht aus deren Mitte, muss scheitern, der Vater der Braut lehnt ihn ab, denn er wittert Hochstapelei. Die zentrale Passage, ein Dialog zwischen dem Vater namens Dr. Sloper und Townsend, wirft ein wunderbares Licht auf das einschlägige Milieu: „Hatten Sie wirklich erwartet, ich würde begeistert darauf reagieren, und Ihnen meine Tochter in die Arme werfen? – Nein, nein, ich hatte schon so eine Ahnung, dass Sie mich nicht mögen. – Womit hatte diese Ahnung zu tun? – Mit der Tatsache, dass ich arm bin. – Das klingt hart ... aber es entspricht etwa der Wahrheit, streng genommen, sofern es um Sie als Schwiegersohn geht. Ihr Mangel an finanziellen Mitteln, das Fehlen eines Berufs, offensichtlicher Einkünfte oder Aussichten reiht

John Davidson Rockefeller (1839–1937), Gründer der Standard Oil Company, wird vor der New Yorker Börse von einem Bettler angesprochen, den er unfreundlich abweist. Rockefeller versuchte die Veröffentlichung dieser Aufnahme zu verhindern.

Sie in eine Kategorie ein, aus der einen Ehemann für meine Tochter auszuwählen mir sehr unklug erschiene, zumal sie eine schwache junge Frau mit einem großen Vermögen ist. Was Ihre anderen Eigenschaften betrifft, bin ich ganz und gar bereit, Sie zu schätzen. Als Schwiegersohn lehne ich Sie ab."[3] Die Rationalität und das kalte Kalkül, mit denen der Vater hart bleibt und für die der Autor immer wieder neue Worte findet, entsprechen dem Cartesianismus des Rasters, in dem das Geschehen stattfindet. Square ist nicht nur ein topografischer Begriff, er erstreckt sich auf die Geometrie eines Denkens, das sich am wirtschaftlichen, gesellschaftlichen und damit epochalen Erfolg bemisst.

Man kann es auch negativer formulieren: Die Schamlosigkeit, mit der
das Finanzielle zum Nonplusultra wird, hat in diesem Milieu einen
neuen Zenith erreicht. Unbeeindruckt von aristokratischen Konventio-
nen der Herkunft oder der Rücksicht auf ein standesgemäßes Comme-
il-faut stellt man Reichtum zur Schau. Die Vanderbilts, als Reeder und
Eisenbahnunternehmer legendär geworden, errichten „allein auf der
Fifth Avenue ... zehn riesige Stadtpalais". Andere Namen sind „die
Rockefellers, Morgans, Astors, Mellons, Fricks, Carnegies, Goulds, du
Ponts, Belmonts, Harrimans, Huntingtons": „Viele Partys kosteten
Zehntausende von Dollar. Am 26. März 1883 toppte Mrs. William K.
Vanderbilt alles bisher Dagewesene und schmiss eine Fete, die 250 000
Dollar kostete. Man feierte ja auch das Ende der Fastenzeit, bemerkte
die New York Times verständnisvoll."⁴ Mark Twain prägte für diese Ära
einer in falschem Geschmack schwelgenden Enthemmtheit den Begriff
des „Vergoldeten Zeitalters". Nicht golden, sondern überzogen von
dünnem und umso prunkenderem Glanz: 1873 bereits war sein Roman
„The Gilded Age: A Tale of Today" erschienen.

In Chicago wird schließlich 1899 eine Art Psychogramm dieser Gesellschaft erstellt. Thorstein Veblens sehr einflussreich gewordene „Theory
of the Leisure Class" stellt heraus, wie die „feinen Leute", wie die
deutsche Übersetzung es nennt, sich gefordert sehen, immer mehr
Geld in die Hand zu nehmen, um nichts anderes zu demonstrieren, als
dass sie es sich leisten können. „Conspicuous Consumption" nennt
Veblen den Mechanismus des Prunkens und Protzens, die Geldver-
schwendung auf Gegenseitigkeit, ein Schneller-Höher-Weiter hem-
mungslosen Konsums mit immer ausgiebigerem Einsatz. Dass der
Aufwand Opfer hinterlässt, ist Veblen selbstverständlich – da kann
man, wie es bei ihm ist, weit davon entfernt sein, sich als Marxist zu
fühlen: „Aus all dem können wir den Schluß ziehen, daß die Institution
einer müßigen Klasse dazu beiträgt, die niederen Schichten konservativ zu halten, indem sie ihnen soviel als möglich von den Mitteln zum
Lebensunterhalt entzieht, auf diese Weise ihren Konsum und folglich
auch ihre Energie verringert, und zwar so weitgehend, daß diese

Klassen schließlich außerstande sind, die für das Erlernen und die Übernahme neuer Denkgewohnheiten nötige Anstrengung zu übernehmen. Der am oberen Ende der finanziellen Stufenleiter akkumulierte Reichtum bedeutet Entbehrung für das untere Ende."5 Da hat Veblen zweifellos recht: Wer darauf achten muss, sein nacktes Dasein zu erhalten, ist konservativ. Das Leben dieser anderen Hälfte ist eine einzige Subsistenzwirtschaft.

»Doing the Slums«: ein Zeitvertreib für die High Society

How the Other Half Lives: Diese Hälfte war untergebracht, wo die Straßen noch Namen trugen. Von der Spitze der Insel her hatte New York sich entwickelt, langsam zunächst, denn die Stadt war der Kolonialmacht treu geblieben, als man um die Unabhängigkeit kämpfte; die neuen USA bevorzugten andere Gemeinwesen. Der Hudson hieß noch North River, und am nördlichen Ende der Ansiedlung lag ein Reservoir, Collect Pond, in dem sich die Wasserversorgung bündelte. Mit der Eröffnung des Erie-Kanals 1825 kam Leben ins Gefüge, die Stadt griff aus, und der Collect Pond wurde billig und rasch überbaut. Das Areal, immer noch sumpfig, wurde zur Keimzelle der New Yorker Armenviertel, die mehr und mehr bevölkert wurden von den Einwanderern, die vor den europäischen Lebensbedingungen, unter denen es um keinen Deut besser war, geflohen waren. Five Points hieß die Gegend, benannt nach einer Kreuzung, von der fünf Straßen abgingen. »Doing the Slums« war ein Zeitvertreib der feineren Gesellschaft, die sich, von einem Polizisten beschützt, mit Mienen der Bestürzung und nur in der Gruppe, auf Katastrophentourismus begab. Natürlich blühte in den Five Points die Kriminalität – ebenso wie die Korruption. Für die schlimmsten Auswüchse steht der Name Tammany Hall, eine Organisation der Stadtpolitik, die schamlos Wählerstimmen kaufte und unter den Ärmsten die allerbreiteste Bereitschaft fand, sie auch abzugeben. In den 1880ern wurde die Gegend langsam saniert. Martin Scorsese, der filmische Chronist der Stadt, hat den Five Points in seiner monumentalen Historie »Gangs of New York« von 2002 ein

Denkmal gesetzt – wie er mit „The Age of Innocence" von 1993 auch dem Gilded Age eines gewidmet hatte.

Wie so oft bedeutete das Gesünder-Machen, das Sanierung meint, nichts anderes als die Verlagerung des Problems. In diesem Fall nur um wenige Blocks: Mulberry Bend, der an die Stelle von Five Points trat, jener Knick der Mulberry Street, befindet sich exakt eine Straße in Richtung Osten und einige hundert Meter in Richtung Norden von den Five Points entfernt. An diesem ‚ellbogenhaften Knick" trat für Jacob Riis nun speziell „the foul core of New York's slums" zutage.[6] Er musste es wissen. Das Büro, in dem Riis seit 1877 als Polizeireporter der „New York Tribune" arbeitete, befand sich genau hier, vis-à-vis war die Polizeistation, und das Revier für die Polizeieinsätze lag drum herum. Er hatte mit 25 Dollar die Woche begonnen, mit zunehmender Aufmerksamkeit für seine Kampagnen konnte er auch für andere Blätter, besonders für die „Evening Sun" schreiben, doch der harte Kern seiner Auftragslage sollte sich hier halten.

1870 war Jacob Augustus Riis, gerade zwanzigjährig, aus Dänemark gekommen, und er lernte von Grund auf kennen, was Immigrantendasein bedeutet. Er schlug sich mit Gelegenheitsjobs durch, wurde ein paarmal ausgeraubt und die ganze Zeit ausgebeutet, fand sich in der Obdachlosigkeit wieder und landete im Gewahrsam der Obrigkeit – das ganze Programm, das er meistens in New York, aber auch in der Eisenindustrie von Pennsylvania absolvierte. Er versuchte sich als Handelsvertreter, seine Ware bestand aus Büchern von Charles Dickens, und wenn er dabei schon erfolglos blieb, so brachte ihn der Epiker der viktorianischen Sentimentalität zumindest auf eine Idee. 1874 machte sich Riis als Herausgeber und Mann für alles der „South Brooklyn News", eine Art Verlautbarungsorgan der lokalen Exekutive, selbstständig. Den Jargon, den er dabei verwendete und der sein Alleinstellungsmerkmal in einer undistanzierten, wenig reporterhaften, sondern eher gefühlig-teilnahmsvollen Art finden sollte, konnte er jedenfalls bei Dickens entlehnen.

Das Wichtigste an seinen Berichten war auch das Zeitgemäßeste. Im Sinne der aufkommenden Begeisterung für Illustrierte arbeitete Riis mit Fotografien. Zunächst tat er sich mit zwei Amateuren zusammen, die ihr Metier beherrschten, Henry G. Piffard und Richard Hoe Lawrence, und heftete sich mit ihnen auf die Fersen der Polizisten, wenn diese Hausdurchsuchungen vornahmen. Kenntnis bekam er von den Razzien durch seine Bekanntschaft mit Felix Adler, dem Leiter der Mietshauskommission, und Roger Tracy, einem Statistiker des Gesund-

Das Wichtigste an seinen Berichten war auch das Zeitgemäßeste. Im Sinne der aufkommenden Begeisterung für Illustrierte arbeitete Riis mit Fotografien.

heitsamtes. So durchkämmten sie die Gegend, ausgestattet mit einer eher unhandlichen Kamera und einem Blitzlichtapparat, der ein regelrechtes Feuerwerk ausstieß. In diesen Jahren wird sich das fotografische Instrumentarium dann auch fundamental verändern, Kleinbildaufnahmen werden dank des Rollfilms möglich und das Herstellungsverfahren wird automatisiert – seit 1892 verspricht Kodak, mit Firmensitz Rochester im Staate New York: „You press the button, we do the rest."

Im Januar 1888 macht sich Riis einem solchen Do-it-yourself gemäß selbstständig, kauft sich eine Kamera und geht fortan allein auf die Pirsch. Es entstehen unzählige Artikel, allesamt aufgeladen mit der neuen Attraktivität des Schnappschusses. Bis zu seinem Lebensende 1914 wird Riis sich aus dem Archiv bedienen, das in den wenigen Jahren zwischen 1888 und 1895 angelegt wurde: Mehr als ein Dutzend Bücher und Hunderte von Vorträgen werden mit diesem Material bestückt. Riis' Repertoire wird sich nicht mehr ändern. Armut, darin sind sich Autor und Publikum einig, ist zeitlos.

Fotografie als Waffe gegen Armut und soziale Verelendung

Schnappschüsse: Die Fotografien, die Riis in „How the Other Half Lives" zum Einsatz bringt, leben von einer Ästhetik des Überraschenden, Augenblicklichen und Entlarvenden. Die Porträtierten sind geblendet vom grellen Einfall des künstlichen Blitzes, sie scheinen wehrlos und dabei in flagranti ertappt. Die Aufnahmen machen sie zu Delinquenten, auch wenn sie vielleicht nie etwas angestellt haben. Zum einen bestätigen sie damit jedes Klischee, das sich die Leserschaft von Riis' Berichten immer schon von ihnen zurechtgelegt hat. Zum anderen kann Riis im Text die Dinge dann wieder geraderücken, die Umstände verantwortlich machen und um Nachsicht ersuchen. „Eine Ecke zu fünf Cent" ist nach diesem Prinzip die vielleicht einschlägigste seiner Darstellungen: eine Aufnahme in ein heruntergekommenes Lager hinein, augenscheinlich sind die Menschen vom Blitzlicht aus dem Schlaf gerissen; zusammengekauert und zusammengepfercht, gehüllt in dreckige Decken und sonstige Fetzen von Stoff, haben sie in einem illegalen, jedenfalls nicht angemeldeten Unterstand so etwas wie Pension gefunden. Fünf Cent, so gibt es Riis' Beschreibung zu verstehen, kostet dieses Logis in der Bayard Street, einer Querstraße zum Mulberry Bend. Der Reporter war mit der Polizei unterwegs, „Apri port" war der Ruf des Streifenführers gewesen, und irgendeiner hat daraufhin die Tür geöffnet, „auch wenn er kein Wort Englisch versteht".[7] Meistens hat man hier Italiener vorgefunden, die frisch in Übersee gelandet oder schon länger gestrandet waren. Noch heute heißt die Ecke Little Italy.

Wurzel allen Übels sind für Riis die „Tenements", die Mietshäuser, überfüllt, überteuert, ein Hohn auf alle Hygiene. Schon auf dem Cover sind sie zu sehen, dicht an dicht, wie Bauklötze aneinander gestellt, ohne Abstand, ohne Licht und Luft, die Zauberworte des Zeitalters. Im Inneren des Buches bildet Riis einen Grundriss ab, ein Haus aus dem Jahr 1863, jedes Stockwerk für zwölf Familien, mindestens die Hälfte der Räume ohne Fenster. Eine der Familien wird besucht, neunköpfig,

Aufnahme von Jacob Riis in eine Situation hinein, die er „Five Cents a Spot" überschreibt: Sichtlich wurden die Schlafenden, die fünf Cent pro Nacht für ihre dreckige, überfüllte Bleibe zahlen, von Riis und seinem Blitzlicht überrascht; ihre Gesichter sind erschrocken, sie wirken, als hätten sie etwas angestellt, und entsprechen nun ganz den Erwartungen von Riis' bürgerlichem Publikum.

Mann, Frau, Großmutter, sechs Kinder: „Ehrliche, hart arbeitende Deutsche, peinlich gepflegt, aber arm. Zu neunt leben sie in zwei Zimmern, eines mit ungefähr zehn Quadratfuß Fläche dient als Flur, Schlaf- und Essraum, das andere ist zur Küche umgewandelt. Die Miete beträgt siebeneinhalb Dollar im Monat, mehr als das Wocheneinkommen des Mannes und Vaters, dem Einzigen in der Familie, der verdient." Damit nicht genug: An dem Tag, da Riis zu Besuch ist, „wirft sich die Mutter aus dem Fenster, von der Straße hat man sie weggetragen – tot. Sie ‚hatte den Mut verloren', sagte eine andere Frau aus dem Mietshaus, die gekommen war, um die Kinder zu betreuen, während ein anderer gegangen war, es dem Mann zu sagen."[8]

Gestorben wird viel in Riis' Darstellung, es wird sicherlich den Tatsachen entsprochen haben – die Frauen an Suizid, die Kinder an Krankheiten, die Männer an Morden. Ob er wirklich immer so brandaktuell vor Ort war, wie er sich als rasender Reporter gibt, sei dahingestellt. Riis lebte in Brooklyn und abends, wenn er zur Fähre ging, um nach Hause überzusetzen, ging er jedenfalls die notorischen Wege entlang, durch Hinterhöfe und „Alleys", enge Gassen, die längst der Ablagerung von Müll und der Wegelagerung von minderen Gangstern dienten. Riis ist hautnah am Geschehen. Er erzählt von der „Blind Man's Alley" und von der Gefahr, in die er die Blinden einst brachte, als durch einen seiner Blitzlichtapparate ein Feuer entstand; mit Müh und Not rettet er die Leute ins Freie, einem „freundlichen Polizisten" wird Bericht erstattet, der sich indes über Riis' Naivität wundert: „Das Haus heißt der Dreckige Löffel. Letzten Winter hat es sechsmal Feuer gefangen, aber es hat nicht gebrannt. Der Dreck klebt so dick an den Wänden, der hat das Feuer sofort erstickt."[9] Ein besonderer Tag in der „Blind Man's Alley" ist, wenn einmal im Jahr die städtischen Hilfsgelder eintreffen – als einige der wenigen erhalten die Blinden öffentliche Unterstützung: Das meiste geht allerdings gleich an „Old Dan", den Vermieter, auch er blind, den sie hier behandeln, als wäre er der Präsident der Vereinigten Staaten persönlich; mehr als 400.000 Dollar hat er schon von seinen Bedürftigen eingesteckt.

So viele Anekdoten er bringt, so viele Vorurteile hat Riis auf Lager. Es sind die einschlägigen, sie betreffen die Ethnien – die Italiener, die Chinesen, die Juden, die Böhmen. Riis erzählt von den Straßenjungen, von den Arbeitslosen, die sich in Spelunken herumtreiben, und von denjenigen, die eine Beschäftigung haben, aber was sie verdienen, gleich an den Vermieter weiterreichen, der oft auch der Arbeitgeber ist. Riis zeigt einige der „Street Gangs" und komplettiert damit in erschöpfender Ausführlichkeit seine Milieustudie. Zwei Jahre später legt er mit „Children of the Poor" nach, der Fokus gilt, angereichert mit deutlich mehr, aber im selben Duktus gehaltenen Fotografien, nun den Kindern – der Generation fürs Gefühl, und schon seine Artikel waren bevorzugt an Weihnachten erschienen, denn das ist die Jahreszeit, da die Herzen am höchsten schlagen. Darüber hinaus nimmt sich Riis, ausgestattet mit der Immunität der Berühmtheit, die er mittlerweile geworden ist, einen neuen Gegner vor. Es ist die Polizei selbst, die an nicht weniger als zwanzig ihrer Stationen Obdachlosenasyle eingerichtet hat und dafür kassiert – „Parodien kommunaler Wohlfahrt" nennt sie Riis.[10]

1895 war Theodore Roosevelt, der nachmalige 26. Präsident der USA, Polizeichef in New York geworden. In ihm hatte Riis alsbald einen mächtigen Verbündeten, und so ließ sich einiges in die Wege leiten. Mulberry Bend verlor seinen Charakter als Demonstrationsobjekt der schlimmsten Zustände, es wurde abgerissen und umgebaut, und an zentraler Stelle pflanzte Calvert Vaux, der Gartenarchitekt, der schon am Central Park mitgearbeitet hatte, eine Grünanlage. Riis ließ es sich nicht nehmen, nochmals zur Kamera zu greifen und sie als eines der spätesten Dokumente seiner fotografischen Tätigkeit aufzunehmen. Als Columbus Park existiert die Anlage bis heute. Im Jahr 1900 gab es außerdem eine Ausstellung zur Problematik der Mietshäuser, die sich unter anderem einiger Bilder von Riis bediente. Die „Tenement House Exhibition" war folgenreich, weil Fotos seither als Beweismaterial zugelassen waren, um Klagen von Eigentümern, die Interventionen von städtischen Behörden vor Gericht gebracht hatten, abzuweisen. Der Leiter der Mietshausbehörde bemerkte im ersten Jahresbericht: „Ein gutes Foto ersetzt bei dieser Art von Arbeit mehrere Anwälte."[11]

Sicherlich hat Riis das Seine beigetragen zur Verbesserung der Situation. Hilfreicher noch wird eine Veränderung gewesen sein, auf die sich im Anhang seines Buches ein Hinweis findet. 5,3 Millionen Menschen, ist dort zu lesen, sind in den zwanzig Jahren vor dem Stichdatum 1889 als Einwanderer in New York gelandet. Die Stadt hatte weitaus mehr neue Menschen zu verkraften als London, die größte Stadt der Welt, an Einwohnern hatte. Alle kamen sie in Castle Garden an, benannt nach einer alten Festung aus der Zeit der Kriege gegen England, ganz an der Südspitze Manhattans gelegen, wo die Neuankömmlinge in einer

Eine der wunderbaren Illustrationen aus Rem Koolhaas' Buch „Delirious New York" von 1978: In flagranti werden das Empire State und das Chrysler Building ertappt, das Rockefeller Center ist auf Kontrollgang, durch das Fenster schaut die Freiheitsstatue in Gestalt der Venus von Milo herein, ihre Fackel steht als Nachttischlampe am Bett – New York, so sieht es aus, ist ein sehr lebendiger Ort.

Rotunde in Empfang genommen wurden. Von dort aus brandeten sie ungehemmt in die Stadt und bildeten die überbordende Reservearmee für die Slums. Auch hier wurde in den 1890ern repariert. Seit 1892 landeten die Immigranten auf Ellis Island vor dem Küstensaum der Stadt, auf einer Insel, ganz nahe an New York, aber doch abgeschieden. Der Strom ließ sich fortan leichter kanalisieren. Die Slums wurden ausgetrocknet. Das Übrige tat dann die allgemeine Besserung der Lage. Natürlich ging das Wuchern in den Städten weiter, explodierte die Bevölkerung mehr denn je. Der Stau schob sich unverdrossen voran. Aber New York hatte ihn nun besser im Griff.

MASCHA KALÉKO UND IHR
GROSSSTADTLEBEN UM 1930

„Die bittre Medizin,
sie hieß Berlin"

Flanieren meint, seine Motorik der Langsamkeit anpassen. Franz Hessel, der beispielhafte Vertreter dieser Kompetenz, hat einer Metropole, die wie keine vorher von Unablässigkeit, Dynamik und Exaltiertheit der Bewegung lebte, das Zufußgehen verordnet: „Spazieren in Berlin" ist sein 1929 erschienenes Bändchen mit Miniaturen betitelt, das sich anbietet als „Lehrbuch der Kunst, in Berlin spazieren zu gehn, ganz nah dem Zauber der Stadt, von dem sie selbst kaum weiß – ein Bilderbuch in Worten".[1] Hessel ist ein Spurensicherer par excellence. Walter Benjamin, der es als Biograf von Charles Baudelaire, als Erforscher von dessen Erinnerungskunst und als Seismograf einer eigenen „Berliner Kindheit um 1900" am besten wissen konnte, schrieb die folgenden, wirklich schönen Zeilen in seine Rezension von Hessels Lehrbuch der Langsamkeit: „Die großen Reminiszenzen, die historischen Schauer – sie sind dem wahren Flaneur ja ein Bettel, den er gerne dem Reisenden überläßt. Und all sein Wissen von Künstlerklausen, Geburtsstätten oder fürstlichen Domizilen gibt er für die Witterung einer einzigen Schwelle oder das Tastgefühl einer einzigen Fliese dahin, wie der erstbeste Haushund sie mit davonträgt."[2]

Flanieren ist eine Kunst der Stadterfahrung, die andere Sinne beansprucht als nur den visuellen. Es geht um Spüren und Berühren, um Wahrnehmung, die ein Stehenbleiben erfordert. Flanieren ist ein Mittel gegen die Befangenheiten der Moderne, deren Kapazität sich gerade in der Flüchtigkeit des Blicks erschöpft. Sehen forciert Rasanz, und speziell das Berlin in den Roaring Twenties, den wilden und irgendwann tatsächlich als golden empfundenen Zwanzigerjahren, lebte von der Unwiderstehlichkeit des Forcierens. Berlin, das war Betrieb: „Berlin ist mir ein Ostern, das auf Weihnachten fällt, wo alles voll schillerndem Betrieb ist"[3], heißt es in einem Schlüsselroman zur Schnelllebigkeit in diesem Parvenü einer Weltstadt. „Das kunstseidene Mädchen": Es lässt sich treiben in Irmgard Keuns Bestseller von 1932, ein hoffnungsstarkes und willensschwaches Ding, ein kleines Geschöpf aus der Provinz, das in eine viel zu große Umgebung gerät. Eigentlich kommt diese Doris aus Köln, doch das Glück, das sie unermüdlich beschwört, weil es „ein Glanz werden" will[4], liegt auf den Straßen der Metropole. Oder auch nicht.

So sieht Hessel, der Verfechter des Retardierenden, alle Veranlassung zu einer Ermahnung: „Schöne Berlinerin, du hast bekanntlich alle Vorzüge. Du bist tags berufstätig und abends tanzbereit ... Mit der Geschwindigkeit, in der deine Stadt aus klobiger Kleinstadt sich ins Weltstädtische mausert, hast du Fleißige schöne Beine und die nötige Mischung von Zuverlässigkeit und Leichtsinn, von Verschwommenheit und Umriß, von Güte und Kühle erworben ... Lerne Gegenwart, sei nicht immer unterwegs. Es sieht ja reizend aus, wenn du beschwingten Schrittes an den noch Langsamen vorübergleitest und sicher durch die Menge zum Schaufenster steuerst ... Aber mir geht der Atem aus, wenn ich deinen Knöcheln nachsehe, meine unwandelbare Verehrung für dich bekommt etwas Asthmatisches. Verweile doch. Nicht so faustisch, Fräulein!"[5] Am 13. März 1929 waren diese ein wenig altväterlichen Worte zu lesen, in einem Zentralorgan immerhin der neuen Weiblichkeit, in der „Vogue", die es für kurze Zeit, in den einigermaßen wohlhabenden Jahren 1928/29, auf Deutsch schon gegeben hatte.

Frauen, so weiß es eine kulturgeschichtliche Erfahrung, haben Chancen auf größere Wirksamkeit in Zeiten relativen Friedens. Wenn die Militanz zurückgeht, reduziert sich auch das männliche Gehabe. Höfische Gesellschaften sind feminisiert, die Haare der Herren werden mittels Wucherung oder Perücke länger, die Bärte verschwinden, und die Manieren werden manierlicher. Im Berlin der späteren Zwanziger hatte sich eine gewisse Pazifizierung eingestellt, und es ergab sich damit ein Faible fürs Androgyne. Frauen trugen Anzug, bewehrten sich mit Monokel und Bubikopf, Homosexualität wurde der letzte Schrei und zog die ganze Welt an. Das Martialische, das sich von den überbordenden Erinnerungen an den Weltkrieg nährte, das Hochgetürmte und Himmelschreiende des Expressionismus, das Exaltierte und am Rande des Manischen Balancierende hatte für den Moment ausgedient. Der Puls der Stunde schlug nun im Metropolitanen, in der Zeitgenossenschaft, im Zufälligen einer gewohnheitsmäßigen Anwesenheit an den Hotspots der ungeheuer weltläufig gewordenen Reichshauptstadt. Anmutungshaft überkam es einen schon, dass der Tanz, der sich hier als Charleston, Jitterbug und Swing verausgabte, auf dem Vulkan passierte, dass der dreißigjährige Krieg des 20. Jahrhunderts noch nicht zu Ende war. Für den rauschhaften Moment aber war Berlin vor allem auch eine Stadt der Frauen.

Der Puls der Stunde schlug nun im Metropolitanen, in der Zeitgenossenschaft, im Zufälligen einer gewohnheitsmäßigen Anwesenheit an den Hotspots der ungeheuer weltläufig gewordenen Reichshauptstadt.

„Ich bin so vornehm, ich könnte Sie zu mir sagen"[6]: Mit der Ironie der Selbstbewussten zieht das „kunstseidene Mädchen" seine Kreise; es ist auf glänzend gemacht, und die Kosmetik durfte auch ein wenig nachhelfen. Es geht diesem Mädchen beileibe nicht allein so, die Lust an der Emanzipation hat sie alle gepackt, und so findet sich in einem Buch mit Gedichten, ein Jahr später erschienen, in den gleichen Worten und in ähnlicher Vorsicht vor der eigenen Courage Folgendes: „Nun bin ich groß. Mir blüht kein Märchenbuch. / Ich muss schon oft ‚Sie' zu mir selber sagen. / Nur manchmal noch, in jenen stillen Tagen, / Kommt meine Kindheit heimlich zu Besuch".[7] Es tritt Mascha Kaléko auf. „Das lyrische Stenogrammheft" hat sie ihr schmales Bändchen betitelt, das im Januar 1933 bei Rowohlt herausgebracht wird: eine Anthologie von Gelegenheitslyrik in Gestalt kleiner gereimter Feuilletons, die in diversen Zeitschriften und in der Tagespresse die Jahre davor erschienen waren. Die Kommentare der Kaléko in Versform waren schnell populär geworden, und auch das Buch sollte, obgleich es in den Abgrund von Hitlers Machtergreifung hineingeworfen wurde,

„Ich freu mich, daß der Mond am Himmel steht / Und daß die Sonne täglich neu aufgeht. / Daß Herbst dem Sommer folgt und Lenz dem Winter, / Gefällt mir wohl. Da steckt ein Sinn dahinter" – Mascha Kaléko, sozusagen grundlos vergnügt.

bis 1936 vier Auflagen und 9.000 verkaufte Exemplare sehen – und das, obwohl seine Verfasserin Jüdin war.

Lektor bei Rowohlt und Verantwortlicher für die Vorstellung dieser Neuentdeckung war Franz Hessel. Verständlicherweise haben ihre Gedichte einen speziellen Nerv bei ihm getroffen, angeblich hat er sie, noch bevor er ihre Autorin kennenlernte, aus den Zeitungen ausgeschnitten.[8] Mascha Kalékos Zeitgenossenschaft ist durchtränkt von einer Melancholie, die den steten Fluss dessen, was es alles gibt, hemmt – aufgehalten durch Nachdenklichkeit und das Wissen um den Kreislauf des Ewiggleichen. „Blasse Tage" ist der dritte Abschnitt des „Lyrischen Stenogrammheftes" überschrieben, die ersten Titel der meistens als Vierzeiler im Paar- oder Kreuzreim gehaltenen winzigwitzigen Abhandlungen sind ohne Unterbrechung die folgenden: „Katzenjammer-Monolog", „Das Ende vom Lied", „Jugendliebe a. D.", „Melancholie eines Alleinstehenden", „Angsttraum". Mascha Kalékos Talent als Alleinunterhalterin ist durchsetzt mit Tristesse. Zu intensiv ist sie auch verstrickt in die kleinen Alltage ihrer Heldinnen und Helden. Dieser Alltag heißt – das Wort ist das häufigste von allen auf diesen übersichtlichen Zeilen – „Büro". Mascha Kaléko liefert Innenansichten einer Welt, die gerade erst im Entstehen ist: Ihr Augenmerk gilt den Angestellten.

Berlin ist Betrieb: die Stadt der kleinen Angestellten

Geboren 1907 als Golda Malka Aufen im kakanischen West-Galizien, kommt sie siebenjährig nach Deutschland. Ihr Vater Fischel Engel arbeitet als eine Art Hilfsrabbiner, der zum Beispiel die Einhaltung der religiösen Gesetze überwacht, zuerst in Frankfurt, dann in Marburg. 1918, als sich mit dem Zusammenbruch des Kaiserreichs auch die Traditionen auflösen, gerät die Familie in den Sog der Hauptstadt. Mascha, wie sie genannt wird, besucht eine jüdische Mädchenschule in der Kaiserstraße im Zentrum der Stadt, sie erwirbt die Mittlere Reife und beginnt 1924 eine Ausbildung an einem Ort, dem sie fortan auch ihr deskriptives Vermögen widmet: Sie macht eine Bürolehre im „Arbeiter-Fürsorgeamt der jüdischen Organisationen Deutschlands" in der Auguststraße, heute eine der Renommierzeilen von Mitte. Ungeachtet ihres literarischen Debüts wird sie hier bis 1934 ihr eigenes Angestellten-Dasein verbringen. Im Dezember 1934, längst in der Agonie aller Zivilisation in Deutschland, bringt sie, gleichsam als Abgesang und ebenfalls bei Rowohlt, ihr „Kleines Lesebuch für Große" heraus, „Gereimtes und Ungereimtes". In einem der Prosatexte schildert sie mit einem „Mädchen an der Schreibmaschine" ein gutes Stück sich selbst: „Punkt neun beginn der ‚Betrieb'. Neun Uhr zehn, ausgeschlafen oder müde, keinen geht das an, klappern die schmalen Finger des Mädchens schon herum auf der stählernen Schreibkiste."[9]

Im Betrieb – der Firma, dem Amt, der Fabrik – ist „Betrieb", und der überträgt sich auf die ganze Stadt. In Berlin, wo sonst, hat das Deutsche den Begriff entwickelt, den es nur in dieser Sprache gibt, will man die Mechanismen auf den Punkt bringen, in denen das Kulturelle seine

Aus einer neuen Welt: Im Berlin seiner großen Zeit, hier dokumentiert in einem Foto von 1925, entstehen die aktuellsten Nachrichten, die eine Schicht betreffen, die es bisher nicht gab. Die Angestellten machen sich geltend, mit ihren sitzenden Tätigkeiten und den daraus resultierenden Bedürfnissen nach Bewegung, nach den kleinen Glücken von Abend und Wochenende.

Institutionen hervorbringt. Im Französischen nennt man es mit einem topografischen Terminus „Champ ésthétique", im Englischen, es gleich global meinend, „Art World". Das Deutsche redet vom „Kultur-Betrieb", entlehnt die Metapher also dem Ökonomischen. Die Wahrheit der Verbindung wurde in Berlin auf die Probe gestellt. Siegfried Kracauer, Belletrist, Filmtheoretiker und Kultur-Korrespondent der „Frankfurter Zeitung" in der Hauptstadt, hat diese Wahrheit bereits 1926 in einem der großartigsten Texte des modernen Feuilletons überhaupt analysiert, betitelt „Kult der Zerstreuung": „Man schilt die Berliner zerstreuungssüchtig; der Vorwurf ist kleinbürgerlich. Gewiß ist die Zerstreuungssucht hier größer als in der Provinz, aber größer und fühlbarer ist auch die Anspannung der arbeitenden Massen – eine wesentlich formale Anspannung, die den Tag ausfüllt, ohne ihn zu füllen. Das Versäumte soll nachgeholt werden; es kann nur in der gleichen Oberflächensphäre erfragt werden, in der man aus Zwang sich versäumt hat. Der Form des Betriebs entspricht mit Notwendigkeit die des ‚Betriebs'."[10]

Berlin ist Betrieb in allen seinen Facetten. Die Stadt, da waren sich die
Zeitgenossen einig, ist ohnedies unvergleichlich. Ganz anders als die
beiden Metropolen im Europa der westlichen Welt, als Paris und
London. Als urbanistisches Gebilde war Berlin grauer und gleichförmi-
ger als die Konkurrenzstädte, ein Schwall der Monotonie, der sich auf
die freien Flächen ergoss, ohne Barrieren vorzufinden. Berlin hatte
nichts Museales, Monumente waren Mangelware. Im Übermaß besaß
es dafür das Gegenteil: Jugend. Und es war auf das Staunenerregendste
gewachsen. 1871, zur Gründung des Zweiten Kaiserreichs der Deutschen, hatte die eben etablierte Hauptstadt gut 800.000 Einwohner,
zwanzig Jahre später hatte sich die Zahl verdoppelt, 1910 war die
Zwei-Millionen-Grenze überschritten. Im Jahr 1929 gab es den Zenith:
4.300.000 Einwohner. Was Landflucht und Fruchtbarkeit der Bevölkerung allein nicht schafften, besorgte die Politik: Im Jahr 1920 hatte
man zu den sechs Bezirken Mitte, Friedrichshain, Prenzlauer Berg,
Kreuzberg, Tiergarten und Wedding, die das alte Berlin markierten, per
Eingemeindung sieben neue verfügt – Charlottenburg, Spandau,
Schöneberg, Wilmersdorf, Lichtenberg, Neukölln und Köpenick – und
so ein „Groß-Berlin" zusammengestellt. Kracauer wusste, was dies als
Potenzial bedeutet: „Die vier Millionen Berlins sind nicht zu übersehen ... Je mehr sich aber die Menschen als Masse spüren, um so eher
erlangt die Masse auch auf geistigem Gebiet formende Kräfte, deren
Finanzierung sich lohnt."[11]

Berlin hatte nichts Museales: Derjenige Kirchenbau etwa, den man bis
heute herzeigt, wenn man ein Berliner Gotteshaus braucht, die
Kaiser-Wilhelm-Gedächtniskirche an der Fortsetzung des Kurfürsten-
damms zur Tauentzienstraße, war in den Zwanzigerjahren gerade ein
Vierteljahrhundert alt. Schon damals gab sie eine Art Wahrzeichen ab,
gerade auch für die Mädchen, die um sie streunten auf der Suche nach
Zerstreuung: „Ich bin jetzt auf der Tauentzien bei Zuntz", berichtet das
„kunstseidene Mädchen" Doris, „was ein Kaffee ist ohne Musik, aber
billig – und viele eilige Leute, wie rasender Staub, bei denen man
merkt, daß Betrieb ist in der Welt ... Und gegenüber ist eine Gedächt-

Walter Ruttmanns „Die Sinfonie der Großstadt" ist der erste deutsche Film aus dem Geist der Neuen Sachlichkeit. Berlin liefert den Schauplatz, seine Bewohner liefern die Schauspieler, die Auslagen liefern die Schaustücke, und die Stadt wird zum Schaufenster – keine expressionistische Überbordendheit mehr, dafür die kühle, coole Vorführung dessen, was es alles gibt.

Kulte der Zerstreuung, festgehalten im Jahr 1930: Im Kaffeehaus lässt sich die Zeit vertreiben, die nun großzügiger zur Verfügung steht als früher; im Hintergrund die Kaiser-Wilhelm-Gedächt-niskirche, weniger Gotteshaus als Wegmarkierung, Kulisse für die urbanen Sensationen.

niskirche, da kann aber niemand rein wegen der Autos drum rum, aber sie hat eine Bedeutung."[12] Gern gibt Irmgard Keun den Substantiven einen unbestimmten Artikel mit – „ein" Glanz, „eine" Bedeutung –, um so einem gewissen Staunen ihrer Heldin Ausdruck zu verleihen, und um vorzuführen, dass die Begeisterung ein wenig auswendig gelernt ist. Mascha Kaléko helfen für die gelinde Ironisierung die Reime. So heißt es in ihrer eigenen Hommage auf den Distrikt, „Julinacht an der Gedächtniskirche" betitelt: „Hell glitzern Fenster auf der Tauentzien. / Man kann sich herrlich ziellos treiben lassen. / Da protzen Kaffees mit dem bißchen ‚Grün' / Und geben sich nebst Efeu als ‚Terrassen'."[13]

Natürlich blicken sich Irmgard Keun und Mascha Kaléko jeweils über die Schulter. Die eine allerdings, die Romanschriftstellerin, schreibt von Köln aus, wo sie, immerhin in Berlin geboren, noch als Kind hingezogen war. Die Lyrikerin wiederum, zwei Jahre jünger, sondiert auch topografisch das Berliner Terrain. 1928 heiratet sie den Journalisten und Hebräischlehrer Saul Kaléko und zieht mit ihm von Mitte nach Tempelhof, dann nach Wilmersdorf und schließlich nach Charlottenburg, in die Bleibtreustraße, zwischen Kantstraße und Kurfürstendamm gelegen: Sie weiß dann definitiv, wovon sie spricht, wenn sie Julinächte um Gedächtniskirchen skizziert. Der Weg nach Westen, den das Paar absolvierte, galt generell als Verbesserung. Als Groß-Berlin entstand, waren dem Zentrum vor allem Bezirke angegliedert worden, in denen der Wind frischer wehte, und die gewisse Zäsur, die sich durch die Hinzufügung ergeben hatte, blieb sichtbar und spürbar in der Sozialstruktur und im Charakter seiner Bewohner. Alfred Döblins „Berlin Alexanderplatz" etwa erfuhr gerade darin seine Wertschätzung, dass er, so Axel Eggebrecht in seiner im Erscheinungsjahr 1929 geschriebenen Würdigung, „Berlin nicht als Betrachter und Genießer vom Westen her" sieht: „Er durchlebt es im Zentrum und Osten."[14] Das reiche Westend und das arme Eastend sind ohnedies eine fixe Formel der urbanen Geschichten, und wie so vieles, was Stadt und Städte angeht, kam sie in Berlin zur Kenntlichkeit durch ihre Radikalisierung. „Ein Rundbild des Kongo-Berlin" sei Döblins Roman, konstatierte in eben dem Jahr 1929 der Kritiker Balder Olden mit der unverhohlenen Häme des Westlers.[15] Der Riss jedenfalls, der dem geteilten Berlin im Kalten Krieg aufgezwungen werden wird, hat seine Präfiguration in den Zwanzigern.

Irmgard Keun verdingte sich ihrerseits als Angestellte – auch wenn es im Betrieb das Vaters war, der zeitkonform gefordert hatte, dass die Tochter etwas Anständiges arbeite. So setzte auch sie sich, wie Mascha Kaléko reimte, im „Büro" auf den „Popo".[16] Sie alle waren Schreibkräfte, hatten eine sitzende Tätigkeit und deshalb Kräfte frei für die Stunden nach dem Dienst. Dass es vielfach Frauen waren, denen nunmehr die Abende offenstanden, hat das öffentliche Bild der Stadt mit dem hellen Schein ihrer Lichtreklamen, dem Einladenden der Schaufenster und den Zeremonien von Kosmetik und Couture geprägt. Der neue Reiz der glänzenden Hülle entsprang auch den Bedürfnissen eines Körpers, der tagsüber stillgestellt war und irgendwann nach Berücksichtigung in Sport, Spiel und Spannung verlangte.

Fräulein Piesewang tanzt den Shimmy: großstädtische Vergnügungsindustrie

Es ist bezeichnend, wie Berlins – männliche – Freigeister und Querdenker sich mit dieser gewissen Freizügigkeit, die einfach daraus resultierte, dass man sie sich zeitlich und in gewissem Maße auch finanziell leisten konnte, ins Benehmen setzten. In einer im Jahr 1921 herausgegebenen Anthologie namens „Jazz und Shimmy. Brevier der neuesten Tänze" hat sich Kurt Tucholsky unter seinem Pseudonym Peter Panter zu den Vergnügungen des „Fräulein Piesewang", der exemplarischen Sekretärin, vernehmen lassen und dabei den Orchestern in die Noten geblickt: „Ihre Musik klappert im selben Takt wie die Schreibmaschinen, die das Publikum vor zwei Stunden verlassen hat, ihr Gesang ist rhythmisiertes Prinzipalsgeschrei, und ihr Tanz ist der ums goldene Kalb. Jazz Band ist eine Fortsetzung des Geschäfts mit anderen Mitteln."[17] Vergnügen und Arbeit, sagt Tucholsky, funktionieren nach demselben Prinzip der Rhythmisierung. Das

Tanzen hat die gleiche Motorik wie Fließband oder Schreibmaschinen-
walze.

Siegfried Kracauer sieht es knapp zehn Jahre später in einem Buch, in
dem er die „Angestellten" von Grund auf analysiert, exakt von der
anderen Warte: „Je mehr die Monotonie den Werktag beherrscht, desto
mehr muß der Feierabend aus seiner Nähe entfernen ... Der genaue
Gegenschlag gegen die Büromaschine aber ist die farbenprächtige
Welt. Nicht die Welt, wie sie ist, sondern wie sie in den Schlagern
erscheint. Eine Welt, die bis in den letzten Winkel hinein wie mit
einem Vakuumreiniger vom Staub des Alltags gesäubert ist."[18] Vergnügen und Arbeit, sagt Kracauer, stehen einander in heftigster Konfrontation gegenüber: Jenes muss an Glücksverheißungen in Aussicht stellen,
was diese an Frustrationen schafft; Kultur ist dem Ausgleich verpflichtet. Wer auch immer recht hat, Tucholsky mit seiner Widerspiegelungs-
oder Kracauer mit seiner Kompensationstheorie: Der eine erweist sich
schon um 1920 als Vertreter einer distanziert-coolen Neuen Sachlichkeit, der andere ist ganz linker Denker und Kritiker eines Zerstreuungs-
mechanismus, den man später „Vergnügungsindustrie" nennen wird.

Jedenfalls ist diese Berliner Kultur auf einem hohen Niveau massentauglich. Sie ist eine Art Proto-Pop, bringt Ernst und Unterhaltung
zusammen und nimmt das Seriöse des Kanons mit dem Locker-Lufti-
gen des Momentanen Huckepack. Strenge Lesart und leichte Lesart
legen sich übereinander im changierenden Duktus von Scherz, Satire,
Ironie und tieferer Bedeutung. Zu diesem Jargon gehört auch die
Offenheit für alle Formen von PR-Arbeit, sei es an der eigenen Erscheinung oder am Ganzen einer Programmatik. Erich Kästner wäre ein Fall
für eine solche Offenheit, als Autor von Kinderbüchern, als Romancier
und vor allem auch als Verfasser von Gereimtem. Es ist bezeichnend,
wie er in seinem Lyrikband „Lärm im Spiegel", publiziert 1929, nach der
Darbietung diverser Gedichte innehält und zu einer „prosaischen
Zwischenbemerkung" ansetzt: „Zum Glück gibt es ein oder zwei
Dutzend Lyriker – ich hoffe fast, mit dabei zu sein –, die bemüht sind,

Haus Vaterland am Potsdamer Platz: „Nicht schlagender", schreibt Siegfried Kracauer in seiner epochalen Studie über die Angestellten, „könnte sich das Geheimnis der neuen Sachlichkeit enthüllen als hier. Hinter der Pseudostrenge der Hallenarchitektur nämlich grinst Grinzing hervor. Nur einen Schritt in die Tiefe, und man weilt mitten in der üppigsten Sentimentalität. Das aber ist das Kennzeichen der neuen Sachlichkeit überhaupt, daß sie eine Fassade ist, die nichts verbirgt."

das Gedicht am Leben zu erhalten ... Man hat für diese Art von Gedichten die Bezeichnung ›Gebrauchslyrik‹ erfunden, und die Erfindung
beweist, wie selten in der jüngsten Vergangenheit wirkliche Lyrik war
... Die Lyriker haben wieder einen Zweck. Ihre Beschäftigung ist wieder
ein Beruf. Sie sind wahrscheinlich nicht so notwendig wie die Bäcker
und die Zahnärzte; aber nur, weil Magenknurren und Zahnreißen
deutlicher Abhilfe fordern als nichtkörperliche Verstimmungen.
Trotzdem dürften die Gebrauchspoeten ein bißchen froh sein: sie
rangieren unmittelbar nach den Handwerkern."[19]

Die Literatur hat wieder einen Zweck, denn sie sitzt nicht im Elfenbeinturm, sondern den Zeitläuften im Genick. Kästners Gebrauchslyrik
gibt einen Geschmack davon, und sie hat, gemeinsam mit den bezeich-
nendsten Dingen, die in Berlins hybrider, die Vermischung suchender
Kultur entstehen, einen Nebengeschmack: Während viele künstlerische Artikulationen der klassischen Moderne den in ihrer Ernsthaftig-
keit und Weltverbesserungsattitüde niederschmetternden Eindruck
hinterlassen, ihre Produzenten müssten zum Lachen in den Keller
gehen, sind die Auslassungen ihrer einschlägigen Literaten einfach
witzig. „Das kunstseidene Mädchen" ist diesbezüglich so grandios wie
typisch: „Fragt mich die Großindustrie, ob ich auch ein Jude bin. Gott,
ich bin's nicht – aber ich dachte: wenn er das gern will. Tu ich ihm den
Gefallen – und sag: ›Natürlich – erst vorige Woche hat sich mein Vater
in der Synagoge den Fuß verstaucht.‹ Sagt er, er hätt es sich ja denken
können bei meinem krausen Haar. Dabei sind es Dauerwellen und von
Natur aalglatt."[20]

Und natürlich auch Mascha Kaléko. Als Gebrauchslyrikerin ist sie sich
für eine ganz buchstäbliche Verwendung der Benutzbarkeit nicht zu
schade. So ist von ihr im Januar 1930 in der „Berliner Illustrierten
Zeitung" Folgendes zu lesen: „Marcella entbehren / kann eine allein – /
Die Venus von Milo / und die ist von Stein"[21]: Der Spruch war ein
Werbetext, der Auftraggeber ein Fabrikant für Büstenhalter, und die
Frage, die der Vierzeiler beantwortete, lautete: „Welche Frau ist so

schön, dass sie ‚Marcella' entbehren kann?"[22] High und Low vermischend kann die Antwort, die per Inserat erteilt wird, dann nur eine klassisch gebildete sein: die Venus von Milo. Im Sinn einer solchen Vermischung arbeitet auch die Anspielung. In „Frühling über Berlin" etwa klingt Eduard Mörikes Gassenhauer über die hoffnungsfrohe Jahreszeit an. Natürlich liefert das Idyll dabei nur die nette Fassade, in sie fährt sodann die Breitseite der Gegenwart: „Großstadtqualm statt Maiendüfte. / – Frühling über Groß-Berlin! – / Süße wohlbekannte Düfte / Stammen höchstens vom Benzin."[23]

Bald würden Witz und Sarkasmus ohnedies im Halse stecken bleiben. Die kulturellen Blitz- und Glanzlichter der großen Zeit Berlins haben auf die typische Art und Weise, die sie zu Seismografen macht, als Ahnung in sich eingebaut, was die Nachgeborenen dann mit Wissen füllen können: wie es himmelschreiend weitergegangen ist; Berlin hat es am ureigenen Leib und bis in die Eingeweide erfahren.

Bald würden Witz und Sarkasmus ohnedies im Halse stecken bleiben. Die kulturellen Blitz- und Glanzlichter der großen Zeit Berlins tragen auf die typische Art und Weise, die sie zu Seismografen macht, als Ahnung in sich, was die Nachgeborenen dann mit Wissen füllen können: wie es himmelschreiend weitergegangen ist; Berlin hat es am ureigenen Leib und bis in die Eingeweide erfahren. Bei Kracauer, um nur einen der sensiblen Geister zu nehmen, lässt sich die seltsame Prophetie schon in seinem Text über den „Kult der Zerstreuung", geschrieben nicht später als im März 1926, erkennen: „In den Straßen Berlins überfällt einen nicht selten für Augenblicke die Erkenntnis, dies alles platze unversehens eines Tages entzwei."[24] Mascha Kaléko, näher an der Katastrophe, bringt die Hauptursache für die Kapitulation aller Kultur, die mit dem Nationalsozialismus ausgerufen wird, auf den Punkt der wirtschaftlichen Krise. Am 28. Dezember 1931 erscheint in der „Welt am Montag", die einen allwöchentlichen Beitrag bei ihr in Auftrag gegeben hatte, ein „Zeitgemäßer Liebesbrief", wiederabgedruckt im „Lyrischen Stenogrammheft". Die zweite Strophe leistet sich diese bei allem Spott schon die Verzweiflung streifenden Zeilen: „Abgangszeugnis. Sanft ruht die Karriere. / Letzter Akt. Der Eisenvorhang fällt, / Denn mein Chef hat statt der Sekretäre / Lediglich die Zahlung eingestellt."[25]

Großstadtqualm statt Maiendüfte: Mascha Kalékos Gebrauchslyrik für prekäre Zeiten

„1934 gibt sie ihre Arbeit bei der Jüdischen Gemeinde auf, wo sie zuletzt in verantwortlicher Position als selbstständige Abteilungssekretärin in der Etat-Kontrolle der Hauptverwaltung tätig war."[26] In der typischen Beflissenheit, die halb vorauseilendem Gehorsam, halb Angst entsprang, sehen die Zeitungen dann auch keine Gelegenheit mehr zur Publikation von Mascha Kalékos Arbeiten. Bei der berüchtigten Aktion „wider den undeutschen Geist", die am 10. Mai 1933 auf dem Opernplatz direkt an Berlins Hauptstraße Unter den Linden in der propagandistisch heftig aufgeladenen Bücherverbrennung kulminiert, ist ihr „Stenogrammheft" nicht vertreten. Ihre jüdische Herkunft hat noch kein größeres Aufsehen erregt. Sie kann sogar Mitglied der Reichsschrifttumskammer werden, der alle, die gedruckt werden wollten, per obligatorischer Zuweisung Folge zu leisten hatten. Entsprechend gelingt ihr die Publikation ihres zweiten Buches noch Ende des innenpolitisch so folgenreichen, weil die Gleichschaltung exekutierenden, Jahres 1934. Das Regime kommt ihr jedoch bald auf die Schliche, im August 1935 wird sie aus der Zwangsbeglückung in der Literatenanstalt des Doktor Goebbels entlassen. Damit ist es definitiv vorbei mit einer eigenen Publizistik – jedenfalls außerhalb der Apartheid jüdischer Blätter. Eine Art privaten Glücks kann sie trösten. Sie bringt einen Sohn zur Welt und geht eine neue Ehe ein.

1934/35 verdingt sie sich als Texterin für Schallplatten. »Wir legen eine
neue ‚Grammophon'-Platte auf«, lautet die Kampagne, bei der Lieder
und Moderation einander abwechseln; die Sprechteile stammen von
Mascha Kaléko. Dem neunten dieser Tonträger ist ein »Gruß aus
München« beigegeben, in dem ein Mensch aus Bayern Berlin seine
Reverenz erweist. Besonders angetan, so gibt dieser fingierte Süddeut-
sche zu verstehen, hat es ihm ein Etablissement, das tatsächlich in der
Reichshauptstadt für Furore sorgte. Das »Haus Vaterland«, situiert am
Potsdamer Platz, war ein riesiger Vergnügungskomplex, facettiert in
diverse Abteilungen, die verschiedene Milieus vorführten. Es gab eine
spanische Bodega, eine japanische Teestube, ein Weinlokal à la
Grinzing, eine Wild-West-Bar und vieles mehr, darunter auch ein
Münchner Hofbräuhaus. Man kennt derlei Retortenstücke einer
verordneten Exotik bis heute. Damals aber war die Vielfalt an Angebo-
ten zu einer Do-it-yourself-Hemmungslosigkeit von spezieller Attraktivität. Und sie war ganz neu. 1928 war das Haus umgebaut, von Kem-
pinski, der damals noch Weinhändler war, übernommen und mit den
Unterhaltungsbühnen vollgestellt worden. Es existierte bereits seit
1911, zunächst hatte es Café Piccadilly geheißen, doch unter dem
nationalen Wahn der Weltkriegsjahre musste ihm ein chauvinistischer
Name gegeben werden. Was lag also näher, als es nach eben dem
Vaterland zu benennen, das nun alle in der Seele und auf der Zunge
trugen. Deswegen konnte es auch in die Nazi-Jahre hinein bestehen –
arisiert. 1943 wurde es ausgebombt.

»Haus Vaterland ist ein Begriff geworden in Berlin«, lässt es Mascha
Kaléko dröhnen. »Wenn unsere Freunde aus dem Reich nach Berlin
kommen, so schreiben sie ins Notizbuch ‚Haus Vaterland nicht
vergessen'. Mitten im lebendigsten Getümmel am Potsdamer Platz
leuchtet die Kuppel Haus Vaterland, verlockend wie ein Zauberpa-
last.«[27] Siegfried Kracauer hatte den Vergnügungstempel auch schon
zum Thema gemacht, in seiner 1929 entstandenen Studie über die
»Angestellten«, die hier, so meinte er, ganz zu sich und der Befriedigung
ihrer Bedürfnisse kämen: »In den gemeinten Lokalen ist die Masse bei

sich selber zu Gast; und zwar nicht nur aus Rücksicht auf den geschäft-
lichen Nutzen des Unternehmers, sondern auch um einer eingestande-
nen Ohnmacht willen. Man wärmt sich aneinander, man tröstet sich
gemeinsam darüber, daß man der Quantität nicht entrinnen kann. Ihr
anzugehören wird durch die hochherrschaftliche Umgebung erleich-
tert. Sie ist besonders feudal im Haus Vaterland, das am vollkommens-
ten den Typus verkörpert."[28]

Im August 1914 war eine Euphorie himmelhoch jauchzend durch
Deutschland gebrandet, die die sozialen, ökonomischen, ethnischen
Unterschiede wegzuschwemmen schien, die Weltkriegsbegeisterung,
die Verheißung aller Klassenlosigkeit im ewigen Augenblick des
Triumphs. Dass es nichts wurde mit der Ich-Auflösung im Taumel, war
bald absehbar, und die allgemeine Frustration folgte auf dem Fuß.
Womöglich war die Euphorie größer als in anderen Ländern, sicher
aber die Niedergeschlagenheit. Auch so entstehen Konjunkturen: Die
Kulte der Zerstreuung, die das Berlin der Zwanzigerjahre über alle
anderen Städte hinaushoben und seinen Nimbus ausmachten, waren
so gesehen nur möglich im massenpsychologischen Status quo einer
totalen Niederlage, die der totalen Emphase folgte. Die spektakuläre
Kunst für alle, die Berlin seine Unverwechselbarkeit verlieh, die so
mitreißend war, dass sie die Schranken des Kanonischen mit ihrer
Trennung in High und Low behände überwand, lieferte dabei eine Art
Begeisterungsersatz. Im Ästhetischen ließ sich auf Dauer oder jedenfalls auf Wiederholbarkeit stellen, was im Politischen eine Kurzzeit-
sensation geblieben war. Berlins Spektakelkultur war nicht zuletzt das
Versprechen auf das Glück der Masseneuphorie. Orte wie das Haus
Vaterland gaben ihr die Bühne.

Hitler kam als einer, der aufs Neue ein solches Glück als gesellschaftli-
ches Ereignis versprach. Es würde, so stellte er es in all seiner Suggesti-
vität vor die Augen eben jener Massen, wieder aus dem Politischen
kommen und alles Ästhetische hinter sich lassen. Es würde authen-
tisch sein und nicht artifiziell, es würde überall stattfinden und nicht

Berliner Verkehr: Die Potsdamer Straße führt, natürlich, auf den gleichnamigen Platz zu, damals der meistbefahrene Europas; hier gab es nicht nur die Tempel des Vergnügens und der Zerstreuung, sondern auch, gewissermaßen zur Kanalisierung all der Dynamik, die früheste Ampel.

auf Etablissements verwiesen sein. Der Nationalsozialismus konnte gut und gern von den Begeisterungserwartungen profitieren, die ihm eine Öffentlichkeit entgegenbrachte, die sich wohlfeil darauf eingestellt hatte, Publikum zu sein – und dafür gerade in der Reichshauptstadt ausgebildet war.

Im September 1938, auf den Monat gerade noch rechtzeitig, machte sich Mascha Kaléko mit ihrem zweiten Mann Chemjo Vinaver und ihrem Söhnchen Avitar aus Deutschland davon. Die Familie ging nach New York. Hier hatte sie bald Kontakt zu anderen Schriftstellern im Exil, zu Hermann Kesten, Kurt Pinthus, Alfred Döblin, die sie alle von Berlin her kannte. Ihre Heimat-Metropole blieb vielfach präsent, als man 1960 nach Jerusalem weiterzog. Mascha Kaléko begann wiederentdeckt zu werden, ziemlich häufig kam sie jetzt in die Bundesrepublik, um dem neuen Staat ein wenig Stachel zu sein im Fleisch der Selbstzufriedenheit. Eine endgültige Rückkehr versagte sie sich indes bis zu ihrem Lebensende 1975. Im „Aufbau", der Zeitschrift für deutsche Literatur, herausgegeben in New York, hatte sie 1947 ein Gedicht publiziert, das vielleicht erklärt, warum das so blieb. Es war an ihren Sohn gerichtet, Titel: „Einem kleinen Emigranten".[29] Die dritte Strophe lautet: „Du hattest grade deinen ersten Zahn, / Da setzten sie aufs Dach den roten Hahn. / Der Schwarze Mann, die Bittre Medizin, / Sie hiess: Berlin."

LINA BO BARDI, SÃO PAULO UND DER
STÄDTEBAU DER NACHKRIEGSZEIT

Wolkenkratzer und Elfenbeinturm

Die Hausbesitzerin steht an der Fensterwand und genießt den unge-
störten Blick ins Freie. Das Foto, das sie bei der Inbesitznahme der
Umgebung zeigt, stammt aus dem Jahr 1952, kurz davor ist ihr Eigen-
heim fertig geworden, und es ist eines der spektakulärsten seiner Zeit.
Lina Bo Bardi sieht auf einen Wald, ihr Standpunkt ist so erhöht, dass
sie die Wipfel überblickt. Die tropische Vegetation scheint bis zum
Horizont zu reichen, doch der Schein trügt. Die „Casa de Vidro", das
Haus aus Glas, erbaut 1950/51 und entworfen von der Eigentümerin
selbst, steht zwar an der Peripherie, doch die zukünftige Weltstadt
kündigt ihr Kommen schon mächtig an. Bald wird der Jardim de
Morumbi, in dem die gläserne Bastion steht, wird dieser grüne Hügel
mit seiner betuchten Bewohnerschaft eingefasst werden von dem
Moloch, der innerhalb eines Jahrzehnts seine Bevölkerung verdoppeln
und dann etwa zweieinhalb Millionen Einwohner zählen wird. Noch
heute, da die Stadt von geschätzten zwanzig Millionen Menschen
bewohnt wird, ist das südwestlich des Zentrums angesiedelte Viertel
eines der reichsten von São Paulo. Die Splendid Isolation allerdings, in
die Lina Bo Bardi vor mehr als einem halben Jahrhundert eine eigene
Quarantänestation setzte, ist längst überwuchert vom vitalen Organis-
mus Weltstadt.

Das Glashaus überblickt die Umgebung von einer Erhöhung aus, und
als reiche dies nicht an Perspektive, ist es auch noch aufgestelzt. Eine
fragile Treppe führt hoch zu dieser dreiseitig transparenten Urhütte
des Modernismus, die ein Belvedere ist, eine Aussichtsplattform, ein
Panorama mit dem Blickpunkt Metropole. Wie ein Periskop reckt sich
der Bau der Stadt entgegen, die schon beansprucht, selbst ein Wald zu
sein, ein Stelenwald, eine Schonung noch für eine bald stolz und
vielzählig in die Höhe gereckte Ansammlung von Wolkenkratzern. São
Paulo kennt kaum Signaturgebäude, ehrgeizige, auf Wiedererkennbarkeit erpichte architektonische Einzelstücke. Statt Solitären gibt es hier
Kollektive, uniforme Gruppen von wieder und wieder aufgestellten,
gesichtslosen Zwanzig-, Dreißig-, Vierzigstöckern, die man bald auf den
Begriff „Brutalismo Paulistano" bringen wird. Brutalismus meint jenen

Die Casa de Vidro, das Haus aus Glas, das Erstlingswerk der Architektin Lina Bo Bardi, erbaut für sich und ihre Familie. Fotografiert im Jahr 1951, erkennt man die Senhora auf der Eingangs-treppe, die vermittelt zwischen dem Solitär des fragilen Gebildes und der Welt, über der er sich kostbar erhebt; ungreifbar erscheint dieser Aufgang, eine Silhouette, eine Anmutung, und so sieht sich offenbar auch die Hausherrin.

rohen Beton, der sich in makabrer Deutlichkeit nicht nur als Kern, sondern auch als Schale dieser anonymen Baulichkeiten zu verstehen gibt. Dass dieser Brutalismus brutal ist, erklärt sich dann von selbst. In Ansätzen gibt es ihn schon um 1950.

Bei aller Neugier für die Umgebung ist Lina Bo Bardis ehrgeiziges architektur-skulpturales Objekt auch ein Ort des Rückzugs und des Entzugs. Auf seinem Sockel aus federleichten Stahlstützen ist das Glashaus der Welt entzogen, es ist ein Elfenbeinturm, schöngeistig, zerbrechlich, von kostbarer Nonchalance. Natürlich dient es der Demonstration, und die Kulturinteressierten, die sich jetzt auch für São Paulo interessierten, gaben sich ihr Stelldichein. Lina Bo Bardis Ehemann Pietro Maria Bardi war der Gründungsdirektor des 1947 installierten MASP, des Museu de Arte de São Paulo. Ursprünglich sollte das Gelände mit Atelierhäusern bestückt werden, in denen Gäste der Institution, vor allem Künstler, unterkommen würden. Was schließlich realisiert wurde, war nicht nur ein Bauen für sich und das eigene Umfeld, sondern auch die Vorführung einer neuen, gewissermaßen tropischen Avanciertheit. Das Angenehme ließ sich mit dem Nützlichen verbinden: Als Fokus von Architektur war eine solche Verbindung immer schon vortrefflich. Die Kombination spiegelt sich nun auch in der Disposition des Glashauses wider: Nach vorne, um zu sehen und gesehen zu werden, ist es ein perfektes Schaubild, eine Galerie von durchgehenden 250 Quadratmetern; nach hinten, dort, wo

Es mag eine Tradition des ganz Neuen gewesen sein, in die Lina Bo Bardi sich mit ihrer Stadtkrone stellte, doch es war die ehrgeizigste, die sich denken ließ, eine Synthese sozusagen aus den Thesen und Antithesen der Meisterdenker, Meisterplaner schlechthin.

Schlafzimmer, Küche, Räume für die Bediensteten liegen, gibt es ganz konventionell Mauer, Fensteröffnung und Schutz vor Zudringlichkeiten. Zwei Innenhöfe, Patios, markieren die Zäsur; auf raffinierte Weise schaffen sie eine Übergangszone. Die Architektin hat schlichtweg gute Arbeit geliefert.

Die Casa de Vidro ist auch ein Gang durch die jüngere Geschichte des Metiers. In den Vereinigten Staaten waren gerade zwei Treibhäuser in die Wiese gestellt worden, verweiskräftig genug für die Ambitionen ihrer Planer. Ludwig Mies van der Rohe, der seit 1946 am sogenannten Farnsworth House baute, ist der einflussreichste Weltkriegsemigrant unter den Architekten, Philip Johnson, der seit 1949 seine eigene gläserne Hütte realisierte, ist dessen eifrigster Jünger und als Ausstellungskurator am New Yorker Museum of Modern Art Erfinder des Begriffs „International Style", der auf eine Präsentation des Jahres 1932 zurückgeht. Beider Entwürfe befinden sich inmitten ausladender Gärten und sind so der Interferenz mit einer städtischen Umgebung entzogen. Die Idee, das Gebilde auf Stelzen zu befördern und mit dem ganz physischen Mechanismus der Erhobenheit eine ästhetische Qualität der Erhabenheit einzuführen, kam wiederum von Le Corbusier. Er ist der notorische Konkurrent Mies van der Rohes und bis heute die Alternative, die man sich ins Gedächtnis ruft, geht es um den Gottvater des architektonischen Modernismus. Es mag eine Tradition des ganz Neuen gewesen sein, in die Lina Bo Bardi sich mit ihrer Stadtkrone stellte, doch es war die ehrgeizigste, die sich denken ließ, eine Synthese sozusagen aus den Thesen und Antithesen der Meisterdenker, Meisterplaner schlechthin.

Es ist kein Zufall, dass europäisch-nordamerikanische Konzepte sich nun in São Paulo verdichten. Die Stadt und mit ihr die Nation, deren jedenfalls ökonomische Zentrale sie wurde, galten als Sehnsuchtsorte der vom Weltkrieg, von Auschwitz und Hiroshima versehrten Bewohner des alten Kontinents. Was auf der anderen Seite der Ozeane gründlich desavouiert war, konnte Urstände feiern als Modelle für eine Neue Welt. Und so wurde aufgepfropft. Den zarten Pflänzchen einer eigenen Entwicklung wurde Wachstumsschub verordnet von den Gärtnern des Utopismus. Die Herren Modernisten trugen ihre zukunftsfrohen Vorstellungen nach Übersee, Stahl und Glas lieferten den Vorschein einer besseren Zeit, und die Angesprochenen zierten sich allzu wenig. Bald genug würde man es ihren Großstädten ansehen.

Schon 1941 hatte Stefan Zweig Brasilien „Land der Zukunft" genannt. Er hatte hier, von den Nationalsozialisten in die Emigration gezwungen, Zuflucht gefunden, auch wenn das Glück, wie so oft bei derlei Schicksalen, nur kurzfristig war und mit dem Suizid des weltberühmten Literaten im Jahr darauf sehr abrupt endete. São Paulo ist ein Kapitel seines Brasilien-Porträts gewidmet, und gleichsam vorab stellt Zweig fest, was Arbeitsgrundlage für Lina Bo Bardi sein wird: „Gegenseitig sich immer um ein paar Stockwerke überbietend, stemmen sich

Eine Zeichnung Lina Bo Bardis für das dritte der Gebäude, das man neben der Casa de Vidro und dem Museu de Arte de São Paulo mit ihrem Werk verbindet: Das SESC Pompeia, ein Kultur-, Sport- und Freizeitzentrum, das die Architektin 1977 bis 1986 in einer ehemaligen Fassfabrik im Nordwesten São Paulos installierte.

im Zentrum die Wolkenkratzer empor, um die Raummenge zu bewältigen, während gleichzeitig hügelauf und hügelab in immer weiterem Kreise die Villenvorstädte sich radial verbreitern.«¹ São Paulo sei eine »typische Entwicklungsstadt«, sagt Zweig, zwar nicht schön, aber jedenfalls dynamisch. Und der Gegensatz zur damaligen Hauptstadt Brasiliens wird betont: »In der Tat verhält sich São Paulo zu Rio de Janeiro wie Mailand zu Rom, wie Barcelona zu Madrid ... nicht die Hauptstädte, nicht der Sitz der Verwaltung, nicht die Hüter der Kunstwerte des Landes, aber den Residenzen überlegen durch werktätige Energie.«

São Paulo, so fasst sie es im Jahr 1978 zusammen, sei ein „Knochenhaufen", „Weltmeisterin der Selbstzerstörung". Betrachtet man das Panorama São Paulos mit seinen ins Unendliche weisenden Ausrufezeichen von Wohn- und Bürotürmen, ist den harschen Worten der Kritikerin recht zu geben.

Das berüchtigste Gebräu aus der Hexenküche des europäischen Modernismus ist die sogenannte »Charta von Athen«. Sie dokumentiert der Weisheiten letzte Schlüsse, die der CIAM, der internationale Kongress von Architekten der Moderne, in Sachen Städtebau entwickelt hatte. 1928 ins Leben gerufen, stellte der CIAM die Pressure-Group des funktionalistischen Bauens, seine Mitglieder waren die bald berühmten Vertreter des International Style, die Verfechter des Flachdachs, die Wegbereiter der weißen Wand, die Lehrer von Licht und Luftigkeit für eine heiterere, großzügigere, modernere Welt. Die besten ihrer Einzelbauten, Mies van der Rohes Villa Tugendhat in Brünn, Le Corbuisers Villa Savoie bei Paris, die Weißenhofsiedlung in Stuttgart, sind architektonische Sensationen im besten Sinn, und sie sind, wie ihre Planer selbst, Fanale der Individualität. Massentauglich ist hier nichts.

Die Stadt zerfällt in ihre Funktionsbereiche: Arbeit, Wohnen, Freizeit, Verkehr

Für seine dritte Tagung hatte sich der CIAM ausgerechnet den Städtebau vorgenommen. In aller Abgehobenheit hatte man sich dafür im Sommer 1933 auf Luxuskreuzfahrt begeben, die Reise ging von Marseille nach Athen und wieder zurück, und in mediterranem Idyll auf hoher See ließ man Referate über die urbanistische Gegenwart von Metropolen wie Paris oder London, von Bürostädten wie Genf oder Den Haag, von Industriestandorten wie Detroit oder Charleroi über sich ergehen. Am Ende sollte eine Art Kommuniqué stehen, das indes auf sich warten ließ. Erst zehn Jahre später trat man damit an die Öffentlichkeit, die Beschlüsse wurden letztlich von Le Corbusier nochmals überarbeitet und als „Charte d'Athènes" zum programmatischen Text des modernistischen Städtebaus. Er sollte buchstäblich in die Weltgeschichte eingehen, als Rechtfertigungsschrift für alles fortan überhandnehmende Versagen, als Schlüssel dafür, wie man es tunlichst nicht macht. Natürlich war die Charta gut gemeint. Umso weniger war sie gut. Die Städte der Nachkriegszeit mit ihren Trabantensiedlungen, ihrem Zusammenpferchen von Menschen, ihren überbordenden Brachen, die beschönigend als Verkehrsflächen verbucht werden, sprechen Bände über dieses Papier.

Hauptursache dafür ist die Aufzählung von vier, genau vier, Funktionsbereichen, die laut Charta von Athen eine Stadt ausmachen: Wohnen, Arbeiten, Freizeit, Verkehr. Das geringere Problem war die Reduktion auf dieses Quartett, und Lewis Mumford, der im Jahr 1960 eine monumentale Geschichte der Stadt publizieren wird, trat sogleich mit einem Dementi hervor: Historie, Bildung, Kultur seien doch auch wichtige Funktionen. Das weitaus größere Problem lag in der Trennung der vier Bereiche, die zwar nicht explizit formuliert, aber in der additiven Aufzählung jedenfalls angelegt war. Wohnen fand fortan ganz woanders statt als Arbeiten, und Verkehr war die notwendige Sphäre, um das eine mit dem anderen irgendwie in Einklang zu bringen; Freizeit blieb dann übrig als jene verrinnenden Minuten, die man brauchte, um die Bereiche zueinander kompatibel zu machen. In Paris wird der Romancier Pierre Béarn es Anfang der Fünfzigerjahre auf die schöne Formel „Métro Boulot Dodo" bringen: ein Leben zwischen U-Bahn, schlechter Arbeit und erschöpftem Ins-Bett-Fallen. Natürlich ist die Charta von Athen der Versuch, auf das ausufernde Wachstum der Städte in der Moderne zu reagieren. Aber ein unzulänglicher. Die Wohlstandsinseln des Westens konnten sich mittlerweile von den funktionalistischen Verfügungen wohlfeil verabschieden, nicht zuletzt deswegen, weil sie das demografische Wachstum im Griff haben. Den Rest der Welt hat der CIAM, den es seit über fünfzig Jahren nicht mehr gibt, weiterhin am Wickel.

Mit an Bord des Luxusliners auf dem Weg nach Athen war damals, man hatte auch Nicht-Architekten mitgenommen, ein italienischer Kritiker und Kulturjournalist namens Pietro Maria Bardi. Im Jahr 1900 in La Spezia geboren, bewegte sich Bardi im Umfeld des italienischen Rationalismus, dessen Credo es durchaus gestattete, sich mit dem totalitären Regime anzufreunden – was nichts anderes bedeutet, als sich mit ihm gleichzumachen. Der Faschismus hatte anders als der deutsche Nationalsozialismus ein Faible für die Orthodoxien der Moderne, und es entstanden durchaus avancierte Architekturen, so etwa die Casa del Fascio von Giuseppe Terragni in Como. Bardi jedenfalls war gut Freund mit Terragni und mit dem Duce gleich mit. 1931 hatte er ihm einen „Rapport" gewidmet, in dem unsterbliche Sätze des politischen Opportunismus wie dieser stehen: „Die Jugend wendet sich an Mussolini, das Schicksal der Architektur in die Hand zu nehmen, um die es heute schlecht bestellt ist ... Was Mussolini antworten wird, wird gut sein. Denn Mussolini hat immer recht."[2] Angesichts solcher Huldigungsadressen, die man leider als vollkommen ironiefrei lesen muss, hatte Bardi ein gutes Auskommen in seinem Land. Und im Rahmen seiner vielfältigen Aktivitäten lernte er eine junge Architektin kennen, die zwar Entwürfe en masse kreierte, aber nichts baute, sondern Artikel zu den einschlägigen Themen ihres Fachgebiets verfasste. Unter anderem schrieb sie für Gio Pontis heute noch existierende, renommierte Zeitschrift „Domus". Achillina, genannt Lina, Bo, geboren 1914 in Rom, war ein Versprechen auf das, was kommen würde. Mit Kriegsende brach das Kommende an.

Bardi allerdings war als Wortspender des Faschismus erst einmal diskreditiert. Er war beileibe nicht der Einzige, und der Weg der ästhetischen Moderne ist gesäumt von den Abgründen politischer Liebedienerei. Auch Le Corbusier, der Meister aller Radikalitäten, hatte sich in einem Brief an „Ihre Exzellenz Mussolini" zu Ausdrücken von „Respekt" und Bewunderung" hinreißen lassen.[3] Und selbst Stefan Zweig, der es doch besser wissen musste, hält in seiner Autobiografie „Die Welt von Gestern" 1942 Rückschau auf den Duce als „einen der ersten und besten Leser meiner Bücher in Italien".[4] Die Welt war verheert, das Denken am Boden – die Schleimereien uferten aus. Für Bardi galt es jetzt nach Lage der Dinge, Gras über die eigene kompromisslerische Sache wachsen zu lassen. Was bot sich Besseres an, als den Weg einzuschlagen, den vor ihm schon die Emigranten gegangen waren. Das Land der Zukunft wurde auch für ihn Brasilien. Seine Frau Lina, die er kurz vor der Abreise 1946 geheiratet hatte, nahm er mit.

Zunächst landete man in Rio, in der Hauptstadt, Weltstadt von legendärer Schönheit und mittlerweile auch prekärem Zuschnitt. Schon Anfang des 20. Jahrhunderts hatte es hier bedeutende urbanistische Eingriffe gegeben, nicht nur war die Avenida Atlantica den Strand von Copacabana entlang angelegt, sondern auch die heute nicht weniger wirksame Achse der Avenida Rio Branco mitten durch den Kern gezogen worden. Schlechterdings wurde der Altbestand dafür beiseite geräumt, rücksichtslos und fortschrittsbewusst, und die angestammten Bewohner hatten ihr übliches Nachsehen. In ihrer Hilflosigkeit bemächtigten sie sich des Abraums und zogen damit in Areale, die unbebaut geblieben waren, um dort neue Hütten zu zimmern. Es waren die Hänge der vielen Hügel, die vielerorts ziemlich unvermittelt aus dem Stadtgebiet wachsen, zentrumsnah gelegen, aber auch leidlich gefährlich, von Wind und Wetter gegerbt. So setzt schon kurz nach 1900 in Rio eine Wucherung ein, die bald die meisten, in rasantem Wachstum begriffenen Städte Brasiliens erfasst. Die Favelas greifen um sich, jene übervölkerten städtischen Wüsteneien, in denen die Stichworte, die die Nation sich ganz buchstäblich auf die Fahnen geschrieben hat – Ordnung und Fortschritt –, zu wünschen übrig lassen.

São Paulo ist für den Moment davon noch verschont. Die Stadt auf dem Hochplateau, 750 Meter über dem Meeresspiegel und 50 Kilometer im Landesinneren gelegen, kann sich ausdehnen, vor allem ist sie dank des Kaffees, dessen Welthandelszentrum sie darstellt, wohlhabend. Die Industrialisierung tut ihr Übriges, und die Stadt nimmt sich vor, dass man ihr all das auch ansieht. Sie kleidet sich in das Mäntelchen des Künstlerischen. Schon in den Zwanzigerjahren hatte es einen ebenso spektakulären wie kurzlebigen kulturellen Aufruhr gegeben, „Woche der Modernen Kunst" genannt. 1928 legte der Dichter Osvaldo de Andrade mit seinem „Anthropophagischen Manifest" nach, einem Plädoyer für das Autochthone, das typisch, originär Brasilianische, das nur in der seit Äonen betriebenen Menschenfresserei liegen könne. In frivoler Anspielung auf die Ureinwohnerschaft, die er mit dem kanonischen Bildungsgut, das die Kolonialisten mitbrachten, kurzschloss, rief Andrade aus: „Tupi or not Tupi". Damit war eine Messlatte gelegt. Dass São Paulo dabei auch den Rivalen Rio im Auge hatte, war Teil des Spiels.

1947 wird das MASP ins Leben gerufen, und die Eheleute Bardi finden einen plausiblen Anlass, in die Stadt zu ziehen, die immer schon speziell für italienische Einwanderer attraktiv war. Im bestenfalls halbdemokratischen Status quo Brasiliens ist es ein Mächtiger, ein Oligarch gewissermaßen, der sich der Sache annimmt, Assis Chataubriand, wie gern einmal in solchen Fällen der Besitzer des einflussreichsten Pressehauses namens „Diarios Associados". In ihm findet Pietro Maria Bardi einen Beschützer und das neu gegründete Museum ein

Domizil auf einigen Stockwerken von dessen Bürozentrale. Es wäre eine eigene Beschreibung wert, sich die Konstellationen, Eifersüchteleien, Rivalitäten auf der Zunge zergehen zu lassen, die die Jahre prägten, als die Bardis São Paulo eroberten. Die Amerikaner mischen mit, schließlich ist Kalter Krieg, und nicht von ungefähr ist Nelson Rockefeller, neben vielem anderen auch Kuratoriumsmitglied des Museum of Modern Art, eine Art graue Eminenz. Dann gibt es ein unmittelbares Konkurrenzunternehmen, das ein Jahr darauf ins Leben gerufene Museu de Arte Moderna de São Paulo, abgekürzt MAM, das seinerseits einem mächtigen Fürsprecher zugeordnet ist, dem Industriellen Francisco Matarazzo Sobrinho, dem wiederum Bardi und sein Patron in heftigster Feindschaft verbunden sind – was das MAM nicht daran hindert, ebenfalls Räume in Assis Chateaubriands Medientrust zu beziehen. Um die Atemlosigkeit der Entwicklung aufrechtzuerhalten, reagiert Rio mit einem eigenen Museum moderner Kunst, sodass nunmehr drei Institutionen die zarten Regungen ästhetischer Beflissenheit für sich reklamieren.

Damit nicht genug: Aus der Entourage des MAM und seines Spiritus Rector Matarazzo Sobrinho kommt die Initiative zu einer Biennale, die 1951 zum ersten Mal über die Bühne geht. Sie stellt bis heute, da das Prinzip aus dem Boden schießt und es nur noch auffällt, wenn ein Gemeinwesen sich keine Biennale leistet, eine Veranstaltung dar, auf die die Welt blickt. Die Biennale von São Paulo ist die zweite ihrer Art nach der ehrwürdigen, bereits 1895 initiierten, in Venedig beheimateten, die man immer noch meint, wenn man von der Biennale im Singular spricht. Ausgerechnet das MAM, der Rivale des MASP, hatte sich ein Modell unter den Nagel gerissen, das aus Italien gekommen war, und es versteht sich von selbst, dass das Ehepaar Bardi nichts unversucht ließ, das Unternehmen zu sabotieren. Lina Bo Bardi rief auch gleich eine Zeitschrift ins Leben, „Habitat", die kein gutes Haar an den Aktivitäten der Gegenseite ließ. Es half nichts: Zur 400-Jahr-Feier São Paulos 1954 wird der Biennale ein eigenes Domizil im Parque de Ibirapuera zuerkannt, wo sie bis heute residiert.

São Paulo: „Weltmeisterin der Selbstzerstörung" und Hotspot für die Avantgarde

Pietro Maria Bardi sieht sich in der Zwischenzeit von seiner europäischen Vergangenheit eingeholt. Und das nicht nur politisch: Ziemlich aus dem Nichts baut er dem MASP eine Sammlung auf, Raffael, Tizian, aber auch van Gogh und Cézanne, große Namen kommen unter die Bestände, man fragt nach Bardis Quellen und den Provenienzen der Werke, misstraut den Zuschreibungen und argwöhnt dunkle Kanäle. Die Casa de Vidro erweist sich in all den Scharmützeln und Schlachten, die die Spielregeln der Kunst von jeher vorsehen und die sich nunmehr an einem Ort verdichten, der bis dato ziemliche Diaspora gewesen war, als eine Art Fels in der Brandung. Sie ist das Monument, als das es ersonnen wurde, Schutz- und Aushängeschild, das Lina Bo Bardi ihrem Mann umhängt. Das Glashaus ist ihr erster realisierter Bau, es ist ein Manifest, und auf seine Art ein europäischer Kassiber, eine Flaschenpost aus dem alten Kontinent zur Bekräftigung der angestammten Autoritäten. Die Bardis laden gern Gäste ein, und zunächst sind es die Galionsfiguren der gewissermaßen konventionellen Avantgarde: Alexander Calder, der Erfinder der Mobiles, John Cage, der Komponist des Zufalls, Roberto Rossellini, der Regisseur des Neorealismus. Erst nach und nach, mit der Etablierung einer brasilianischen Moderne, lichten sich die Kontroversen.

Zum Jahreswechsel 1953/54 hält sich Walter Gropius in Brasilien auf. Der in Ehren gealterte ewige Modernist, Chefdenker des Bauhauses, Programmatiker des Neuen Bauens, Emigrant in die Vereinigten Staaten, bekommt auf der 2. Biennale von São Paulo den Architekturpreis überreicht. Auf seiner Reise macht Gropius seine Honneurs, und er stellt seine Beobachtungen an: „Wolkenkratzer schießen wie Pilze in die Höhe", schreibt er in einem Bericht an die „Architectural Review", „Vergleichbares habe ich noch nirgendwo gesehen. Das Stadtplanungsproblem steht also im Vordergrund, aber es gibt kaum Hinweise auf den Einsatz von Planungskommissionen mit Entscheidungsbefugnis."[5] Gropius war seinerzeit nicht auf dem CIAM-Schiff nach Athen gewesen, doch sein Geist schwebte über den Wassern. Und er wird seinem Ruf auch gut fünfzehn Jahre später gerecht, als er angesichts des Wucherns an Hochgetürmtem die alten Formeln abruft: Kommissionen und Befugnis. Gropius wird sich gleich selbst noch in eine Kriminalgeschichte der Stadtplanung einschreiben. 1960 beginnt in Berlin der Bau einer Siedlung, die nach ihm benannt ist und nicht zuletzt berühmt werden wird als verhinderte Heimat der Christiane F. und als Schauplatz ihrer Geschichten aus dem Drogensumpf. Die Gropiusstadt ist eines der Synonyme für die Unbewohnbarkeit, die die Nachkriegszeit dem urbanen Zusammenleben auferlegt. Am Schwarzbuch zur Charta von Athen hat Gropius jedenfalls ein gehöriges Kapitel mitgeschrieben.

In diesen Jahren begann der Architektur in Brasilien ein Star zu erwachsen, der in die Weltgeschichte eingehen wird. Oscar Niemeyer, geboren 1907 in Rio, Schüler des Städteplaners Lucio Costa, Jünger Le Corbusiers, kam zu einiger Bekanntheit mit dem Bau seines Hauses, gelegen in den Hügeln ein paar Kilometer außerhalb seiner Heimatstadt. Dass Eigenheime der Reputation von Architekten auf die Sprünge helfen, gehört zum Metier, auch Helden von heute, Frank Gehry oder Robert Venturi, haben so begonnen. Niemeyers Casa de Canoas und Lina Bo Bardis Casa de Vidro entstehen parallel, und sie formulieren bei aller gemeinsamen Avanciertheit Gegensätze: Das Glashaus ist, was sein Name besagt, ein Erbstück aus dem europäischen Modernismus, rationalistisch, sachlich, aber auch expressiv und kristallin; die Casa de Canoas dagegen übt sich in kühnen Kurven, schwingt ein und aus, integriert ein Felsstück ins Interieur, kokettiert mit dem Organischen, Vegetabilen, Floralen und gibt sich als Form aus dem Formengut der Tropen. Niemeyer ist Brasilianer, und das gibt er zu verstehen. Lina Bo Bardi und ihr Mann nehmen 1953 die Staatsbürgerschaft ihres Gastlandes an; das italienische Vermächtnis tragen sie gleichwohl weiter.

Ohne Namen zu nennen, hatte Lina Bo Bardi in einem Artikel, den sie 1952 für ihre Zeitschrift „Habitat" verfasste, vor der „Extravaganz" gewarnt, in der sich die brasilianische Architektur gefalle: »Es wurde modisch, Formen zu schaffen statt Häuser zu bauen. Anstatt die Funktionalität des Materials zu studieren, erfand man die Plastizität des Materials, um es anzupassen an Schnörkel, Winkel, Kurven und Trapeze.«[6] Invektiven gibt es noch viele in diesem Text, seine Stoßrichtung weist deutlich nach Rio und zu einem von dort aus hochstrebenden Newcomer. Niemeyer setzt in der Tat an zum Take-off. Ausgerechnet er bekommt den Auftrag für das Gebäude im Park von Ibirapuera zugesprochen, das fortan die Biennale von São Paulo beherbergt. Und ab 1956 ist er mit dem aufsehenerregendsten Entwurf beschäftigt, den die Gegenwart der Fünfzigerjahre einem Architekten überhaupt antragen kann. Niemeyer ist zusammen mit Lucio Costa der Chefplaner für die neue Hauptstadt, die sich Brasilien unter seinem Präsidenten Juscelino Kubitschek in die Nähe seiner geografischen Mitte auf bis dato unbebautes Terrain in einer Hochebene setzt. Nicht einmal vier Jahre nach Beginn der Arbeiten, am 21. April 1960, wird die Hauptstadt eingeweiht: ein Sieg des Reißbretts über die Realität.

Brasilia gilt als die unmittelbarste Umsetzung der Charta von Athen. Sein Grundriss ähnelt einem Flugzeug, zwei Straßenachsen, von denen die kürzere gerade, die längere in leicht hyperbolischem Schwung verläuft, treffen im rechten Winkel aufeinander, und der Platz, an dem sie sich schneiden, markiert mit geometrischer Selbstverständlichkeit das Zentrum. Diverse Repräsentations-, Verwaltungs- und Wohnbauten reihen sich aneinander, separiert in einzelne Bereiche, verbunden über die ausladenden Verkehrsflächen, die die Weiträumigkeit weniger bannen als zu ultimativer Kenntlichkeit bringen. Brasilia ist eine Bandstadt, mit der einen Modifizierung, dass es zwei Bänder gibt, zwei Linien, die sich an einem Punkt treffen. Wie jede Planstadt seit Beginn der Menschheitsgeschichte ist diese Kopfgeburt so ambitioniert wie leblos. Immerhin hat sich das Leben seiner in der Zwischenzeit bemächtigt. Statt der maximal prognostizierten halben Million Menschen bewohnen Brasilia jetzt zweieinhalb Millionen. Sie verteilen sich überall, wo Platz ist, und davon gibt es im Grunde genug: das

Brasilia, Blick auf die Esplanade der Ministerien, Teil der monumentalen Achse der Hauptstadt, wie sie von Oscar Niemeyer und Lucio Costa in den Fünfzigerjahren entworfen wurde; Brasilia gilt als die großartigste und die größenwahnsinnigste Realisierung des architektonischen Modernismus mit seinen Ideen einer strikten Trennung der städtischen Funktionsbereiche.

Prinzip Favela. Der Preis ist die Auflösung jener Extravaganz, jener Monumentalität, Plastizität und Einmaligkeit der baulichen Körper, vor denen Lina Bo Bardi schon vorab gewarnt hatte.

Während Brasilien an einer neuen Hauptstadt modelliert, zieht sich Lina Bo Bardi in die alte zurück, in die ganz alte, die Vorgängerin Rios, nach Salvador de Bahia. 1959 nimmt sie den Posten der Direktorin des dortigen Museums moderner Kunst an und adaptiert dafür die Räume – zuvor waren sie das Foyer eines Theaters. Der Rückzug, den dies bedeutet, hat sich schon in ihrem Bauen angekündigt, zwei Wohnhäuser waren seit der Casa de Vidro entstanden, eines ganz in dessen Nähe in São Paulo, das zweite in Salvador. Beide Male geht die Orientierung der Häuser nach innen, es sind eher Zitadellen als Treibhäuser, Mauern dominieren, die Wände sind zusätzlich akzentuiert mit Steinen,

Muscheln, Intarsien, als müsste man sich abschotten gegen eine Außenwelt, die weniger aus Luft denn aus Hitze, nicht aus Licht, sondern aus Blendung, nicht aus Milieu, sondern aus Missmut besteht. Die Ahnung, die hier baulichen Ausdruck findet, war womöglich allzu berechtigt. 1964 kommt es zum Militärputsch, das Land wird für mehr als zwei Jahrzehnte zur Diktatur, und die Mächtigen aus der Umgebung der Bardi, allen voran Senhor Assis Chateaubriand mit seinem Presseimperium, hatten unüberhörbar dafür getrommelt. Viele Kulturschaffende gehen ins Ausland. Die Bardis bleiben, und es sieht nicht so aus, als hätten sie darunter gelitten. Ihre Karrieren jedenfalls gehen unvermindert bzw. mit neuem Elan voran.

Erfolgreiche Frau in einer Männerdomäne: die Architektin Lina Bo Bardi

So kann sich Lina Bo Bardi an ihr Opus magnum machen. São Paulo, so fasst sie es im Jahr 1978 zusammen, sei ein „Knochenhaufen", „Weltmeisterin der Selbstzerstörung".[7] Betrachtet man das Panorama São Paulos mit seinen ins Unendliche weisenden Ausrufezeichen von Wohn- und Bürotürmen, ist den harschen Worten Bardis durchaus recht zu geben. Sie immerhin hat dagegen aufbegehrt, mit einer Haupt- und Staatsaktion an Architektur, öffentlich wirksam und individuell beeindruckend, in seiner Gelungenheit ein kostbarer Stachel im Allüberall uniformen Überzugs mit Gebautem. Heute setzen Städte gern auf die Karte der Musealisierung: Der Bilbao-Effekt greift um sich, und alle wünschen sich, dass ein UFO lande, gesteuert von einem Weltmeister des globalen Designs, ausgestattet mit Objekten von hoher Wiedererkennbarkeit, aufgeladen mit den Prestige-Versprechungen der Hochkultur, und dass es einen Touristenmagneten abgebe, wie es Frank Gehrys Guggenheim-Museum im baskischen Bilbao vorexerzierte. Lina Bo Bardis Neubau des MASP hat nichts anderes für São Paulo geleistet, und das dreißig Jahre früher. Nach Frank Lloyd Wrights New Yorker Präzedenzfall des Guggenheim, der Rotunde an der Fifth Avenue, stellt er den frühesten Signaturbau eines Museums dar. Die Aufgabe des Museums, Dinge als ästhetisch darzustellen, fällt zusammen mit der Aufgabe, sich selbst als ästhetisch darzustellen.

Die Avenida Paulista liegt einen guten Kilometer südwestlich des alten Zentrums, sie zieht sich eine Hügellinie entlang und galt immer schon als gute Gegend. Der Trianon-Park, der sie säumt, war Ort der ersten Präsentation der Biennale; er bot einen schönen Blick ins Tal Richtung Stadtmitte, dorthin, wo auch, in der Rua 7 de Abril, das bisherige

Das berüchtigste Gebräu aus der Hexenküche des europäischen Modernismus ist die sogenannte „Charta von Athen". Natürlich ist die Charta von Athen der Versuch, auf das ausufernde Wachstum der Städte in der Moderne zu reagieren. Aber ein unzulänglicher. Die Wohlstandsinseln des Westens konnten sich mittlerweile von den funktionalistischen Verfügungen wohlfeil verabschieden, nicht zuletzt deswegen, weil sie das demografische Wachstum im Griff haben.

Domizil des MASP im Bürohaus des Medienmagnaten gelegen war. Genau an die Stelle, wo der Park eine Art Aussichtspunkt für ein urbanes Panorama abgibt, setzt Lina Bo Bardi nun ihren Neubau. Eine ihrer raffiniertesten Gesten besteht darin, ein Gebäude zu ersinnen, das genau diesen Blick bewahrt. Das Museum hat entsprechend kein Erdgeschoss, es klafft eine Leerstelle, ein Stück Nichts zwischen dem ausladenden Souterrain und den beiden Etagen der Schauräume. Lina Bo Bardis MASP ist ein monumentales Gerüst, und es ist dadurch ein Rahmen zum Hindurchschauen. Die Konstruktion stützt sich auf den Unterbau von Auditorium, Verwaltungs-, Versorgungstrakten; eingehängt in diese Stellage ist wiederum ein doppelstöckiger Glaskörper, ein Treibhaus nach modernistischer Fasson, stützenlos, weit und geräumig, ein Kristallpalast für die ausladende Ausbreitung der Bestände. Das Gerüst macht gern auf sich aufmerksam, das Rot seines Anstrichs gibt es zwar erst seit den Neunzigerjahren, doch Skizzen zeigen, dass die Architektin immer schon mit der Warnfarbe experimentierte.

Alles jedenfalls, was ein Museumsgebäude braucht, um augenfällig zu werden, ist hier spektakulär vorhanden. Im November 1968 wurde das MASP eröffnet, die englische Queen gab dem Haus dabei die nicht alltägliche Ehre. Es sieht nicht so aus, als hätte das Militärregime größere Einwände gegen das Unternehmen gehabt. Die Planungen hatten schon 1957 begonnen; dass das Projekt bald auf der Stelle trat, stand auch in Zusammenhang mit Bardis Engagement in Salvador de Bahia. Seit 1966, der Hochzeit des staatlichen Terrors, wurde jedenfalls gebaut. Und dabei ist diese Architektur alles andere als Anbiederung geworden.

Das gilt ebenso für die Innengestaltung. Die zeitgemäßen Ideen von einer Kunst für alle, von demokratischer Öffnung und Egalität der Artefakte sind auf nicht weniger sensationelle Weise umgesetzt; 68, das sprichwörtliche Datum, das ein politisches Programm meint, steht unbeeindruckt auf dem Tapet. Entsprechend möblieren Glasplatten den weiten, von keiner Unterbrechung gestörten Ausstellungsraum, sie sind vertikal aufgestellt, von einem Betonsockel fixiert, vielzählig und vielfältig verteilt, ein Defilee transparenter Flächen. Darauf, davor, daran die Gemälde, bunt durcheinander stehen die Werke vor Augen, als würden sie schweben, Erscheinungen gleichsam, Epiphanien, Vorkommnisse. Ihre Präsenz mutet magisch an, doch ihre Präsentation verortet sie dann doch wieder ganz im irdischen Hier und Jetzt. Auch die Rahmen, die sie einfassen, sind offensichtlich akzeptiert, wie sie im Lauf der Geschichte zusammengekommen sind, Barockes und Glattes, Überquellendes und Beruhigtes in bunter Mischung. Keine

Beschriftung bringt sich zur Geltung, sie findet sich, ergänzt von Vergleichsabbildungen, auf der Rückseite dieser so originellen Displays, eingepasst in größenidentische Passepartouts, sodass jedes Recto in Gestalt eines Originals ein Verso in Form einer Erklärung findet. Längst ist dieses Scheibenkabinett ausgeräumt, leider, doch die Transparenz dieser Situation, die auch eine Transparenz ihres Publikums meint, beeindruckt bis heute.

Der „Vão livre", der freie Raum, wie die Architektin die Lücke im Erdgeschoss des MASP nannte, heißt heute „Esplanada Lina Bo Bardi". Man weiß, was man hat an ihrem Haus, und auch São Paulo selbst bekam es bald zu spüren. Die Avenida Paulista wurde zum Prachtboulevard, der Schwerpunkt des urbanen Lebens verlagerte sich schon bald nach der Eröffnung des Gebäudes definitiv hierher. In den Jahren, da ein Aus- und Umsiedlungseffekt bemerkbar wurde, da Wohnbebauung in Geschäftsbebauung und einfache Besiedlung in komplexe ökonomische Strukturen umgewidmet wurden, entstand auch der Begriff dafür. „Gentrification" nannte die britische Soziologin Ruth Glass im Jahr 1964 den Mechanismus, der angestammte Bewohner vertreibt, um das Gebiet aufzuwerten und es an diejenigen, die es sich leisten können, weiterzureichen. Die Kultur spielt bei der Gentrifizierung von jeher eine große Rolle, denn sie stellt die Avantgarde, den Stoßtrupp; sie leistet die Pionierarbeit, sondiert die Terrains, die dann von den weniger Wagemutigen, aber umso potenter Ausgestatteten besetzt werden. So auch, wie überall auf der Welt, in São Paulo.

Die Sechzigerjahre sind die große Zeit der Kritik, und dass die Städte dabei nicht verschont wurden, hatten sie sich selbst zuzuschreiben. Das Diktum von der „Unwirtlichkeit" machte die Runde, Alexander Mitscherlich hat es 1965 geprägt. In New York brachte Jane Jacobs die Politik in Aufruhr, als sie schon Anfang des Jahrzehnts für den Erhalt von Greenwich Village kämpfte und das Idyll, das dieses Village, dieses Dorf, heute darstellt, mit den damals unerhörten Mitteln von Bürgerinitiative und Medienkampagne beschwor. Auch der Film setzte

Lina Bo Bardis Kunstmuseum in São Paulo, 1968 eröffnet, das Haus, an dem ihr Mann Pietro Maria Bardi Gründungsdirektor war und bis ins hohe Alter von 96 Jahren amtierte; die gläsernen Trakte der Schausäle sind in einen rot gefassten, gerüstartigen Rahmen eingehängt, das Erdgeschoss hat eine leere Mitte, von der aus es sich auf die städtische Umgebung blicken lässt.

wichtige Akzente: „Alphaville", Jean-Luc Godards lebensfeindliche Metropole der Zukunft, wurde 1965 in den nächtlichen Straßen von Paris auf die Leinwand gebannt. und Jacques Tati baute 1967 eine eigene Fassaden- und Retortenstadt im freien Gelände auf, um vor Gleichschaltung, Uniformierung, Gesichtslosigkeit zu warnen. Gemeinsam ist all diesen Momenten eines Aufbegehrens der Verzicht auf die Darbietung der großen Alternative. Gemeinsam sind sie das Utopische losgeworden. Sie üben nicht Kritik am Modell, indem sie ihm mit einem eigenen Modell begegnen. Sie kritisieren mit den Mitteln des Kritisierten, etwas anderes steht ihnen nicht mehr zur Verfügung. Das

Prinzip selbst, die große Geste der Vereinheitlichung, die Anmaßung dessen, was Gropius auf die Begriffe „Kommission und Befugnis" gebracht hatte, steht zur Disposition. Veränderung des Bestehenden im Maßstab der Überschaubarkeit ist die zeitgemäße Devise.

So lässt sich auch Lina Bo Bardis Architektur verstehen. Wenig hat sie gebaut im Laufe ihres stets aktiven Lebens, das am 20. März 1992 in ihrer Casa de Vidro endete. Dass Architektur die Kunst schlechthin des Kompromisses ist, musste sie letztlich nicht weniger zur Arbeitsgrundlage nehmen als ihr Mann: Pietro Maria Bardi blieb bis zu seinem 96. Lebensjahr Direktor des MASP, er starb über hundertjährig 2002. Was immerhin von Lina Bo Bardi realisiert ist, besitzt eine schlichte Evidenz, eine Überzeugungskraft, die in der Kompaktheit liegt, im Statement, in der Phänomenalität des So-und-nicht-anders. Ausgelotet wird vor allem eine handwerkliche Dimension: die Qualität der guten Arbeit. In den letzten Jahren wird sie dafür wiederentdeckt, als Galionsfigur gerade auch weiblicher Beharrlichkeit in einer Domäne der Männer. Natürlich konnte sie damit einem Moloch wie São Paulo nicht beikommen. Mit Architektur allein, auch das lässt sich bei ihr lernen, kommt man Städten ohnedies nicht bei.

BODYS ISEK KINGELEZ UND KINSHASA
IN DER GEGENWART

Megacity und Modell

Wenn Kulturen aufeinanderprallen, sich in den Schmelztiegel begeben, eine Legierung bilden und Hybride ausformen, entstehen die
krudesten Missverständnisse. Anders formuliert: Die Schieflage, die
immer schon den Ausgangspunkt markierte, das Ungleichgewicht
zwischen einer dominanten und einer defensiven Art der Kommunika-
tion, bleibt kenntlich, auch wenn eine momentane Balance erreicht
ist. Afrika ist 500 Jahre lang von Imperialisten heimgesucht worden,
die erst Missionierte brauchten, dann Sklaven, dann wenigstens
Kolonisierte und heutzutage immerhin Rohstoff-Lieferanten, die sich
bei den Verhandlungen über den Tisch ziehen lassen. Das sieht man
den Wörtern an, die für gewisse Phänomene des Austauschs zwischen
Einheimischen und Geschäftemachern aus der Fremde stehen. Im
Lingala zum Beispiel, der gebräuchlichsten der vielen Sprachen im
Kongo, hört der Begriff für »minderwertig« oder »von schlechter
Qualität« auf die Lautfolge »nguanzu«. Das kommt von Guangzhou,
jenem Distrikt nördlich von Hongkong, dessen Made in China berüch-
tigt ist für die Überschwemmung der Welt mit Billigware. Die Straßen-
verkäufer, die in Plastikflaschen gepanschtes Benzin verkaufen, heißen
wiederum »Khadafis«. Der libysche Revolutionsführer lebt mit seiner
Politik des Ölreichtums fort in der Abwertung, die sich mit seinem
Namen verbindet.

Dass derlei Neuschöpfungen vermehrt in den letzten 25 Jahren
aufgetreten sind, liegt in der Logik der Globalisierung. Auch das »Herz
der Finsternis«, als das man den Kongo nach Joseph Conrads düsterer
Novelle über eine Expedition den großen Fluss hinauf betrachtet, ist
von dieser An- und Abgleichung der Welt im Namen der Ökonomie
erfasst. Kinshasa, die Hauptstadt, von der aus das riesige Land weitaus
mehr schlecht als recht verwaltet wird, ist längst eine jener Megacitys,
die die Metropolen abgelöst haben: Megacitys sind Stadtkonglomerate,
überdimensionierte Flächen an irgendwie organisierter Formlosigkeit,
Wucherungen des Gebauten, des Gewohnten und Bewohnten, in
denen zu Vermischung und Verdichtung oftmals die Verwüstung
kommt. 1989, im Schlüsseljahr für den Beginn der Gegenwart, hatte

Kinshasa etwa drei Millionen Einwohner. Heute sind es gut neun Millionen. Kinshasa ist, zusammen mit seiner Schwester Brazzaville, der Hauptstadt der ehemaligen französischen Kolonie Kongo auf der anderen Flussseite, nach Lagos und vor Kairo Afrikas zweitgrößtes Stadtgebilde – auch wenn es naturgemäß schwierig ist, solche Statistiken zu erstellen. Kinshasa hat im letzten Vierteljahrhundert zwei traurige Rekorde gesehen: Das Regime des 1997 verstorbenen Staatspräsidenten Mobutu war das räuberischste, der Krieg im Osten des Kongo 1997–2002 mit seinen ca. fünf Millionen Opfern der mörderischste in einem afrikanischen Land.

Megacitys sind Stadtkonglomerate, überdimensionierte Flächen an irgendwie organisierter Formlosigkeit, Wucherungen des Gebauten, des Gewohnten und Bewohnten, in denen zu Vermischung und Verdichtung oftmals die Verwüstung kommt.

Dennoch blüht das Leben, und es ist vielfach ein urbanes. Der Kongo, so meint der flämische Autor David van Reybrouck, der jenem ausgedehnten Teil des Landes, der ehemals belgisch war, eine wunderbare Darstellung gewidmet hat (aus der im Folgenden auch vielfach geschöpft wird), „ist nicht in der Geschichte zurückgeblieben – er ist der Geschichte voraus".[1] Kommt man als Weißer in die Gegend, wird man gern mit „Mondelé" angesprochen. Die Anrede ist nicht rassistisch gemeint; sie leitet sich ab von einem alten Privileg, nach dem die Zwangsbeglücker aus Europa als „Modelle" verstanden werden wollten, als Ebenbilder Gottes, als Vorzeigestücke wahren Menschtums. Natürlich liegt auch hier eine falsche Lesart zugrunde. Sie ist älter als jene bei Gaddafi, doch Missverständnisse leben gerne fort, und sie unterliegen der Wandlung. Sollte sich der Mechanismus der Vorbildhaftigkeit also nunmehr umgedreht haben? Ist der Kongo, ist Kinshasa, sind seine Bewohner Leute Modell dessen, was universal der

Fall ist? Eine Geschichte der Stadt muss für die Gegenwart jedenfalls den Blick weiten, weg vom Abendland und seinen Ablegern, hin zu jenen Bezirken, die einer eurozentrischen Perspektive als „Dritte Welt" gelten. Die Zukunft spielt anderswo als in den Altenrepubliken des Alten Kontinents.

Modelle: Im Schlüsseljahr 1989 wird Bodys Isek Kingelez zur Teilnahme an einer Ausstellung eingeladen, die das Verhältnis Afrikas zu Europa im Bereich der bildenden Kunst auf ein neues Niveau bringen wird. „Magiciens de la terre" ist die Schau betitelt. Zu „Magiern" gemachte Hersteller künstlerischer Objekte treffen sich im Pariser Centre Pompidou, der Zentralstelle für die Bestimmung der Moderne, und sie kommen tatsächlich, das ist das Unerhörte, aus aller Welt. Die Kunst, so ließe sich sagen, ist nicht von ungefähr ein Produkt europäischen Geistes, sie ist ihrerseits ein Imperialismus, und von jeher hat sie sich angeeignet, was sie von anderswo, von auswärts, von Übersee brauchen konnte. Exotismus, Orientalismus, Primitivismus sind Begriffe für diese Anverwandlungen, in denen sie ihrem Verfügungsbereich einverleibte, was bis dato etwas anderes war: Kultisches, Religiöses, Zeremonielles, aber auch Alltagspraktisches wird auf eine Qualität hin konzentriert, die im Ästhetischen liegt. Die Dinge werden ihrer Funktionen enthoben, um eines zu sein: Kunst. Entsprechend sind die im Centre Pompidou Versammelten keine Magier im Sinn eines Zugangs zum Göttlichen; sie sind Künstler, sie haben Zugang zu dieser speziellen Stellvertreterinstanz namens Kunst, die das Göttliche in der Moderne beerbt hat.

Aufgehobene Utopien: Bodys Isek Kingelez baut „Extremmodelle"

Bodys Isek Kingelez baut Modelle, „Extremmodelle", wie er sie nennt. Aus einfachen Materialien, aus Papier, Pappe, Folie, Sperrholz, in der Fasson gehalten mit Kleister. Sie zeigen Gebäude, aufragend als Wolkenkratzer, in die Breite gerückt als Hotels, Fabriken, Apartmentanlagen, sie sind bunt, fröhlich, einladend, Visionen einer Wohnlich-

Die „Extremmodelle" des Bodys Isek Kingelez sind ausgelassen, schlagen über die Stränge, in einem kitschig-überbordenden Design, das seine Herkunft aus der Bastelei, aus Pappe, Plastik, Klebstoff nicht verleugnet; die Welt soll bunter werden, vor allem die Städte sollen es, und Kingelez liefert en miniature den Vorschein dazu.

keit, Vorzeigestücke des Artifiziellen, denn man sieht ihnen jederzeit die heitere Irrealität des Gemachten und Ausgedachten an. Es sind im Kleinformat aufgehobene Utopien, aufgehoben im dreifachen Sinn als konserviert, dementiert und nobilitiert in einem. Im Lauf der Zeit haben diese Attrappen ihren Charakter als vorführbare Einzelteile hinter sich gelassen und sich zu ausladenden Stadtgebilden zusammengetan, Downtowns mit Skyline, erschlossen durch Boulevards, aufgefrischt mit Grün, Angebote für das Kind im Betrachter, Anlagen en miniature, denen nur noch die Modelleisenbahn zu fehlen scheint. Andererseits haben sie etwas Schrilles, das Kitschige nicht Scheuendes, sie sind zu grellfarbig, überbordend, den kühnen Entwurf beschwörend, als dass sie in den Bastelkeller gehörten. Sie gehören in die Öffentlichkeit einer Kunstpräsentation.

Als André Magnin, Co-Kurator von „Magiciens de la terre", den Meister in Kinshasa besuchte, war Kingelez noch nie im Ausland gewesen. Geboren ist er 1948 in Kimbembele Ihunga, einem Dorf „im Sektor von

Belo, auf dem Territorium der Idiofa in der Region Kwilu, in der
Provinz Bandundu, in der Republik Zaire, im Herzen des afrikanischen
Kontinents", wie er selbst es topografisch ganz genau auf den Punkt
bringt.[2] Seine Heimatgegend Bandundu ist Kinshasa benachbart.

Kingelez arbeitete damals in der Hauptstadt als Restaurator für die
Exponate des »Musée national de Zaire", für die vielerlei Stücke
ethnografischer Kunst, für Masken und Behältnisse, die sich seit
Jahrzehnten angesammelt hatten, aber kein rechtes Domizil besaßen.
Unterstützt von der UNESCO, wurde im Juli 1985 eine Machbarkeitsstu-
die erstellt, zur Einrichtung eines staatlichen Hauses, das indes bis
heute nicht realisiert ist. Kingelez, so geht aus dem Papier hervor,
arbeitete in der Zentrale, auf dem Mont Ngaliéma im Nordwesten der
Agglomeration gelegen, in der Kommune Kintambo, denn Kinshasa ist
der Sammelname für diverse Gemeinden, unter denen die Namens-
geberin eine von insgesamt 24 darstellt – Brüssel, die Hauptstadt der
ehemaligen Kolonialmacht, hält es zum Beispiel genauso. Zur Ausstellung kamen die Dinge, wenn überhaupt, in Räumen, die zur Kunstakademie gehörten, rund zehn Kilometer weiter östlich, in der Kommune
Gombe, in der sich die wichtigsten Institutionen der Hauptstadt
befinden. Auch die zentrale Straßenachse Kinshasas, der Boulevard
30 juin, der an den Tag der Unabhängigkeit des Kongo im Jahr 1960
erinnert, liegt hier.

Bis 1966 hatte Kinshasa Léopoldville geheißen, die Stadt des Königs aus
einem fernen Kleinstaat, der sich die Gebiete am Äquator als Privatter-
ritorium hielt, sie deswegen noch unverschämter ausbeuten und auf
eine Art mit Terror überziehen konnte, dass er auf internationalen
Druck hin seinen Besitz letztlich in staatliche, das bedeutet offiziell
koloniale Verwaltung übergeben musste. Das war 1908. Der Kongo, so
bringt es der belgische Historiker Jean Stengers in ein schönes Bon-
mot, war ein Gebilde, das funktionierte, als hätte einer am Rhein
zwischen Quelle und Mündung ein paar Orte besiedelt, und dann wäre
ihm dafür zum Dank ganz Westeuropa zugesprochen worden.[3] Auf
seine Art ist Kinshasa von der Außenwelt abgeschnitten: Die wichtigste

Verkehrsader, der namensgebende zweitlängste Strom des afrikanischen Kontinents, ist zum Meer hin von Katarakten unterbrochen, erst flussaufwärts ist der Kongo schiffbar. Die Strecke bis zum Ozean musste per Lastenträgern und später mittels einer Eisenbahn, auf die bis heute nur sporadisch Verlass ist, bewerkstelligt werden.

Von 1971 bis zum Tod seines Erfinders Mobutu 1997 hieß das Land Zaire. Auch dieses Wort unterliegt, wie sollte es anders sein, einem Missverständnis. Auf einer portugiesischen Karte des 16. Jahrhunderts findet es sich als Bezeichnung jenes Stroms, der das Land beherrscht; es ist eine auf falsche Weise latinisierte Version von „nzadi", was nichts anderes heißt als Fluss. Zaire ist kein Eigenname, keine Ortsbezeichnung, sondern ein genereller Begriff. Mobutu fiel der Fehler bald auf, doch in seinem Eifer nach Authentizität – „authenticité" war ein Schlüsselwort seiner Politik – behielt er die Umbenennung bei. Kinshasa hatte er schon zu seinem Amtsantritt, gleichsam als Gründungsakt, neu bezeichnet, und auch die Namen seiner Untertanen mussten nun nach Ureinwohnerschaft klingen. Aus seinem eigenen urchristlichen Joseph-Désiré wurde Mobutu Sese Seko, statt Vornamen gab es nun eine Art Hinterhername, statt „prénom" ein „postnom".

Kingelez versagte sich solcher kosmetischen Operationen in Afrikanisierung. Unverdrossen baute er am International Style seiner Extremmodelle. Diese gewisse Renitenz hat seiner Karriere im Kunstbetrieb sicherlich keinen Abbruch getan, liebt man hier doch Positionen, die sich mit Eigensinn, Widerständigkeit und Dissidententum in Verbindung bringen lassen. Darüber hinaus kam die problemlose Verständlichkeit seiner Entwürfe, die Nähe zu einer schrillen Postmoderne, wie sie gerade im europäisch-nordamerikanischen Desgin en vogue war, der zerstreuten Wahrnehmung westlicher Provenienz ohnedies entgegen.

Bereits vor seiner Anstellung am Museum hatte er als Modellbauer gearbeitet, als freier Handwerker, der sich seinen Lebensunterhalt zusätzlich durch Unterrichten verdiente. Es war überhaupt die Belle Époque des Kongo. Ihren Höhepunkt hatte sie im „Rumble in the Jungle" gefunden, dem Weltmeisterschaftskampf im Schwergewichtsboxen zwischen Champion George Foreman und seinem Herausforderer Muhammad Ali, der durch seinen Sieg am 30. Oktober 1974 das „They never come back" für alle Zeit in Frage stellte. Mobutu hatte den Fight eingefädelt, er fand im damaligen Nationalstadion, heute „stade Tata Raphael", statt und ist in die kollektive Erinnerung nicht nur des Kongo als ein Stück Emanzipationsgeschichte eingegangen – einfach deshalb, weil es eine Erfolgsgeschichte ist.

Kingelez versagte sich solcher kosmetischen Operationen in Afrikanisierung. Unverdrossen baute er am International Style seiner Extremmodelle. Diese gewisse Renitenz hat seiner Karriere im Kunstbetrieb sicherlich keinen Abbruch getan, liebt man hier doch Positionen, die sich mit Eigensinn, Widerständigkeit und Dissidententum in Verbindung bringen lassen.

Kingelez ist mit seinem Auftritt im Centre Pompidou in die Geschichte der Gegenwartskunst eingegangen. Fortan ergaben sich Ausstellungsmöglichkeiten in Fülle. Er blieb seinem Repertoire treu, doch der Erweiterung des Ambientes entsprechend griffen die Entwürfe mehr und mehr aus und fügten sich zu überbordenden Schaubildern, die Welten in Zimmergröße aus der Vogelschau ausbreiteten. Wie seine Stadt folgten seine Projekte dem „Urban Sprawl", der Wucherung in die Umgebung. Wie seine Stadt trugen seine Entwürfe vielerlei Beschriftungen, Werbesprüche, Botschaften aus der Nachvollziehbar- und genauso aus der Unverständlichkeit. Und wie seine Stadt unterlagen auch seine Modelle einem internationalen Kalkül der Verwertung.

Kingelez wurde Bestandteil des Betriebs, des Kunstbetriebs mit seinen Galeristen, Sammlern, Interessenvertretern, die ihre Süppchen kochten mit dem Exoten, der für die Potenziale eines Kontinents stand – eines Kontinents, der nun offen lag für eine weitere Etappe des Kolonialismus. Der Kongo war berühmt als Lieferant von Rohstoffen, wenn man sie gerade brauchte: für Diamanten in den Epochen des aristokratischen Luxus; für Elfenbein zur Belieferung der Weltausstellungen; für Kautschuk zum Beginn des automobilen Zeitalters; für Uran in den Jahrzehnten des Kalten Krieges; für Strom aus Wasserkraft in den Jahren der Ölkrise; für Coltan in einer Gegenwart des mobilen Telefonierens.

Jetzt kam ein weiterer Rohstoff hinzu. Der Kongo wurde, wie der gesamte Kontinent, Lieferant von Kunst – Nachschub für die Frischzellenkuren eines mehr und mehr um sich und seine Ideen von Autonomie kreisenden ästhetischen Zirkels. Im Jahr 2002 nahm Kingelez an der bedeutendsten Gruppenschau zur aktuellen Bilderproduktion teil, der Kasseler documenta. Es war die elfte Ausgabe, sie öffnete sich deutlicher als jemals zuvor der globalen Entwicklung und war verantwortet von Okwui Enwezor, dem weltmännischen Kurator, der längst in New York lebte, der aber aus Nigeria stammt und, als eine Art Präzedenzfall für den Kunstbetrieb, von schwarzer Hautfarbe ist.

Kingelez' Modelle wurden exuberanter, und sie widmeten sich Städten. Eine der ausladenden artifiziellen Landschaften war nach seinem Heimatort betitelt, eine andere hieß rein beschreibend „Ville Fantôme", eine dritte, die weitgreifendste von allen, stellt ein „Projekt für das Kinshasa des dritten Jahrtausends" vor Augen. Wie es aussieht, hat sich Kingelez bei allem Ehrgeiz mit einem immer überbordenderen Fundus über den Mechanismus, der seine Karriere trug, keine Illusionen gemacht. Jedenfalls gab er, in Worten, die von seinem Entdecker Magnin im Jahr 2000 aufgezeichnet wurden, zu Protokoll: „Die Ville Fantôme ist vor allem den Reichen aus aller Welt vorbehalten; es wird dort Frieden in Freiheit herrschen, niemals werden Polizisten oder

Soldaten oder irgendwelche Leibwächter benötigt werden, um unter ihren Bewohnern – egal, um wen es sich dabei handelt – für Wachsamkeit zu sorgen, und für all diejenigen, die gewillt sind, sie zu verwirklichen und sie in Ehren zu bewohnen, ist die Ville Fantôme ein Himmel auf Erden."[4] Kingelez ersinnt Urbanistiken für Städte, und diese Städte sind Refugien der Reichen. Ein wenig scheint er von einem der Hauptwerke des deutschen Stummfilms inspiriert, von „Metropolis", Fritz Langs in der Spätzeit des Expressionismus 1927 realisierter, verstiegener Vision einer vertikalen Ordnung, bei der die Sichtbarkeit den Gleicheren, und das sind die Reicheren, vorbehalten ist, während der Rest im Untergrund unter Verschluss gehalten wird. Dass die Reicheren nicht die Besseren sind, sagt Kingelez indes auch: „Aus diesem Grund werde ich in dieser Phantomstadt mit Bedacht ausgesuchte Theoretiker und auch Reiche finden. Obgleich die Gelehrten und Reichen auf der Welt keine ruhige Seele haben, sondern nur verwirrt sind von Ereignissen, die von ihnen verlangen, Bewunderung zu erregen, weshalb sie so geworden sind, wie sie sind."[5]

Bis heute lebt Kingelez in Kinshasa – anders als manche Kollegen, die mit ihm die Wertschätzung des Kunstbetriebs genießen, der Maler Chéri Samba beispielsweise, der sich Paris als Wirkungsstätte auserkoren hat. Kingelez hat sich rarer gemacht in den letzten Jahren, doch im Frühjahr 2014 gab es einen spektakulären Auftritt an einem Ort, der wie kein anderer prädestiniert ist für die Üppigkeiten des demonstrativen Konsums. Die Art Dubai, die Kunstmesse für die Neureichen des Orients, hatte eine Präsentation angezogen, bei der ein weltbekannter französischer Juwelier seine Kollektion „L'odyssée de Cartier" vorstellte. Cartier hat eine Kunststiftung, die Fondation fördert auch Kingelez, und aus den Beständen dieser Sammlung wurde eines seiner Stadtmodelle aus dem Jahr 2000 hervorgeholt und zu den Schmuckstücken gesellt. Als „weiße Stadt" prangten in gleißnerischen Vitrinen, als ein Traumgesicht des Luxus, die Ziseliertheiten aus dem Hause; in einer Nische, schwarz hinterlegt, tat sich Kingelez' Tableau auf, mehr Silhouette als Sehenswürdigkeit, eine Art Fond für die Schwelgereien edler Materialien. Natürlich war die Gegenüberstellung nichts anderes als prätentiös, Heuchelei einer Komplexität, die den kostbaren Kunden im Moment ihrer Käufe herzlich gleichgültig ist. Aber auf ihre Art entspricht sie schlechterdings der Realität. Kingelez hat sich damit arrangiert.

Die Stadt als Müllhalde: Megacity Kinshasa

Kinshasa gilt nicht mehr wie einst als „Kin la belle". Man nennt es eher „Kin la poubelle". Aus der Schönen ist eine Müllhalde geworden. 45 Jahre beträgt die Lebenserwartung im Kongo; nicht, dass alte Menschen fehlen würden, die Kindersterblichkeit, Indikator seit jeher der hygienischen und damit sozialen und politischen Verhältnisse, ist erschreckend hoch. Der Verkehr ist mehr oder weniger zum Erliegen gekommen, eine Stunde Reisen in der Kolonialzeit entspricht, das nennt van Reybrouck die „Faustregel", einem Tag in der Gegenwart. Kinshasa nimmt im Jahr 2012 Platz fünf im Ranking der gefährlichsten Städte der Welt ein, das die amerikanische Consulting-Firma Mercer erstellt hat, hinter den afrikanischen Mitbewerbern N'Djamena im Tschad, Abidjan an der Elfenbeinküste und Bangui in der Zentralafrikanischen Republik; Platz eins gehört Bagdad.

Noch eine Liste, diesmal der städtischen Areale nach der Zahl ihrer Bewohner, zusammengestellt von Wendell Cox, einem weiteren der weltweit agierenden amerikanischen Consulter: Kongos Hauptstadt liegt auf Cox' Website „Demographia.com" mit ihren nicht einmal zehn Millionen Einwohnern ein wenig abgeschlagen auf Rang dreißig, gleich hinter London; angeführt wird das im Frühjahr 2014 veröffentlichte Placement von Tokio, gefolgt von Jakarta und Delhi. New York besetzt als erste nicht-asiatische Agglomeration Platz acht, São Paulo zehn, Moskau als größte europäische Stadt nimmt Rang fünfzehn ein. Anders sieht es bei der Bevölkerungsdichte aus: Hier liegt Dhaka auf Platz eins, gefolgt von Mumbai und Karatschi. Kinshasa bringt es mit 16.700 Menschen auf einem Quadratkilometer auf Platz vier. Natürlich sind solche Hitparaden stets mit Vorsicht zu genießen. Dass es zwischen Armut und Enge einen Zusammenhang gibt, wird dennoch einleuchten. Das gilt auch für Kinshasa: Gombe, der repräsentativste Teil der Agglomeration, der sich das Flussufer entlangzieht und freie Sicht auf das dank der Ölvorkommen weitaus wohlhabendere Brazzaville vis-à-vis gestattet, weist tausend Bewohner pro Quadratkilometer auf. Arme Gegenden im Süden bringen es auf das Fünfzigfache. Die Bebauung hört dann auf den Namen Wellblechhütte.

Die politischen Institutionen sind seit langem nichts anderes als Selbstbedienungsanstalten, die üblichen Begleitumstände wie Korruption und Ämterkauf natürlich eingeschlossen. 2005, berichtet van Reybrouck, ließ sich das Parlament die Umstände der Volksvertretung vergolden. Jeder der 620 Abgeordneten bekam einen Geländewagen finanziert, einen SUV, denn der Zustand der Straßen erfordert ein dem Terrain entsprechendes Fahrzeug: „Dass man mit dem Geld auch die Straßen hätte instand setzen können, stand offenbar gar nicht erst zur Debatte."[6] Vielleicht die Spitzenleistung an Misswirtschaft hatte man sich 1995 geleistet: Giesecke & Devrient, die deutsche Druckerei, die unter anderem auf Banknoten spezialisiert ist, lieferte neue Geldscheine; um die Lieferung begleichen zu können, musste man die Hälfte in Dollar eintauschen und an die Firma weiterleiten – man ließ Geld drucken, um den Gelddrucker zu bezahlen. „Se débrouiller" heißt unter diesen Umständen die Losung für das tägliche Fristen der Existenz: sich durchschlagen, auskommen mit den minimalen und maximalen Methoden von Unterschleif und Mogelei. Es heißt aber auch, seinen Kleinkrieg zu meistern durch ganz vitale Strategien der Lebensfreude und Selbstinszenierung. Kinshasa ist so in den letzten Jahren auch ein Modell geworden für ebenso prekäre wie urbane, von Leichtigkeit wie von tieferer Bedeutung durchsetzte Formen der Daseinsbewältigung. Und wieder einmal liefert den Maßstab der Flaneur.

Sein Name in Kinshasa ist Sapeur. Er fühlt sich einer Gruppe zugehörig, die sich als „Société des ambianceurs et des personnages élégantes", abgekürzt S.A.P.E., in einem Ambiente der Verheerung auf betont fröhliches und elegantes Auftreten verlegt hat. Der Armut gerade zum Trotz wirft man sich in Designerkleidung, holt sich Einschlägiges der Haute Couture von der Secondhand und bereichert die Tristesse einer fahlen, dunstigen, meist im Grauschleier liegenden Atmosphäre mit metropolitaner Farbigkeit. Das Geld dafür wird zu einem Gutteil vom Mund abgespart, die Hütten, in denen man lebt, werden noch mehr vernachlässigt. Aber das Leben findet ohnedies auf der Straße statt: Die Sapeurs sehen sich mit diesem Wissen in bester urbaner Tradition. Wie so oft, wenn es um Stil und Stilisierung geht, ist die Musik zentraler Träger jenes speziellen Selbstbewusstseins zwischen Hochstapelei und Aufbegehren, das sich darin äußert. Papa Wemba gilt als der »pape de la sape«, der Stellvertreter des Lifestyle-Genius auf Erden, seine Lieder trägt er auf der Bühne in Armani vor, und der Rumba geht in Beine, die von Gaultier umschmeichelt sind. In den Siebzigerjahren schon, auch hier eingesetzt als Spitze gegen Mobutus Afrikanisierungsbestrebungen, hatte sich Papa Wemba mit internationalem Chic garniert, einmal mehr begab sich die Rebellion auf den Schmeichelkurs des Subversiven. Wie bei Moden üblich wurde aus einer persönlichen Taktik eine gesellschaftliche Strategie, und Papa Wemba wurde zum Trendsetter. Aus dem Singulären wurde Exemplarisches. Beispielhaft stellen die Sapeurs der allgemeinen Depression die Besonderheit der Expression entgegen.

Doch ist das wiederum nur die schöne, die einladende Seite des Phänomens. In einem System, dessen Elixier der Klientelismus ist und wo es zu jedem öffentlichen Auftritt einen Patron gibt, in dessen Interesse dieses Theater liegt, hofft der Sapeur auf einen Beschützer, der ihm seine splendide Erscheinung ermöglicht. Das kann ein Politiker sein, ein Händler mit internationaler Ware, ein Kriegsgewinnler, einer aus dem Kreis derjenigen, die man seit Mobutu »grosses légumes«, feistes Gemüse, nennt. Die Sapeurs werden engagiert als Paradiesvögel – zur Garnitur einer Geburtstagsfeier oder zur Aufrüstung einer Wahlkampfkampagne. Ihre Subversion gerinnt dann schnell zum Dekor.

Ästhetik auf Kongolesisch: Nach dem alteuropäischen Vorbild des Flaneurs ergehen sich in Kinshasa die „Sapeurs" in Haute Couture und demonstrativem Konsum auf den herunterge-kommenen Straßen ihrer Stadt und setzen der allgemeinen Décadence ihre spezielle Eléganz entgegen.

Aber auch das hat lange Tradition: »Libanga" ist das kongolesische Wort für eine Kultur der Schmeichelei und Liebedienerei, die man den Mächtigen entgegenbringt – für ein auf den Leib Schmieden von Versen, für Widmungen in Liedern und für das Aufrufen von Namen, deren Träger es sich gefallen lassen, die Nennung zu kaufen. Es gibt einen sehr einschlägigen musikalischen Wettstreit in Kinshasa, die beiden Rivalen Werrason und J. B. Mpiana laufen dabei zugleich als Bannerträger der konkurrierenden Großbrauereien auf und kleiden ihre PR-Arbeit in einen klassischen Sängerkrieg. Einer der wichtigsten Wegbereiter der kongolesischen Musik, Luamba Makiadi alias »Franco", hatte es sich 1984 nicht nehmen lassen, Mobutus Präsidentschafts-wahl mit einer Hymne zu begleiten, die den Machthaber als nicht weniger denn »envoyé du ciel", als himmlische Sendung besang. Es existiert jedenfalls ein schwer durchschaubarer Zusammenhang all dieser Inszenierungen, die dem eigenen Ego, aber zugleich auch dem Narzissmus eines Patrons gelten, die Schönheit in die Stadt tragen und dabei eine eher schamlose Huldigung an diejenigen zelebrieren, die sich das leisten wollen. Zwischen Libanga und der Identität eines Sapeur sind die Übergänge fließend.

Irgendwo in diesen Übergängen lassen sich auch die Extremmodelle des Bodys Isek Kingelez verorten. Ein Jahr älter als Papa Wemba, beschwört er seinerseits die Schönheit des Städtischen, auch wenn seine Designs sich dem Selbstgebastelten verdanken. Und seine Exquisitheit ist nicht weniger an die „Reichen" adressiert, wie er selbst sagt. Gerade im Kunstbetrieb stehen die Patrone bereit, sich diese Adressen gefallen zu lassen. Man nennt sie Sammler. Natürlich sind diese Betreuer, Beschützer und Financiers nicht in Kinshasa angesiedelt, sie agieren weltweit, und in einer solchen Globalität ist Kingelez als Künstler ja punktgenau angekommen. Die Fähigkeit, sich mit diesen Patronen ins Benehmen zu setzen, hat er indes vor Ort erworben, zwischen Libanga und der Identität der Sapeurs. Einmal mehr, so lässt sich sagen, hat sich ein Missverständnis ergeben im Austausch zwischen Einheimischen und Geschäftemachern aus der Fremde. Immerhin ist dieses Missverständnis produktiv.

Kinshasa hat an Gestalt zugelegt in den letzten Jahren. Die Wahlen 2006 wurden mit Unterstützung der internationalen Gemeinschaft, zum Großteil seitens der Europäischen Union, durchgeführt, sie waren tatsächlich die ersten freien seit mehr als vierzig Jahren. Das Land, das sich die Bezeichnung „Demokratische Republik Kongo" gegeben hat (im Gegensatz zur auf der anderen Flussseite angesiedelten „Republik Kongo" mit der Hauptstadt Brazzaville – seit Sigmund Freud weiß man, dass derlei subtile nominelle Unterscheidungen einem „Narzissmus der kleinen Differenz" folgen), ist eine weitreichende Kooperation mit China eingegangen. Die Kongolesen im Ausland, in der „Diaspora", zeigen per Geldanweisung, dass sie es zu etwas gebracht haben. Insgesamt ist der Kongo deutlicher in den Fokus der Weltöffentlichkeit gerückt. Das alles wirkt sich auf die finanziellen Möglichkeiten aus. Die Öffnung zumindest der ökonomischen Grenzen weltweit tut das Übrige. Kinshasa hat sich verändert. „Jetzt kamen Fortschritt und Entwicklung", schreibt Andrea Böhm in ihrem Bericht einer Reise durch den Kongo 2011: „Nicht im Sinn eines irgendwie definierten Gemeinwohls. Sondern mit der Aussicht auf eingezäunte Villenviertel mit regelmäßigem Strom, Trinkwasser und klimagekühlten Supermärkten und dem ewig gleichen Elend in den Quartieren der Ärmeren und Armen: Öllampen, offene Kanalisation, kaputte Straßen, Überschwemmungen und Erdrutsche. Kinshasa würde eine typisch afrikanische Mega-City werden."[7]

Ein Ort, um das Glück zu finden: Arrival City Kinshasa

Kinshasa ist darüber hinaus eine „Arrival City" geworden. Auf diesen Begriff bringt Doug Saunders, ein weiterer der im Augenblick so einflussreichen Reporter, den Status quo der großen Zusammenballungen von Menschen. Das exponentielle Wachstum, das in den letzten Jahrzehnten vor allem Städte in Asien und nunmehr auch in Afrika erfasst hat, erklärt sich über die Sogwirkung, die diese Gemeinwesen entfalten und dabei alles an sich ziehen, was die Nationen, zu deren Zentren sie dadurch werden, an humanen und intellektuellen Ressourcen besitzen. Sie sind Ankunftsstädte, und die Ankömmlinge entstammen vor allem den Dörfern. Eine groß angelegte Landflucht kennzeichnet die Gegenwart. Ihr Motiv ist in der amerikanischen Verfassung perfekt auf den Punkt gebracht: „Pursuit of Happiness".

Sobald die Menschen in der Stadt sind, davon ist Saunders überzeugt, steigen ihre Chancen, ihr Glück zu finden. Sie distanzieren sich von den dörflichen Strukturen, ihren Sozialkontrollen und der geduldigen Verwiesenheit auf die ewige Armut und setzen sich der Veränderung aus. „Fast alle wichtigen Aktivitäten", sagt Saunders, „die sich am Ort entfalten und über das bloße Überleben hinausgehen, haben zum Ziel, Dorfbewohner, ja sogar ganze Dörfer in die städtische Umgebung einzuführen, ins Zentrum des gesellschaftlichen und wirtschaftlichen Lebens, in das Bildungswesen, die Akkulturation und Zugehörigkeit zur Gemeinschaft, in einen nachhaltigen Wohlstand. In der Ankunftsstadt wohnen einerseits Menschen, die sich in einer Übergangsphase befinden – denn sie macht aus Außenseitern mittendrin lebende Stadtbewohner mit einer auf Langfristigkeit angelegten sozialen, wirtschaftlichen und politischen Zukunft –, andererseits ist sie selbst ein Ort, der eine Übergangszeit durchmacht, denn ihre Straßen, Häuser und fest etablierten Familien werden eines Tages entweder zur Kernstadt gehören, oder sie werden scheitern, einen Abstieg in die Armut erleben oder zerstört werden."[8]

Fünfzehn Millionen Einwohner sind Kinshasa für 2025 prognostiziert.[9] Das würde bedeuten, dass die Wachstumskurve, zwar auf hohem Niveau, aber immerhin bemerkbar, sinkt. Städte, Großstädte, Megastädte sind Sensoren der demografischen Entwicklung, doch anders als es anhand der Parabeln, in denen die einschlägigen Statistiken sichtbar werden, den Anschein hat, forcieren sie nicht die Vermehrung. Indem sie die Menschen ballen, bringen sie deren schiere Menge zur Kenntlichkeit. Doch sie hemmen dabei den Elan, sich fortzupflanzen. Denn sie bieten Alternativen, Aufstiegschancen, Aussichten auf ein besseres Leben. Natürlich bleiben en masse Verlierer auf der Strecke. Doch allein die Perspektive bedeutet Emanzipation. Insofern ist es plausibel, dass Afrika den letzten, den spätesten Kontinent mit einem ungehemmten Anstieg der städtischen Einwohnerschaft abgibt. Denn um die Stadt zur Arrival City zu machen, bedarf es eines gewissen Erwartungsschubs vonseiten derer, die endlich ihr Glück finden wollen. In die Stadt zu kommen heißt, sich Ambitionierteres vor Augen zu stellen als das pure Überleben. In diesem Sinn wachsen Europas urbane Gebilde kaum noch, auch in Nord- und bald ebenso in Südamerika wird der Mechanismus greifen. Asien treibt momentan in wilder Wucherung Megastädte aus. Schließlich Afrika: Hier ist der Prozess noch lange nicht im Zenit.

Im Jahr 1995 brachte Bodys Isek Kingelez Gedanken zu Papier, die seinen Entwurf zu „Kimbembele-Ihunga" begleiteten. Dieser Entwurf ist der früheste, in dem sich die einzelnen Extremmodelle zu einem Panorama der futuristisch überbordenden Metropolis weiteten, und er rankte sich nicht von ungefähr um seinen Heimatort. Und so schreibt Kingelez: „Gleichwohl gehört diese Stadt aufgrund der Autonomie ihrer Architektur und mit ihren äußerst viel versprechenden charakteristischen Elementen definitiv auf die Siegerliste der Großstädte dieses Erdballs."[10] Nehmen wir Kingelez beim Wort: Die Stadt als Modell gehört in die Zukunft; die Stadt als Prinzip gehört auf die Siegerliste.

ZUM SCHLUSS

Bücher wie das vorliegende, die nach einer kurzen Einleitung mit
zwölf Kapiteln aufwarten, unterliegen gern einmal dem Verdacht, sich
den Etappen einer über ein Semester gehenden Vorlesung anzuschlie-
ßen. Tatsächlich stand das Thema „Stadt" auch im Mittelpunkt meiner
Bemühungen, den Studierenden meines Hauses, der Kunstakademie
Karlsruhe, die Kulturgeschichte näherzubringen. Es waren diverse
Veranstaltungen, über die letzten Jahre hinweg, in denen der überbordende Sachverhalt „Stadt in Geschichte und Gegenwart" zur Sprache
kam. Ich danke den Studierenden für ihre Aufmerksamkeit und ihre
Geduld und namentlich Andres Kilian, Julian Augenstein und Sebasti-
an Späth für diverse Hilfestellungen. Ich danke den Bibliothekarinnen
Renate Winkler-Wilde und Jana Aydinbas – sowie für vielerlei und über
mittlerweile viele Jahre hinweg Sigrid Nachbar.

Zwei Kapitel dieses Buches lagen mir mehr am Herzen als andere.
Berlin in den Zwanzigerjahren durfte ich 2006 in einer eigenen,
überreich von Christian Brandstätter mit Bildern ausgestatteten
Publikation schon einmal behandeln. Wien steht mir als derjenige Ort,
an dem ich immer wieder zu leben versuche, wenn ich gerade nicht
tief in der Arbeit stecke, besonders nahe, und es war mir vor einem
Jahrzehnt vergönnt, Herbert Lachmayer bei den Vorbereitungen zu
seiner großen Jubiläumsschau, die zum 250. Geburtstag Mozarts in der
Albertina stattfand, zu unterstützen. Den beiden Genannten herzlichen
Dank.

Ich danke insgesamt dem Christian Brandstätter Verlag und speziell
Nikolaus Brandstätter, die sich dieses Buchprojekt, das ich eigentlich
woanders und in weitaus akademischerem Jargon veröffentlichen
wollte, ganz zu eigen gemacht haben – und besonders auch dafür, dass
sie mich zum Glück einer breiteren Verständlichkeit gezwungen

haben. Joe Rabl hat das Manuskript lektoriert, Elisabeth Stein-Hölzl hat es von Anfang bis Ende betreut – für die neue und für die schon bewährte Zusammenarbeit jeweils meinen herzlichen Dank.

Gewidmet soll das Buch in auch schon bewährter Weise sein: meinen drei Frauen Veronika, Constanze, Dani.

Seit längerem bin ich als disziplinärer Kunsthistoriker der Ansicht, dass mein Fach wissenschaftlich auf der Stelle tritt. Die Kulturgeschichte insgesamt dagegen war, so bin ich überzeugt, noch nie so gut wie in den letzten Jahrzehnten. Das ist vor allem den vielerlei Werken zu verdanken, die aus dem englischsprachigen Bereich kommen, namentlich aus Großbritannien. Es ist gut angelsächsischer Brauch, dass man die Fehler, von denen man den Verdacht hat, sie im Verlauf der Arbeit nicht losgeworden zu sein, allein sich selber und der eigenen Unzulänglichkeit zuschreibt. Wenigstens in diesem Gebrauch eines Schlusswortes mag das vorliegende Buch zeigen, welchem Vermächtnis es sich verpflichtet fühlt.

Karlsruhe, im Januar 2015

ANMERKUNGEN

Spurensicherungen

[1] Jules Verne, Reise um die Erde in 80 Tagen, Wien/Pest/Leipzig 1875, S. 38

[2] Elias Canetti, Die Fackel im Ohr. Lebensgeschichte 1921–1931, Frankfurt 1982, S. 281

[3] Walter Benjamin, Illuminationen. Ausgewählte Schriften, Frankfurt 1974, S. 166

[4] Verne, S. 45

Kapitel 1: Sokrates im Athen der Antike

[1] Zit. n. Gernot Böhme, Der Typ Sokrates, Frankfurt 2002, S. 214 f.

[2] Zit. n. Gottfried Martin, Sokrates, Reinbek 1967, S. 19

[3] Christian Meier, Athen. Ein Neubeginn der Weltgeschichte, Berlin 1993, S. 267

[4] Zit. n. Martin, S. 57

[5] Meier, S. 671

[6] Zit. n. Martin, S. 34

[7] Zit. n. ebd., S. 82 f.

[8] Zit. n. ebd., S. 89

[9] Meier, S. 438

[10] Ebd., S. 439

[11] Ebd., S. 438

[12] Zit. n. ebd., Vers 810 ff., S. 431

[13] Lambert Schneider, Der Parthenonfries – Selbstbewußtsein und kollektive Identität; in: Elke Stein-Hölkeskamp/Karl-Joachim Hölkeskamp (Hg.), Erinnerungsorte der Antike. Die griechische Welt, München 2010, S. 265

[14] Günter Figal, Sokrates, München 2006, S. 120

[15] Zit. n. Martin, S. 121

[16] Ebd., S. 127

[17] Kritische Friedrich-Schlegel-Ausgabe (KSFA), herausgegeben von Ernst Behler unter Mitwirkung von Jean-Jacques Anstett und Hans Eichner, Band 2, München/Paderborn/Wien 1967, S. 251

Kapitel 2: Horaz und Rom zur Zeit des Augustus

[1] Frank Kolb, Rom. Die Geschichte der Stadt in der Antike, München 2002, S. 49

[2] Ebd., S. 427

[3] Juvenal, Satiren, übersetzt von Harry C. Schnur, Stuttgart 1969, S. 36 f.

[4] Cassius Dio, zit. n. Kolb, S. 330

[5] Plautus, zit. n. Kolb, S. 207

[6] Ovid, Ars amatoria/Liebeskunst, Stuttgart 1992, I, v67

[7] Dionysios, zit. n. Kolb, S. 309

8 Zit. n. Eckard Lefèvre, Horaz. Dichter im augusteischen Rom, München 1993, S. 324

9 Kolb, S. 19

Kapitel 3: Augustinus und der Fanatismus der Spätantike

1 Simon Sebag Montefiore, Jerusalem. Die Biographie, Frankfurt 2011, S. 707

2 Aurelius Augustinus, Vom Gottesstaat, übersetzt von Wilhelm Thimme, München 2007, Teil II, 14. Buch, Kapitel 28, S. 210

3 Ebd., Teil I, S. 12

4 Werner Dahlheim, Die Welt zur Zeit Jesu, München 2013, S. 67

5 Ebd., 93

6 Aurelius Augustinus, Bekenntnisse, übersetzt von Joseph Bernhart, Frankfurt 1987, S. 213

7 Gregor von Nyssa, zit. n. Dahlheim, S. 277

8 Manfred Clauss, Alexandria. Eine antike Weltstadt, Stuttgart 2003, S. 316

9 Ebd., S. 302

10 Peter Heather, Der Untergang des römischen Weltreichs, Stuttgart 2007, S. 91

11 Ammian, zit. n. Susanne Muth, Rom in der Spätantike – die Stadt als Erinnerungslandschaft; in: Elke Stein-Hölkeskamp/Karl-Joachim Hölkeskamp (Hg.), Erinnerungsorte der Antike. Die römische Welt, München 2006, S. 445

Kapitel 4: Abélard und Héloise im Paris des 12. Jahrhunderts

1 Jacques Le Goff, Die Intellektuellen im Mittelalter, München 1993, S. 27

2 Ebd., S. 41

3 Victor Hugo, Der Glöckner von Notre-Dame, übersetzt von Else von Schorn, Berlin 2010, S. 166

4 Régine Pernoud, Heloise und Abaelard. Ein Frauenschicksal im Mittelalter, München 1994, S. 138

5 Ebd., S. 221

6 Diese und die folgenden Stellen aus: Abaelard, Die Leidensgeschichte und der Briefwechsel mit Heloisa, übertragen und herausgegeben von Eberhard Brost, Darmstadt 2004

7 Pernoud, S. 164

8 Brost, S. 412

9 Le Goff, S. 55

Kapitel 5: Albrecht Dürer und drei Weltstädte der Zeit um 1500

1 Diese und die folgenden Stellen aus: Albrecht Dürer, Schriften und Briefe, Leipzig 1993

2 Alle Ortsangaben nach: Der frühe Dürer, Katalog, Nürnberg 2012, S. 397 f.

[3] Diese und die folgenden Stellen aus: Albrecht Dürer, Schriften und Briefe, Leipzig 1993

[4] Thomas Morus, Utopia, übersetzt von Gerhard Ritter, Stuttgart 1964, S. 64

[5] Glanz und Untergang des Alten Mexiko, Katalog, München 1987, S. 66

Kapitel 6: Samuel Pepys und das Londoner Katastrophenjahr 1665/66

[1] John Dryden, Annus Mirabilis. The Year of Wonders, London 1667, o. S.

[2] Samuel Pepys, Die Tagebücher 1660–1669, herausgegeben von Gerd Haffmans und Heiko Arntz, übersetzt von Georg Deggerich, Michael Haupt, Arnd Kösling, Hans-Christian Oeser, Martin Richter und Marcus Weigelt, 9 Bände und ein Begleitband, Berlin 2010; das Zitat von Arntz aus dem Begleitband, S. 136

[3] Diese und alle weiteren Stellen aus Haffmans und Arntz

[4] Stephen Porter, Pepys's London. Everyday Life in London 1650–1703, Gloucestershire 2012, S. 11

[5] Klaus Bergdolt, Die Pest. Geschichte des Schwarzen Todes, München 2006, S. 22

[6] Petrarca, zit. n. Bergdolt, S. 54

[7] The Diary of John Evelyn, Oxford 1959, S. 448

[8] Porter, S. 131

Kapitel 7: Mozart und Wien im späten 18. Jahrhundert

[1] Wolfgang Hildesheimer, Mozart, Frankfurt 1980, S. 11 f.; hier auch der eingangs zitierte Satz, er stammt von Bernhard Paumgartner, Dirigent, Musikwissenschaftler und in den 1960ern Präsident der Salzburger Festspiele

[2] Diese und alle weiteren Briefstellen aus: Mozart. Briefe, herausgegeben von Wilhelm A. Bauer und Otto Erich Deutsch, Frankfurt 1960

[3] Norbert Elias, Mozart, Frankfurt 1993, S. 96

[4] Mozart. Experiment Aufklärung im Wien des ausgehenden 18. Jahrhunderts, Essayband zur Mozart-Ausstellung, herausgegeben von Herbert Lachmayer, Ostfildern 2006, S. 232

[5] Hildesheimer, S. 171

[6] Zit. n. Elias, S. 130

[7] Leopold Mozart, zit. n. Hildesheimer, S. 209

[8] Mozart. Experiment Aufklärung, S. 534

[9] Ebd., S. 482

[10] Mozarts Briefe, herausgegeben von Albert Leitzmann, Leipzig 1924, Kap. 78

Kapitel 8: Édouard Manet und das Paris des Zweiten Kaiserreichs

[1] Alle Angaben nach: Manet 1832–1883, Katalog, Paris/New York 1983, S. 38

[2] Charles Baudelaire, Les Fleurs du Mal/Die Blumen des Bösen, Stuttgart 1980, S. 178

3 Charles Baudelaire, Corréspondance, herausgegeben von Claude Pichois, Bd. III, Paris 1973, S. 497

4 Charles Baudelaire, Der Künstler und das moderne Leben. Essays, Salons, Intime Tagebücher, herausgegeben von Henry Schumann, Leipzig 1990, S. 297 f.

5 Informationen nach: Manet 1832–1883, S. 502 f.

6 Baudelaire, Essays, S. 300

7 Baudelaire, Fleurs du Mal, S. 192

Kapitel 9: Jacob Riis und New York um 1890

1 Rem Koolhaas, Delirious New York. Ein retroaktives Manifest für Manhattan, übers. von Fritz Schneider, Aachen 1999, S. 11

2 Henry James, Washington Square, übers. von Bettina Blumenberg, Zürich 2014, S. 36

3 Ebd., S. 86

4 Bill Bryson, Eine kurze Geschichte der alltäglichen Dinge, übers. von Sigrid Ruschmeyer, München 2011, S. 282 ff.

5 Thorstein Veblen, Theorie der feinen Leute. Eine ökonomische Untersuchung der Institutionen, übers. von Susanne Heintz und Peter von Haselberg, Frankfurt 1986, S. 198 f.

6 Jacob A. Riis, How the Other Half Lives, mit einer Einführung von Luc Sante, London 1997, S. 46; Übersetzung dieser wie auch der anderen Stellen aus dem Buch R.M.

7 Ebd., S. 56

8 Ebd., S. 39 f.

9 Ebd., S. 30

10 Bonnie Yochelson, Jacob Riis, Berlin 2001, S. 92

11 Ebd., S. 15

Kapitel 10: Mascha Kaléko und ihr Großstadtleben um 1930

1 So ist es auf dem Cover zu lesen; Abbildung des Covers in: 1929 – Ein Jahr im Fokus der Zeit, Katalog, Berlin 2001, S. 28

2 Walter Benjamin, Angelus Novus. Ausgewählte Schriften 2, Frankfurt 1988, S. 417

3 Irmgard Keun, Das kunstseidene Mädchen, Berlin 2004, S. 95

4 Ebd., S. 45 und an anderen Stellen – die Formulierung wird mehr als ein Dutzend Mal bemüht

5 1929 – Ein Jahr im Fokus der Zeit, S. 246 f.

6 Keun, S. 124

7 Mascha Kaléko, Sämtliche Werke und Briefe, Band 1: Werke, hg. v. Jutta Rosenkranz, München 2012, S. 39

8 Information bei Rosenkranz, S. 45

9 Kaléko, Werke, S. 128

10 Siegfried Kracauer, Das Ornament der Masse. Essays, Frankfurt 1977, S. 313 f.

[11] Ebd., S. 313

[12] Keun, S. 68

[13] Kaléko, Werke, S. 33

[14] Zit. n. Kunstmetropole Berlin 1918–1933. Dokumente und Selbstzeugnisse, hg. v. Bärbel Schrader und Jürgen Schebera, Berlin/Weimar 1987, S. 296

[15] Zit. n. 1929 – Ein Jahr im Fokus der Zeit, S. 25

[16] Kaléko, Werke, S. 73

[17] Zit. n. Kunstmetropole Berlin 1918–1933, S. 109

[18] Siegfried Kracauer, Die Angestellten, Frankfurt 1971, S. 97

[19] Erich Kästner, Zeitgenossen, haufenweise. Gedichte (Werke, hg. v. Franz Josef Görtz), München 1998, S. 88

[20] Keun, S. 46

[21] Kaléko, Werke, S. 473

[22] Mascha Kaléko, Sämtliche Werke und Briefe, Band 4: Kommentar, hg. v. Jutta Rosenkranz, München 2012, S. 215

[23] Kaléko, Werke, S. 39

[24] Kracauer, Ornament, S. 315

[25] Kaléko, Werke, S. 20

[26] Rosenkranz, S. 52

[27] Kaléko, Werke, S. 508

[28] Kracauer, Angestellte, S. 96

[29] Kaléko, Werke, S. 171

Kapitel 11: Lina Bo Bardi, São Paulo und der Städtebau der Nachkriegszeit

[1] Diese und die folgenden Stellen aus: Stefan Zweig, Brasilien. Ein Land der Zukunft, Berlin 2013

[2] Zit. n. Vittorio Magnago Lampugnani, Die Stadt im 20. Jahrhundert. Visionen, Entwürfe, Gebautes, Berlin 2010, S. 215

[3] Zit. n. ebd., S. 460

[4] Stefan Zweig, Die Welt von Gestern. Erinnerungen eines Europäers, Frankfurt 1994, S. 395

[5] Gropius, zit. n. Das Verlangen nach Form. O Desejo da Forma, Katalog Akademie der Künste Berlin 2010, S. 197 f.

[6] Zit. n. Olivia de Oliveira, Subtle Substances. The Architecture of Lina Bo Bardi, Barcelona 2006, S. 124; Übersetzung R.M.

[7] Zit. n. ebd., S. 245

Kapitel 12: Bodys Isek Kingelez und Kinshasa in der Gegenwart

[1] David van Reybrouck, Kongo. Eine Geschichte, Berlin 2012, S. 554

[2] Katalog Kunstverein in Hamburg, Ostfildern-Ruit 2001, S. 22

[3] Reybrouck, S. 75

[4] Katalog Kunstverein in Hamburg, S. 28

[5] Ebd., S. 26

[6] Reybrouck, S. 551

[7] Andrea Böhm, Gott und die Krokodile. Eine Reise durch den Kongo, München 2011, S. 250

[8] Doug Saunders, Die neue Völkerwanderung. Arrival City, München 2013, S. 22

[9] Leo Hollis, Cities Are Good For You. The Genius of the Metropolis, London et al. 2013, S. 334

[10] Katalog Kunstverein in Hamburg, S. 23

ZUSÄTZLICHE LITERATUR

Spurensicherungen

Pierre Bayard, *Wie man über Orte spricht, an denen man nicht gewesen ist*, München 2013

Walter Benjamin, *Illuminationen. Ausgewählte Schriften*, Frankfurt 1974

Elias Canetti, *Die Fackel im Ohr. Lebensgeschichte 1921–1931*, Frankfurt 1982

Brigitte Franzen/Stefanie Krebs (Hg.), *Landschaftstheorie*, Köln 2005

Hartmut Häußermann/Dieter Läpple/Walter Siebel, *Stadtpolitik*, Frankfurt 2008

Dieter Hoffmann-Axthelm, *Die dritte Stadt*, Frankfurt 1993

Martina Löw, *Soziologie der Städte*, Frankfurt 2008

Dirk Matejovski (Hg.), *Metropolen. Laboratorien der Moderne*, Frankfurt 2000

Barbara Schaefer/Katja Trippel, *Stadtlust. Vom Glück, in der Großstadt zu leben*, München 2013

Karl Schlögel, *Im Raume lesen wir die Zeit. Über Zivilisationsgeschichte und Geopolitik*, München/Wien 2003

Manfred Smuda (Hg.), *Die Großstadt als „Text"*, München 1992

Jules Verne, *Reise um die Erde in 80 Tagen*, Wien/Pest/Leipzig 1875

Kapitel 1: Sokrates im Athen der Antike

Gernot Böhme, *Der Typ Sokrates*, Frankfurt 2002

Günter Figal, *Sokrates*, München 2006

Sören Kierkegaard, *Über den Begriff der Ironie – mit ständiger Rücksicht auf Sokrates*, München 1998

Kritische Friedrich-Schlegel-Ausgabe (KSFA), hg. von Ernst Behler unter Mitwirkung von Jean-Jacques Anstett und Hans Eichner, Bd. 2, München/Paderborn/Wien 1967

Robin Lane Fox, *Die klassische Welt*, Stuttgart 2010

Gottfried Martin, *Sokrates*, Reinbek 1967

Colin McEvedy, *Städte der klassischen Welt. 120 Zentren der Antike von Alexandria bis Xanten*, Stuttgart 2013

Christian Meier, *Athen. Ein Neubeginn der Weltgeschichte*, Berlin 1993

Lambert Schneider, *Der Parthenonfries – Selbstbewußtsein und kollektive Identität*; in: Elke Stein-Hölkeskamp/Karl-Joachim Hölkeskamp (Hg.), *Erinnerungsorte der Antike. Die griechische Welt*, München 2010

Elke Stein-Hölkeskamp/Karl-Joachim Hölkeskamp (Hg.), *Erinnerungsorte der Antike. Die griechische Welt*, München 2010

Kapitel 2: Horaz und Rom zur Zeit des Augustus

Gilles Chaillet, *Das Rom der Kaiserzeit*, Königswinter 2007
Werner Dahlheim, *Augustus. Aufrührer, Herrscher, Heiland*, München 2010
Vittorio Franchetti Pardo, *Die Geburt der europäischen Stadt*, Darmstadt 2010
Horaz, *Ars Poetica/Die Dichtkunst*, Stuttgart 1972
Horaz, *Sermones/Satiren*, Stuttgart 1972
Juvenal, *Satiren*, übers. von Harry C. Schnur, Stuttgart 1969
Frank Kolb, *Rom. Die Geschichte der Stadt in der Antike*, München 2002
Eckard Lefèvre, *Horaz. Dichter im augusteischen Rom*, München 1993
Christian Meier, *Caesar*, München 2004
Ovid, *Ars amatoria/Liebeskunst*, Stuttgart 1992
Elke Stein-Hölkeskamp/Karl-Joachim Hölkeskamp (Hg.), *Erinnerungsorte der Antike.*
    Die römische Welt, München 2006
Paul Zanker, *Augustus und die Macht der Bilder*, München 2008

Kapitel 3: Augustinus und der Fanatismus der Spätantike

Aurelius Augustinus, *Bekenntnisse*, übers. von Joseph Bernhart, Frankfurt 1987
Aurelius Augustinus, *Vom Gottesstaat*, übers. von Wilhelm Thimme, München 2007
Manfred Clauss, *Alexandria. Eine antike Weltstadt*, Stuttgart 2003
Werner Dahlheim, *Die Welt zur Zeit Jesu*, München 2013
Peter Heather, *Der Untergang des römischen Weltreichs*, Stuttgart 2007
Peter Heather, *Invasion der Barbaren. Die Entstehung Europas im ersten Jahrtausend*
    nach Christus, Stuttgart 2011
Judith Herrin, *Byzanz. Die erstaunliche Geschichte eines mittelalterlichen Impe-*
    riums, Stuttgart 2013
Martin Hose/Christoph Levin (Hg.), *Metropolen des Geistes*, Frankfurt/Leipzig 2009
Christoph Markschies/Hubert Wolf (Hg.), *Erinnerungsorte des Christentums*,
    München 2010
Mischa Meier/Steffen Paetzold, *August 410 – Ein Kampf um Rom*, Stuttgart 2010
Susanne Muth, *Rom in der Spätantike – die Stadt als Erinnerungslandschaft*; in: Elke
    Stein-Hölkeskamp/Karl-Joachim Hölkeskamp (Hg.), *Erinnerungsorte der Antike.*
    Die römische Welt, München 2006
Simon Sebag Montefiore, *Jerusalem. Die Biographie*, Frankfurt 2011

Kapitel 4: Abélard und Héloise im Paris des 12. Jahrhunderts

Abaelard, *Die Leidensgeschichte und der Briefwechsel mit Heloisa*, übertragen und
    herausgegeben von Eberhard Brost, Darmstadt 2004
Rosario Assunto, *Die Theorie des Schönen im Mittelalter*, Köln 1967
Wolfgang Braunfels, *Abendländische Stadtbaukunst*, Köln 1976
Eric Hazan, *Die Erfindung von Paris. Kein Schritt ist vergebens*, Zürich 2006

Victor Hugo, *Der Glöckner von Notre-Dame*, übers. von Else von Schorn, Berlin 2010

Jacques Le Goff, *Die Intellektuellen im Mittelalter*, München 1993

Niklas Luhmann, *Liebe als Passion. Zur Codierung von Intimität*, Frankfurt 1994

Pierre Nora (Hg.), *Erinnerungsorte Frankreichs*, München 2005

Régine Pernoud, *Heloise und Abaelard. Ein Frauenschicksal im Mittelalter*, München 1994

Kapitel 5: Albrecht Dürer und drei Weltstädte der Zeit um 1500

Peter Ackroyd, *Venedig. Die Biographie*, München 2012

Wolfgang Behringer/Bernd Roeck (Hg.), *Das Bild der Stadt in der Neuzeit 1400–1800*, München 1999

Klaus Bergdolt, *Deutsche in Venedig. Von den Kaisern des Mittelalters bis zu Thomas Mann*, Darmstadt 2011

Der frühe Dürer, Katalog, Nürnberg 2012

Albrecht Dürer, *Schriften und Briefe*, Leipzig 1993

Glanz und Untergang des Alten Mexiko, Katalog, München 1987

Norbert Huse/Wolfgang Wolters, *Venedig. Die Kunst der Renaissance*, München 1996

Hanno-Walter Kruft, *Städte in Utopia, Die Idealstadt vom 15. bis zum 18. Jahrhundert*, München 1989

Thomas Morus, *Utopia*, übers. von Gerhard Ritter, Stuttgart 1964

Ernst Rebel, *Albrecht Dürer. Maler und Humanist*, München 1996

Kapitel 6: Samuel Pepys und das Londoner Katastrophenjahr 1665/66

Peter Ackroyd, *London, Die Biographie*, München 2002

Klaus Bergdolt, *Die Pest. Geschichte des Schwarzen Todes*, München 2006

Bill Bryson, *Eine kurze Geschichte der alltäglichen Dinge*, München 2011

John Dryden, *Annus Mirabilis. The Year of Wonders*, London 1667

Simon Garfield, *Karten! Ein Buch über Entdecker, geniale Kartografen und Berge, die es nie gab*, Darmstadt 2014

Samuel Pepys, *Tagebücher*, hg. von Heiko Arntz & Gerd Haffmans, Berlin 2010

Stephen Porter, *Pepys's London. Everyday Life in London 1650–1703*, Stroud, Gloucestershire 2012

The Diary of John Evelyn, Oxford 1959

Ben Weinreb/Christopher Hibbert/Julia Keay/John Keay, *The London Encyclopaedia*, London 2008

Kapitel 7: Mozart und Wien im späten 18. Jahrhundert

Emil Brix/Ernst Bruckmüller/Hannes Stekl (Hg.), *Memoria Austriae*, Wien 2004

Felix Czeike, *Historisches Lexikon Wien*, Wien 1992

Friedrich Dieckmann, *Gespaltene Welt und ein liebendes Paar. Oper als Gleichnis*, Frankfurt 1999

Norbert Elias, *Mozart*, Frankfurt 1993

Michel Foucault, *Überwachen und Strafen. Die Geburt des Gefängnisses*, Frankfurt 1976

Jürgen Habermas, *Strukturwandel der Öffentlichkeit*, Darmstadt und Neuwied 1962

Wolfgang Hildesheimer, *Mozart*, Frankfurt 1980

Rainer Metzger, *Der Tod bei der Arbeit. Ein Führer für Wien*, Wien 2003

Mozart. Briefe, hg. von Wilhelm A. Bauer und Otto Erich Deutsch, Frankfurt 1960

Mozart. Experiment Aufklärung im Wien des ausgehenden 18. Jahrhunderts, Essayband zur Mozart-Ausstellung, hg. von Herbert Lachmayer, Ostfildern 2006

Mozarts Briefe, hg. von Albert Leitzmann, Leipzig 1924

Zaubertöne. Mozart in Wien, Katalog Historisches Museum der Stadt Wien 1990

Kapitel 8: Édouard Manet und das Paris des Zweiten Kaiserreichs

Charles Baudelaire, *Corréspondance*, hg. von Claude Pichois, Bd. III, Paris 1973

Charles Baudelaire, *Der Künstler und das moderne Leben*. Essays, Salons, Intime Tagebücher, hg. von Henry Schumann, Leipzig 1990

Charles Baudelaire, *Les Fleurs du Mal/Die Blumen des Bösen*, Stuttgart 1980

Bilder einer Metropole. Die Impressionisten in Paris, Katalog Museum Folkwang, Essen 2010

Jonathan Conlin, *Tales of Two Cities. Paris, London and the Birth of the Modern City*, London 2013

Ross King, *Zum Frühstück ins Freie. Manet, Monet und die Ursprünge der modernen Malerei*, München 2007

Gertrud Lehnert, *Mode. Theorie, Geschichte und Ästhetik einer kulturellen Praxis*, Bielefeld 2013

Gertrud Lehnert (Hg.), *Räume der Mode*, München 2012

Friedrich Lenger, *Metropolen der Moderne. Eine europäische Stadtgeschichte seit 1850*, München 2013

Manet 1832–1883, Katalog, Paris/New York 1983

Wolfgang Matz, *1857. Flaubert, Baudelaire, Stifter*, Frankfurt 2007

Rainer Metzger, *Buchstäblichkeit. Bild und Kunst in der Moderne*, Köln 2004

Juliet Wilson-Bareau, *Manet, Monet and the Gare Saint-Lazare*, Washington 1998

Kapitel 9: Jacob Riis und New York um 1890

Bill Bryson, *Eine kurze Geschichte der alltäglichen Dinge*, übers. von Sigrid Ruschmeyer, München 2011

Hartmut Häußermann/Walter Siebel (Hg.), *New York. Strukturen einer Metropole*, Frankfurt 1993

Henry James, *Washington Square*, übers. von Bettina Blumenberg, Zürich 2014

Rem Koolhaas, *Delirious New York. Ein retroaktives Manifest für Manhattan*, übers. von Fritz Schneider, Aachen 1999

Jacob A. Riis, *How the Other Half Lives, mit einer Einführung von Luc Sante*, London 1997

Russell Shorto, *New York. Insel in der Mitte der Welt*, Hamburg 2004

Susan Sontag, *Über Fotografie*, Frankfurt 1980

Thorstein Veblen, *Theorie der feinen Leute. Eine ökonomische Untersuchung der Institutionen*, übers. von Susanne Heintz und Peter von Haselberg, Frankfurt 1986

Stephan Wackwitz, *Fifth Avenue. Spaziergänge durch das letzte Jahrhundert*, Frankfurt 2010

Heike Werner, *New York City für Architekten*, München 2009

Bonnie Yochelson, *Jacob Riis*, Berlin 2001

Kapitel 10: Mascha Kaléko und ihr Großstadtleben um 1930

1929 – Ein Jahr im Fokus der Zeit, Katalog, Berlin 2001

Walter Benjamin, *Angelus Novus. Ausgewählte Schriften 2*, Frankfurt 1988

Etienne Francois/Hagen Schulze (Hg.), *Deutsche Erinnerungsorte*, München 2001

Christopher Isherwood, *Leb wohl, Berlin*, Berlin 2004

Mascha Kaléko, *Sämtliche Werke und Briefe*, Bd. 1: Werke; Bd. 4: Kommentar, hg. v. Jutta Rosenkranz, München 2012

Erich Kästner, *Zeitgenossen, haufenweise*. Gedichte (Werke, hg. v. Franz Josef Görtz), München 1998

Irmgard Keun, *Das kunstseidene Mädchen*, Berlin 2004

Siegfried Kracauer, *Das Ornament der Masse*. Essays, Frankfurt 1977

Siegfried Kracauer, *Die Angestellten*, Frankfurt 1971

Kunstmetropole Berlin 1918–1933. Dokumente und Selbstzeugnisse, hg. v. Bärbel Schrader und Jürgen Schebera, Berlin/Weimar 1987

David Clay Large, *Berlin. Biographie einer Stadt*, München 2002

Rainer Metzger, *Berlin – Die 20er Jahre. Kunst und Kultur 1918–1933*, Wien 2006

Jutta Rosenkranz, *Mascha Kaléko*, München 2012

Michael Wildt/Christoph Kreutzmüller (Hg.), *Berlin 1933–1945*, München 2013

Kapitel 11: Lina Bo Bardi, São Paulo und der Städtebau der Nachkriegszeit

Lina Bo Bardi. Brasiliens alternativer Weg in die Moderne, Katalog Architekturmuseum der TU München, Ostfildern 2014

Das Verlangen nach Form. O Desejo da Forma, Katalog Akademie der Künste, Berlin 2010

Kenneth Frampton, *Die Architektur der Moderne. Eine kritische Baugeschichte*, Stuttgart 1983

Jane Jacobs, *The Death and Life of Great American Cities*, New York 1961

Kersten Knipp, *Das ewige Versprechen. Eine Kulturgeschichte Brasiliens*, Berlin 2013

Henri Lefebvre, *Die Revolution der Städte*, München 1972

Vittorio Magnago Lampugnani, *Die Stadt im 20. Jahrhundert. Visionen, Entwürfe, Gebautes*, Berlin 2010

Alexander Mitscherlich, *Die Unwirtlichkeit unserer Städte*, Frankfurt 1965

Lewis Mumford, *Die Stadt. Geschichte und Ausblick*, Berlin 1963

Olivia de Oliveira, *Subtle Substances. The Architecture of Lina Bo Bardi*, Barcelona 2006

David Riesman, *Die einsame Masse*, Reinbek 1958

Stefan Zweig, *Brasilien – Ein Land der Zukunft*, Berlin 2013

Stefan Zweig, *Die Welt von Gestern. Erinnerungen eines Europäers*, Frankfurt 1994

Kapitel 12: Bodys Isek Kingelez und Kinshasa in der Gegenwart

Daniel Bell/Avner de-Shalit, *The Spirit of Cities. Why the Identity of a City Matters in a Global Age*, Princeton 2011

Andrea Böhm, *Gott und die Krokodile. Eine Reise durch den Kongo*, München 2011

Dirk Bronger, *Metropolen, Megastädte, Global Cities. Die Metropolisierung der Erde*, Darmstadt 2004

documenta 11, Katalog, Kassel 2002

Leo Hollis, *Cities Are Good For You. The Genius of the Metropolis*, London et al. 2013

Bodys Isek Kingelez, Katalog Kunstverein in Hamburg, Ostfildern-Ruit 2001

Alain Mabanckou, *Zerbrochenes Glas*. Roman, München 2013

Magiciens de la terre, Katalog Centre Pompidou, Paris 1989

Muepu Muamba (Hg.), *Moyo! Der Morgen bricht an. Stimmen aus dem Kongo*, Frankfurt 2013

Hanno Rauterberg, *Wir sind die Stadt! Urbanes Leben in der Digitalmoderne*, Frankfurt 2013

David van Reybrouck, *Kongo. Eine Geschichte*, Berlin 2012

Doug Saunders, *Die neue Völkerwanderung. Arrival City*, München 2013

Hannelore Schlaffer, *Die City. Straßenleben in der geplanten Stadt*, Springe 2013

Niels Werber, *Ameisengesellschaften. Eine Faszinationsgeschichte*, Frankfurt 2013

BILDNACHWEIS

Impressum:

Bibliografische Information der Deutschen Nationalbibliothek
Die Deutsche Nationalbibliothek verzeichnet diese Publikation in der Deutschen
Nationalbibliografie; detaillierte bibliografische Daten sind im Internet über
http://dnb.d-nb.de abrufbar.

1. Auflage

Grafisches Konzept und Covergestaltung: Perndl+Co Design GmbH, Wien
Satz: Grafik+Design, Bernhard Feigelmüller, Horn
Lektorat: Joe Rabl
Bildrecherche: Helmut Maurer, Elisabeth Stein-Hölzl
Bildlegenden: Rainer Metzger
Projektleitung: Elisabeth Stein-Hölzl
Papier: Munken Print White 115 g
Gedruckt in der EU

ISBN 978-3-85033-881-3

Christian Brandstätter Verlag GmbH & Co KG
A-1080 Wien, Wickenburggasse 26
Telefon (+43-1) 512 15 43-0
Telefax (+43-1) 512 15 43-231
E-Mail: info@brandstaetterverlag.com
www. brandstaetterverlag.com